Verfügbarkeit und Sucht beim Automatenspiel

Schriftenreihe zur Glücksspielforschung

Herausgegeben von Tilman Becker

Band 15

PL ACADEMIC RESEARCH

Tilman Becker

Verfügbarkeit und Sucht beim Automatenspiel

PL ACADEMIC RESEARCH

Bibliografische Information der Deutschen Nationalbibliothek
Die Deutsche Nationalbibliothek verzeichnet diese Publikation in der Deutschen Nationalbibliografie; detaillierte bibliografische Daten sind im Internet über http://dnb.d-nb.de abrufbar.

ISSN 1861-759X
ISBN 978-3-631-67334-8 (Print)
E-ISBN 978-3-653-06575-6 (E-Book)
DOI 10.3726/978-3-653-06575-6

PL Academic Research ist ein Imprint der Peter Lang GmbH.

Peter Lang – Frankfurt am Main · Bern · Bruxelles · New York · Oxford · Warszawa · Wien

Diese Publikation wurde begutachtet.

www.peterlang.com

Zusammenfassung der wichtigsten Ergebnisse

In diesem Buch wird der Zusammenhang zwischen Verfügbarkeit und Sucht beim Automatenspiel untersucht.

Die wissenschaftliche Analyse dieses Zusammenhangs ist von besonderem Interesse, um die Auswirkungen des Verbots der Mehrfachspielhallen und der Mindestabstandregel zwischen Spielhallen auf das Suchtgefährdungspotential bei Glücksspielen zu untersuchen.

Das Drei-Faktoren-Modell der Entstehung eines pathologischen Glücksspielverhaltens unterscheidet zwischen den strukturellen Merkmalen des betreffenden Glücksspiels, d. h. den Eigenschaften des Glücksspiels selbst, dem Setting, d. h. der Umgebung, in der das Glücksspiel stattfindet, und dem Individuum.

Die vorliegenden wissenschaftlichen Untersuchungen zu der relativen Bedeutung dieser Faktoren für die Entstehung eines pathologischen Spielverhaltens machen deutlich, dass allein die genetische Veranlagung zu 50 Prozent zu der Entstehung eines pathologischen Spielverhaltens beiträgt. Der Einfluss weiterer Persönlichkeitsmerkmale kann weniger gut quantifiziert werden. Es ist jedoch davon auszugehen, dass deren Anteil ebenfalls ganz erheblich ist. Ein pathologisches Spielverhalten ist fast immer mit anderen psychischen Störungen gekoppelt, die in der Regel die Ursache für ein pathologisches Spielverhalten darstellen, aber teilweise auch Auswirkungen dieses Spielverhaltens sein können.

Weiterhin haben die strukturellen Merkmale der betreffenden Glücksspielform einen erheblichen Einfluss auf das Suchtgefährdungspotential. Das Automatenspiel hat auf Grund seiner strukturellen Merkmale, insbesondere der hohen Ereignisfrequenz, ein sehr hohes Suchtgefährdungspotential.

Die situativen Merkmale, das Setting, haben ebenfalls einen gewissen Einfluss auf das Suchtgefährdungspotential eines Glücksspiels. Dieser Einfluss ist jedoch, im Vergleich zu den anderen Faktoren, sehr gering.

Das Verbot der Mehrfachspielhallen und die Mindestabstandsregel regulieren die situativen Merkmale.

Bei der Suchtprävention wird zwischen einer universellen, einer selektiven und einer indizierten Prävention unterschieden. Die universelle Prävention richtet sich an die gesamte Bevölkerung, die selektive Prävention an Risikogruppen und die indizierte Prävention an gefährdete Einzelpersonen.

Bei Tabak und Alkohol haben vor allem die universelle Prävention, bspw. in der Form von Aufklärungs- und Informationskampagnen, und die selektive Prävention, etwa in der Form eines Rauchverbots in öffentlichen Gebäuden und

Gaststätten, eine herausgehobene Bedeutung. Die Mindestabstandregel und das Verbot der Mehrfachkonzessionen sind der selektiven Prävention zuzurechnen.

Bei Glücksspiel gibt es jedoch eine Form der indizierten Prävention, die es so nicht bei Tabak und Alkohol gibt: Beim Glücksspiel in Spielbanken und zum Teil auch in Spielhallen können sich Spieler für die Spielteilnahme freiwillig sperren lassen.

Die Selbstsperre kann als eine sehr zielgerichtete und wirksame Einschränkung der Verfügbarkeit betrachtet werden. Je spezifischer eine Präventionsmaßnahme ausgerichtet ist, umso wirksamer ist diese. Es dürfte beim Glücksspiel keine Maßnahme zur Einschränkung der Verfügbarkeit geben, die zielgerichteter und wirksamer ist.

Es besteht in der wissenschaftlichen Literatur keine Einigkeit darüber, welchen Zusammenhang es zwischen Verfügbarkeit, Konsum und einem problematischem bzw. pathologischem Spielverhalten in der Bevölkerung gibt und wenn ja, wie dieser Zusammenhang beschaffen ist.

Vier Thesen werden vertreten:

- Unabhängigkeitsthese: Es besteht kein kausaler Zusammenhang zwischen der Verfügbarkeit und problematischem bzw. pathologischem Spielverhalten;
- Stetigkeitsthese: Es besteht ein positiver kausaler Zusammenhang zwischen der Verfügbarkeit und einem problematischen bzw. pathologischen Spielverhalten: Steigt die Verfügbarkeit, steigt auch stetig die Prävalenz problematischen bzw. pathologischen Spielverhaltens;
- Adaptionsthese: Es besteht ein kausaler Zusammenhang zwischen Verfügbarkeit und problematischem bzw. pathologischem Spielverhalten, jedoch ist dieser Zusammenhang nur kurzfristig: Steigt die Verfügbarkeit, steigt zunächst die Prävalenz, um dann wieder auf das ursprüngliche Niveau oder sogar darunter zu fallen;
- Sättigungsthese: Es besteht ein positiver kausaler Zusammenhang zwischen Verfügbarkeit und der Prävalenz eines problematischen oder pathologischen Spielverhaltens, jedoch nähert sich mit steigender Verfügbarkeit die Prävalenz einem konstanten Grenzwert.

Die Verfügbarkeit von Geldspielgeräten ist auch immer das Ergebnis von Angebot und Nachfrage. Diese vier Thesen wären daher um eine fünfte zu ergänzen:

- Marktthese: Die Verfügbarkeit ist immer das Resultat von Angebot und Nachfrage. Wenn ein kausaler Zusammenhang zwischen Verfügbarkeit und einem problematischem Spielverhalten in der Bevölkerung gefunden wird, wird dieser Zusammenhang überschätzt, wenn von einem einseitig gerichteten Zusammenhang ausgegangen und nicht berücksichtigt wird, dass die Nachfrage auch das Angebot, d. h. die Verfügbarkeit, beeinflusst.

Sollte es einen positiven kausalen Zusammenhang zwischen Verfügbarkeit und Prävalenz eines problematischen bzw. pathologischen Spielverhaltens geben, so stellt sich die Frage, welchen Verlauf dieser Zusammenhang nimmt: linear, exponentiell oder logistisch, d. h. s-förmig? Die Stetigkeitshypothese geht hier von einem linearen Zusammenhang aus, die Adaptionsthese und die Sättigungshypothese von einem s-förmigen Verlauf, wobei die Adaptionsthese die zeitliche Entwicklung im Blick hat.

Die wissenschaftlich kontroverse Diskussion liegt einmal darin begründet, dass nicht deutlich genug zwischen Konsum (gemessen mit Spielhäufigkeit, Ausgaben etc.) und problematischem bzw. pathologischem Spielverhalten unterschieden wird. So mag zwar der Konsum in der Bevölkerung ansteigen, aber dies bedeutet nicht automatisch, dass die Prävalenz eines problematischen oder pathologischen Spielverhaltens zunimmt. Zum zweiten wird oft bei der Glücksspielkonsum generell betrachtet und nicht berücksichtigt, dass die einzelnen Glücksspielformen ein ganz unterschiedliches Suchtgefährdungspotential haben. Der Konsum von Lotterien mag ganz erheblich steigen, dies dürfte aber sicherlich nicht zu einer Zunahme der Prävalenz eines pathologischen Spielverhaltens in der Bevölkerung führen. Zum dritten wird oft nicht ausreichend definiert, was unter Verfügbarkeit verstanden wird.

Es lassen sich drei weitgehend voneinander unabhängige Dimensionen der Verfügbarkeit unterscheiden:

- soziale Verfügbarkeit (Einlasskontrollen, Alterskontrollen, Ausweiskontrollen, Kleidervorschriften, Werbung),
- physische Verfügbarkeit (Anzahl der Spielstätten, Anzahl der Spielgeräte, Entfernung zur nächsten Spielstätte, geografische Lage und Verteilung der Spielstätten, Öffnungszeiten),
- kognitive Verfügbarkeit (notwendige Kenntnisse des Spiels).

Einzelne Dimensionen der Verfügbarkeit wirken unterschiedlich auf unterschiedliche Gruppen von Personen. Generell können hier unproblematische Spieler und problematische bzw. pathologische Spieler unterschieden werden.

Ein problematisches bzw. pathologisches Spielverhalten wird in der wissenschaftlichen Literatur unterschiedlich gemessen. Weit verbreitet sind die Klassifizierung nach dem Diagnostischen und Statistischen Handbuch Psychischer Störungen (DSM) in der Version IV oder nach dem South Oaks Gambling Screen (SOGS).

Wenn eine Person nach dem DSM-IV fünf oder mehr Punkte erhält, wird diese Person als pathologischer Spieler bzw. als Person mit einem pathologischen Spielverhalten bezeichnet. Dies gilt auch für eine Person, die in dem SOGS fünf oder mehr Punkte erreicht.

Wenn eine Person nach dem DSM-IV drei oder vier Punkte erhält, wird diese Person als problematischer Spieler bzw. als Person mit einem problematischen Spielverhalten bezeichnet. Dies gilt auch für eine Person, die in dem SOGS drei oder vier Punkte erreicht.

Die Ergebnisse der vorliegenden Studien zu dem Zusammenhang zwischen Verfügbarkeit und Spielverhalten kommen zu unterschiedlichen Ergebnissen. Diese sind maßgeblich auf Unterschiede in den Variablen, die zur Messung der Verfügbarkeit, des Konsums und des Spielverhaltens benutzt werden, zurückzuführen. Auch das Niveau und der Grad der Veränderung der Verfügbarkeit (Reduzierung der Geldspielgeräte, Totalverbot von Geldspielgeräten, Neueinführung eines Casinos) sind von Bedeutung.

Die vorliegenden Studien zeigen, dass wohl ein gewisser Zusammenhang zwischen Verfügbarkeit und dem Konsum generell besteht. Hier dürfte die Sättigungshypothese gelten. Weniger deutlich ist ein Zusammenhang zwischen der Verfügbarkeit und dem problematischen Spielverhalten zu erkennen. Die vorliegenden Untersuchungen deuten darauf hin, dass hier die Adaptionsthese gilt. Bei pathologischen Spielern dürfte es keinen Zusammenhang zwischen der Verfügbarkeit und dem Spielverhalten geben. Für diese Gruppe dürfte die Unabhängigkeitsthese gelten.

Die Wissenschaftler dürften sich einig sein, dass in keinem Fall die Stetigkeitshypothese gilt. Diese ist generell abzulehnen.

Die vorliegenden Untersuchungen kommen zu dem Ergebnis, dass die Anzahl der Geldspielgeräte an einem Spielort keinen Einfluss auf die Prävalenz eines problematischen oder pathologischen Spielverhaltens hat. Dies macht deutlich, dass ein Verbot der Mehrfachspielhallen für sich genommen nicht geeignet ist, um das Suchtgefährdungspotential des Automatenspiels zu reduzieren.

Hingegen ist die Zugriffsnähe, d. h. die Entfernung zu dem nächsten Geldspielgerät, von einer gewissen Bedeutung. Bei Spielbanken ist diese Entfernung in der Regel hoch. Hier ist daher auch die Prävalenz eines problematischen oder pathologischen Spielverhaltens in der Bevölkerung geringer als beim Automatenspiel in Spielhallen und Gaststätten.

Die vorliegenden Untersuchungen zeigen, dass Geldspielgeräte vor allem in sozioökonomisch benachteiligten Regionen zu finden sind. Gerade sozioökonomisch benachteiligte Personen neigen zu einem problematischen Spielverhalten.

Es zeigt sich in den empirischen Untersuchungen daher teilweise ein Zusammenhang zwischen der Verfügbarkeit und einem problematischen Spielverhalten in der Region. Es ist ungeklärt, ob dieser Zusammenhang darauf zurückzuführen ist, dass Geldspielgeräte vor allem in sozioökonomisch benachteiligten Regionen zu finden sind oder darauf, dass die hohe Verfügbarkeit auch zu einer Erhöhung der Prävalenz eines problematischen oder pathologischen Spielverhaltens in diesen Regionen führt.

Die Verfügbarkeit kann räumlich, aber auch zeitlich eingeschränkt werden. Die vorliegenden Untersuchungen zeigen, dass eine zeitliche Einschränkung der Verfügbarkeit, bspw. durch eine Verlängerung der Sperrzeiten auf acht oder mehr Stunden, bei dem Automatenspiel in Spielhallen und Gaststätten sehr viel besser zur Suchtprävention geeignet ist als eine Einschränkung der räumlichen Verfügbarkeit.

Auch die Verringerung der sozialen Verfügbarkeit, zum Beispiel durch Einlass- bzw. Identitätskontrollen, ist vergleichsweise gut zur Prävention der Glücksspielsucht geeignet. Das aus suchtpräventiver Sicht wichtigste Argument ist jedoch, dass ein effektiver Jugendschutz ohne Identitätskontrollen kaum möglich ist.

In Gaststätten und Imbissbuden lässt der Jugendschutz zu wünschen übrig. Fast die Hälfte aller Jugendlichen nimmt an Glücksspielen teil; wiederum etwa die Hälfte spielt an Geldspielgeräten in Gaststätten und Imbissbuden. Hier besteht dringender Handlungsbedarf. Es ist fraglich, ob die geplante Einführung einer personenungebundenen Spielerkarte zur Verbesserung des Jugendschutzes in diesem Bereich beiträgt. Dies kommt auf die Umsetzung an.

Eine einzige personifizierte Spielerkarte pro Spieler, im Idealfall für alle Glücksspielformen mit einem hohen Suchtgefährdungspotential, macht es möglich, dass Zeit- bzw. Ausgabenlimits vom Spieler selbst gesetzt werden und dieser sich temporär sperren lassen kann. Denkbar wäre auch eine nur landesweit gültige Spielerkarte. Die beste Lösung wäre sicherlich eine bundesweite spielformen- und anbieter-übergreifende personengebundene Spielerkarte. Damit könnte auch ein Sperrsystem verbunden sein.

Die vorliegenden Untersuchungen zeigen, dass eine Spielersperre zu den effektivsten Maßnahmen des Spielerschutzes gehört. Die Selbstsperre richtet sich, im Gegensatz zu anderen Maßnahmen, mit denen die Verfügbarkeit eingeschränkt werden soll, gezielt auf gefährdete Spieler. Sie ist dadurch sehr wirkungsvoll. Weiterhin wird durch eine Selbstsperre die Verfügbarkeit für gefährdete Personen ganz erheblich eingeschränkt. Dieses Ausmaß der Einschränkung der Verfügbarkeit wäre ansonsten nur durch ein generelles Verbot des Automatenspiels zu erreichen.

Die Effektivität einer Spielersperre kann durch die Einbettung in ein Sozialkonzept noch deutlich verbessert werden. So wäre ein Spielersperre-Berater sinnvoll.

Ein System der Selbstsperre mit einem Berater von Seiten des Anbieters dürfte wohl kaum von einzelnen kleinen Spielhallen umzusetzen sein. Einen derartigen Aufwand in der Suchtprävention dürfte in der Regel nur von großen Anbietern, in der Regel Anbieter von Mehrfachspielhallen, zu leisten sein.

In Einfachspielhallen dürfen maximal 12 Geldspielgeräte und in Gaststätten und Imbissbuden maximal drei Geldspielgeräte aufgestellt werden.

Ab 1. Juli 2017 ist die Mindestabstandsregel zwischen Spielhallen einzuhalten und Mehrfachspielhallen sind untersagt.

Spielhallen sind vor allem in Innenstädten zu finden, die sich durch eine hohe Frequenz des Publikumsverkehrs auszeichnen. Dies gründet sich auf die baurechtlichen Vorgaben. Damit wird die Zugriffsnähe erhöht. Dies wirkt dem suchtpräventiven Ansatz gerade entgegen. Aus Sicht der Suchtprävention sollten Spielhallen vor allem in Gewerbegebieten und in Industriegebieten angesiedelt sein. Hier sehen die baurechtlichen Vorgaben nur die eingeschränkte bzw. keine Zulassung vor. Die baurechtlichen Vorgaben konterkarieren die glücksspielrechtlichen Ziele.

Aus suchtpräventiver Sicht wären wenige Mehrfachspielhallen in Gewerbegebieten einer entsprechenden Anzahl von Spielhallen im Innenstadtbereich eindeutig vorzuziehen. Einige Kommunen haben hier im Rahmen von Vergnügungsstättenkonzepten eine nicht nur aus stadtplanerischer, sondern auch aus suchtpräventiver Sicht sinnvolle Steuerung der Spielhallen vorgenommen. Diese wird durch das Verbot der Mehrfachspielhallen konterkariert.

Die glücksspielrechtliche Begründung der Mindestabstandregel ist ganz offensichtlich vorgeschoben. Dies wird durch die gesetzliche Begründung dieser Regelung („damit sich der Spieler auf dem Weg zur nächsten Spielhalle abkühlen kann“), aber insbesondere auch vor dem Hintergrund der wissenschaftlichen Erkenntnisse zum Zusammenhang zwischen Verfügbarkeit und Sucht deutlich. Es geht dem Gesetzgeber primär darum, mit dem Verbot der Mehrfachkonzessionen und der Mindestabstandsregel stadtplanerische Ziele umzusetzen.

Das Verbot der Mehrfachkonzessionen und die Mindestabstandsregel bringen eine ganze Anzahl von Problemen mit sich. Diese Probleme werden vermutlich in einer sehr hohen Anzahl von rechtlichen Auseinandersetzungen zu klären sein; so fehlen klar definierte Regeln zu Umsetzung der Mindestabstandsregel und die Kommunen dürften mit der Erteilung glücksspielrechtlicher Genehmigungen überfordert sein. Die hohe Anzahl von insbesondere rechtlichen

Problemen könnte dazu führen, dass sich auch im Bereich der Geldspielgeräte, wie bereits bei den Sportwettgeschäften, ein *de facto* nicht-regulierter Markt entwickelt. Auch hier würde, wie in anderen Bereichen des Glücksspiels, durch die Maßnahmen des Gesetzgebers, aber konträr zu der eigentlichen Zielsetzung, eine Kanalisierung des Konsums weg vom legalen und hin zum illegalen Spiel stattfinden.

Die Mindestabstandsregel gilt nur für Spielhallen, nicht jedoch für das Automatenspiel in Gaststätten und Imbissen und für Sportwettgeschäfte.

Die Umsetzung des Verbots der Mehrfachspielhallen und der Mindestabstandsregel werden sowohl auf der Angebotsseite als auch auf der Nachfrageseite zu Ausweichbewegungen führen. Da eine Reihe von Spielhallen auf Grund der Mindestabstandsregel und des Verbots der Mehrfachkonzessionen schließen müssen, ist damit zu rechnen, dass sich in den Räumlichkeiten vor allem Sportwettgeschäfte ansiedeln werden. Die fehlende Kohärenz der Mindestabstandregel führt dazu, dass das glücksspielrechtliche Ziel der Suchtprävention konterkariert wird.

Die Nachfrage wird sich in Richtung auf das Automatenspiel in Gaststätten richten. Da die Mindestabstandsregel nur für Spielhallen, aber nicht für das Automatenspiel in Gaststätten gilt, stellt diese Regel in der Praxis ein staatlich gefördertes Wachstumsprogramm für das Automatenspiel in Gaststätten dar. Hinzu kommt die Möglichkeit, in Gaststätten während des Automatenspiels Alkohol zu konsumieren, was in Spielhallen untersagt ist.

Die Zugriffsnähe zu dem nächsten Automaten dürfte sinken, da sich die zukünftigen Spielhallen und Gaststätten nach Umsetzung des Verbots der Mehrfachkonzessionen und der Mindestabstandsregel gleichmäßiger über den Raum verteilen werden und damit das Suchtgefährdungspotential steigt.

Aus baurechtlicher Sicht wirken die Mindestabstandsregel und das Verbot der Mehrfachkonzessionen seit 2012 praktisch wie eine „Veränderungssperre“. Die Kommunen sollten die verbleibende Zeit bis Mitte 2017 dazu nutzen, um im Rahmen einer Vergnügungsstättenkonzeption bzw. von Bebauungsplänen die Standorte von Spielhallen, die Ansiedlung von Sportwettgeschäften und von gastronomischen Betrieben zu planen, wenn dies nicht bereits erfolgt ist.

Mit der Mindestabstandsregel wird versucht, stadtplanerische Ziele mit Hilfe des Glücksspielrechts umzusetzen. Dies muss zwangsläufig scheitern. Stadtplanerische Ziele sollten mit den Mitteln des Bebauungsplanes umgesetzt werden; nur so kann eine sinnvolle Planung der Ansiedlung von Vergnügungsstätten, insbesondere Spielhallen, Gaststätten und Sportwettgeschäften, erfolgen.

Als Konsequenz der Auswertung der vorliegenden wissenschaftlichen Literatur zu dem Zusammenhang zwischen Verfügbarkeit und Sucht beim Automatenspiel ergibt sich, dass das Verbot der Mehrfachkonzessionen keinen Einfluss auf die Prävalenz eines problematischen oder pathologischen Spielverhaltens haben dürfte.

Für die Mindestabstandsregel ergibt sich, dass diese in der geplanten Form keinen Einfluss auf die Prävalenz eines problematischen oder pathologischen Spielverhaltens haben dürfte. Im Gegenteil könnte, bei einer Erhöhung der Zugriffsnähe durch eine gleichmäßigere Verteilung der Automatenspielorte im Raum, die Prävalenz ansteigen. Im Internet ist rund um die Uhr und von überall ein Zugriff auf das (illegale und nicht regulierte) Automatenspiel möglich.

Die Nebeneffekte dieser beiden Regelungen führen dazu, dass das glücksspielrechtliche Ziel der Suchtprävention konterkariert wird. Die Nachfrage wird weg von dem regulierten Automatenspiel in Spielhallen hin zu dem nicht-regulierten Automatenspiel vor allem auch im Internet gelenkt.

Mit dem Verbot der Mehrfachspielhallen wird es zukünftig schwieriger sein, sinnvolle Maßnahmen der Suchtprävention, wie eine begleitete Spielersperre, umzusetzen, wenn diese für die Anbieter mit Kosten verbunden sind.

Aus suchtpräventiver Sicht sind das Verbot der Mehrfachkonzessionen und die Mindestabstandsregel wirkungslos, wenn nicht sogar nachteilig. Sinnvoll wäre kurzfristig eine Einschränkung der Verfügbarkeit für gefährdete Spieler durch die Einführung eines freiwilligen Sperrsystems in allen Bundesländern (nicht nur in Hessen und Rheinland-Pfalz) und langfristig die Einführung einer personengebundenen, anbieter- und spielformen-übergreifenden Spielerkarte für die Glücksspielformen mit einem wesentlichen Suchtgefährdungspotential.

Aus ökonomischer Sicht verursachen das Verbot der Mehrfachkonzessionen und die Mindestabstandsregel ganz erhebliche Kosten, ohne einen positiven Nutzen zu bringen. Die gesellschaftliche Wohlfahrt sinkt ganz eindeutig durch diese Maßnahmen.

Wenn das politische Ziel darin gesehen wird, die Anzahl von Spielhallen aus stadtplanerischer Sicht zu reduzieren, so sollten die Mittel und Instrumente der Stadtplanung genutzt werden. Wenn weiterhin an dem glücksspielrechtlichen Verbot der Mehrfachkonzessionen und dem Mindestabstand festgehalten werden soll, sollte zumindest bei den Auswahlkriterien unter hier konkurrierenden Spielstätten qualitative Kriterien im Sinne der Suchtprävention eine vorrangige Rolle spielen.

Inhaltsverzeichnis

1. Einleitung

Eine gegenwärtig heftig und kontrovers diskutierte Frage betrifft den Zusammenhang zwischen der Verfügbarkeit von Glücksspielen und dem Ausmaß der Glücksspielsucht in der Bevölkerung. Dieser Zusammenhang soll im Rahmen dieses Buches untersucht werden.[1]

Der Schwerpunkt der hier vorliegenden Untersuchung liegt auf dem Zusammenhang zwischen Verfügbarkeit des Automatenspiels und dem Ausmaß der Glücksspielsucht. Es ist vielfach nachgewiesen, dass das Suchtgefährdungspotential des Automatenspiels besonders hoch ist.

In den Landesglücksspiel- bzw. Spielhallengesetzen ist vorgesehen, dass ab dem 30. Juni 2017 ein Mindestabstand zwischen Spielhallen einzuhalten ist. Dieser Mindestabstand erstreckt sich, je nach Bundesland, von 100 Metern bis 500 Metern. Ab Mitte 2017 werden nur solche Spielhallen eine glücksspielrechtliche Erlaubnis erhalten, die zu der nächsten Spielhalle einen Mindestabstand nicht unterschreiten. Dieses Abstandsgebot wird die Anzahl der Spielhallen erheblich reduzieren und soll der Prävention der Glücksspielsucht dienen. Die vermutlichen Auswirkungen dieses Abstandsgebots werden in dem vorliegenden Buch empirisch untersucht.

Zunächst erscheint ein gleichgerichteter Zusammenhang zwischen der Verfügbarkeit von Glücksspielen und dem Ausmaß der Glücksspielsucht in der Bevölkerung theoretisch plausibel. Bei näherer Betrachtung wird jedoch deutlich, dass eine differenzierte Betrachtung notwendig ist.

Das Automatenspiel ist in Spielhallen, Gaststätten, Imbissbuden und in Spielbanken zu finden. Die Automaten in Spielhallen und Gaststätten werden als Geldspielgeräte bezeichnet und die Automaten in Spielbanken als Glücksspielgeräte. Geldspielgeräte unterscheiden sich von Glücksspielgeräten vor allem durch

1 Dieses Buch basiert in Teilen auf einem Gutachten zur Verhältnisprävention, welches in den Jahren 2011 und 2012 für die SFW Organisations- und Unternehmensberatung GmbH erstellt bzw. erweitert wurde, und auf dem *Hohenheimer Diskussionsbeitrag zur Glücksspielforschung Nr. 2:* Becker, T. / Heinze, K.: Auswirkungen geplanter Abstandsregelungen und Regelungen zu Konzessionsgrößen auf Spielhallen am Beispiel Stuttgarts, 2. überarbeitete und korrigierte Auflage, erschienen im Dezember 2014 und dem *Hohenheimer Diskussionsbeitrag zur Glücksspielforschung Nr. 3*: Becker, T. / Heinze, K.: „Auswirkungen geplanter Abstandsregelungen und Regelungen zu Konzessionsgrößen auf Spielhallen an Beispielen ausgewählter Kommunen in Baden-Württemberg“, erschienen im Juni 2015.

eine Begrenzung der maximal möglichen Einsätze und Gewinne. Außerdem ist das Automatenspiel auch in Internet zu finden. Diese Automaten werden als Slots bezeichnet und sind in Deutschland illegal.

Die Verfügbarkeit wird erstens bestimmt durch die räumliche Verfügbarkeit. Bei der räumlichen Verfügbarkeit ist zwischen der Entfernung zwischen Standorten von Automaten, der geografischen Lage und Verteilung der Standorte im Raum und der Anzahl von Automaten an einem Standort zu unterscheiden.

Neben der Mindestabstandsregel sehen die Landesglücksspiel- bzw. Spielhallengesetze ein Verbot der Mehrfachkonzessionen vor. Die Anzahl der zulässigen Automaten in einer Spielhalle ist durch den Gesetzgeber beschränkt. In der Vergangenheit konnte die Anzahl der Automaten dadurch erhöht werden, dass mehrere Spielhallen im Verbund, d. h. mit mehreren Konzessionen, betrieben wurden.

Die Verfügbarkeit wird zeitlich durch die erlaubten Öffnungszeiten und räumlich durch die Vorgaben der Spielverordnung und der Mindestabstandsregelung des Glücksspielstaatsvertrags von 2012 begrenzt.

Von einiger Bedeutung ist auch die soziale Verfügbarkeit. Hierunter sind die Einlassbedingungen, d. h. Einlass-, Alters- und Ausweiskontrollen sowie Kleidervorschriften zu nennen. Diese bilden Eintrittsbarrieren für Konsumenten und tragen ebenfalls zu einer Begrenzung des Angebots bei.

Auch die Werbung wäre als ein Aspekt der sozialen Verfügbarkeit anzusprechen. Werbung signalisiert einerseits Verfügbarkeit und versucht andererseits, die Wahrnehmung bzw. das Image zu beeinflussen. Dieser Aspekt der Verfügbarkeit soll in dem vorliegenden Buch nicht weiter untersucht werden. Hier sei auf ein bereits erschienenes Buch und weitere Veröffentlichungen des Autors verwiesen, in dem die bisher vorliegenden wissenschaftlichen Erkenntnisse zu dem Zusammenhang zwischen Werbung und Glücksspielsucht ausführlich untersucht werden.[2] Als Fazit dieser Untersuchungen hat sich ergeben, dass der direkte Einfluss von Werbung auf die Entwicklung eines pathologischen Spielverhaltens weitestgehend zu vernachlässigen ist. Der einzig mögliche Zusammenhang wäre, dass Werbung dazu führen kann, die soziale Akzeptanz zu erhöhen und damit indirekt zu einer Erhöhung der Prävalenz eines pathologischen Spielverhaltens beitragen könnte.

---

2 Becker, T.: *Werbung für Produkte mit einem Suchtgefährdungspotential*: Tabak-, Alkohol- und Glücksspielwerbung aus rechtlicher, ökonomischer und psychologischer Sicht, Frankfurt am Main: Peter Lang Verlag 2010 und Becker, T.: „Ein Prüfprogramm für Glücksspielwerbung", in: *Zeitschrift für Wett- und Glücksspielrecht* 4/2012, S. 229–240.

Die Verfügbarkeit wird weiterhin von der Komplexität der Spielregeln (Geschicklichkeitsspiel oder reines Glücksspiel) bestimmt.

Art und Zahl der angebotenen Glücksspiele sind ebenfalls durch gesetzliche Vorgaben beschränkt; so ist das Angebot des Automatenspiels im Internet generell untersagt. U. a. stellen auch Steuern bzw. Abgaben eine Form der Angebotsbegrenzung dar.

Eine besondere Form der Einschränkung der Verfügbarkeit stellt die Möglichkeit der Selbstsperre dar: In Spielbanken können sich Spieler deutschlandweit freiwillig selbst sperren lassen. Dies ist als eine Maßnahme der Schadensminderung anzusehen und wäre als Einschränkung der Verfügbarkeit bzw. des Konsums auf der Nachfrageseite einzuordnen. Eine derartige Möglichkeit ist bei Alkohol und Tabak nicht vorhanden.

Der Konsum lässt sich in den unproblematischen und in den problematischen bis pathologischen Konsum aufteilen. Die Maßnahmen zur Begrenzung des Konsums dienen vor allem dem Schutz von Jugendlichen und sollen die Allgemeinheit vor einem problematischen bzw. pathologischen Spielverhalten schützen.

Die Ziele der ordnungsrechtlichen Regulierung des Glücksspiels werden in dem Ersten Glücksspieländerungsstaatsvertrag formuliert. Diese sind nach § 1:

Ziele des Staatsvertrages sind gleichrangig

1. das Entstehen von Glücksspielsucht und Wettsucht zu verhindern und die Voraussetzungen für eine wirksame Suchtbekämpfung zu schaffen,
2. durch ein begrenztes, eine geeignete Alternative zum nicht erlaubten Glücksspiel darstellendes Glücksspielangebot den natürlichen Spieltrieb der Bevölkerung in geordnete und überwachte Bahnen zu lenken sowie der Entwicklung und Ausbreitung von unerlaubten Glücksspielen in Schwarzmärkten entgegenzuwirken,
3. den Jugend- und den Spielerschutz zu gewährleisten,
4. sicherzustellen, dass Glücksspiele ordnungsgemäß durchgeführt, die Spieler vor betrügerischen Machenschaften geschützt, die mit Glücksspielen verbundene Folge- und Begleitkriminalität abgewehrt werden und
5. Gefahren für die Integrität des sportlichen Wettbewerbs beim Veranstalten und Vermitteln von Sportwetten vorzubeugen. Um diese Ziele zu erreichen, sind differenzierte Maßnahmen für die einzelnen Glücksspielformen vorgesehen, um deren spezifischen Sucht-, Betrugs-, Manipulations- und Kriminalitätsgefährdungspotentialen Rechnung zu tragen.

Zur Erreichung dieser Ziele ist in dem Ersten Glücksspieländerungsstaatsvertrag für das Automatenspiel in Spielhallen und Gaststätten eine Reihe von

Maßnahmen vorgesehen: Werbeeinschränkungen, die Erstellung und Umsetzung von Sozialkonzepten mit Schulung der Mitarbeiter, der Ausschluss Minderjähriger vom Spielen, das Verbot, das Automatenspiel im Internet anzubieten, die Verpflichtung zu Informations- und Aufklärungsmaßnahmen, die Einhaltung eines Mindestabstands zwischen Spielhallen bzw. das Verbot der Mehrfachkonzessionen, Sperrzeiten für Spielhallen und Anforderungen an die äußere Gestaltung einer Spielhalle, Möglichkeiten der Selbstlimitierung und Selbstsperre.

Diese Maßnahmen werden in den Ausführungsgesetzen bzw. den Spielhallengesetzen der Bundesländer konkretisiert bzw. um zusätzliche Vorgaben erweitert.

Die ergriffenen Maßnahmen berücksichtigen in der Regel nicht die vorliegenden wissenschaftlichen Erkenntnisse, sondern folgen der Einschätzung von Verwaltung und Politik. Aus wissenschaftlicher Sicht wäre vor Einführung einer Maßnahme zu untersuchen, welchen Nutzen diese erwarten lässt und mit welchen Kosten sie verbunden ist. Wenn das Ziel zum Beispiel die Suchtprävention darstellt, wäre das Maßnahmenbündel zu wählen, das einen möglichst hohen Nutzen bei möglichst geringen Kosten bietet.

In dem zweiten Kapitel wird nach dieser Einleitung auf die Maßnahmen, die der Glücksspielstaatsvertrag und die Ausführungs- bzw. Spielhallengesetze der Bundesländer in Bezug auf Spielhallen fordern, eingegangen. Der Schwerpunkt liegt hier auf Maßnahmen zur Begrenzung der Verfügbarkeit: Mindestabstandsregeln, Sperrzeiten, Eingangskontrollen und die Spielersperre. Die Begründung dieser Maßnahmen durch den Gesetzgeber wird dargestellt.

In dem dritten Kapitel werden die Grundlagen für die wissenschaftliche Bewertung dieser Maßnahmen vorgestellt. Dabei wird davon ausgegangen, dass das Ziel die Einschränkung der Glücksspielsucht darstellt. Generell werden drei Faktoren für die Entwicklung eines pathologischen Spielverhaltens verantwortlich gemacht. Dieses Drei-Faktoren-Modell wird vorgestellt. Diese drei Faktoren sind der Spieler, das Glücksspiel und das Sozialfeld. Die situativen Merkmale, wie die Verfügbarkeit, können dem dritten Faktor zugerechnet werden. Die Spielhallengesetze sehen Maßnahmen vor, die das Ziel haben, die situativen Merkmale für die Spieler zu ändern und so zu einer Prävention eines problematischen Spielverhaltens beizutragen. In einem weiteren Abschnitt wird daher speziell auf die situativen Merkmale eingegangen.

Um Präventionsmaßnahmen beurteilen zu können, ist ein Grundverständnis der methodischen Ansätze notwendig, die in der Therapie des pathologischen Spielverhaltens verfolgt werden. Dieses Grundverständnis wird in dem dritten Abschnitt dieses dritten Kapitels gelegt. Während in Deutschland der Verhältnisprävention eine große Bedeutung zugemessen wird, wird in anderen Ländern, wie Australien und Kanada, auch großer Wert auf die Schadensminderung gelegt. Dieser Ansatz wird auch in Deutschland oft als *Harm Reduction* bezeichnet und abschließend in diesem Kapitel vorgestellt.

In dem vierten Kapitel wird auf die Verfügbarkeit und das problematische bzw. pathologische Spielverhalten eingegangen. Zuerst wird der Zusammenhang zwischen Verfügbarkeit und einem problematischen bzw. pathologischen Spielverhalten diskutiert. Anschließend werden die einzelnen Dimensionen der Verfügbarkeit und deren Messung vorgestellt. Es wird dann auf die Messung des problematischen bzw. pathologischen Spielverhaltens eingegangen. In der Literatur zur Verhältnisprävention bei Alkohol ist das *Total Consumption Model* prominent. Dieses Modell wird von einigen Autoren auf die Verhältnisprävention bei Glücksspiel übertragen. Abschließend wird in diesem Kapitel dargelegt, warum diese Übertragung fehlerhaft ist.

In dem fünften Kapitel werden die vorliegenden empirischen Untersuchungen zu dem Zusammenhang zwischen Verfügbarkeit und einem problematischen Spielverhalten vorgestellt. Aus Deutschland sind hierzu keine Untersuchungen zu finden. Es liegen jedoch Ergebnisse aus Australien und Neuseeland, Kanada, den Vereinigten Staaten, Norwegen und der Schweiz vor. Diese Untersuchungen werden im Detail vorgestellt und Schlussfolgerungen für Deutschland und die in den Spielhallengesetzen vorgesehenen Maßnahmen zur Begrenzung der Verfügbarkeit, insbesondere die Mindestabstandsregel und das Verbot der Mehrfachkonzessionen, gezogen. Die Wirksamkeit dieser Maßnahmen wird aus suchtpräventiver Sicht beurteilt.

In dem sechsten Kapitel wird die Einführung bzw. Ausdehnung der Sperrzeiten untersucht. Auch hier liegen für Deutschland keine empirischen Untersuchungen vor. Die Auswirkungen einer Ausdehnung der Sperrzeiten wurden jedoch in Australien und Kanada empirisch untersucht. Diese Ergebnisse werden vorgestellt und Schlussfolgerungen für Deutschland gezogen.

Das siebte Kapitel widmet sich den Identitätskontrollen. Diese werden unter dem Gesichtspunkt des Jugendschutzes und der Verringerung der sozialen Verfügbarkeit betrachtet. Zu dem Ende dieses Kapitels werden wieder Schlussfolgerungen gezogen.

Auf die Spielersperre wird in dem achten Kapitel eingegangen. Die Hintergründe für die Einführung einer solchen Sperre werden vorgestellt. Auf die Bedeutung und Nutzung dieser Maßnahme durch gefährdete Spieler wird eingegangen. Es folgt die Darstellung der bisher vorliegenden empirischen Untersuchungen zur Wirksamkeit der Selbstsperre als suchtpräventive Maßnahme.

In dem neunten Kapitel wird auf die voraussichtlichen Auswirkungen der Mindestabstandsregel und des Verbots von Mehrfachspielhallen eingegangen. Zuerst werden die Regelungen für die Anzahl der Automaten pro Standort nach der Spielverordnung vorgestellt und auf das Problem der Mehrfachspielhallen eingegangen. In einem nächsten Abschnitt werden die kommunalen Steuerungsmöglichkeiten der Standorte von Spielhallen vorgestellt. Die Mindestabstandsregel wird durch den Gesetzgeber mit der Suchtprävention begründet. Es wird hier versucht, die *Spielhallenflut*, die ihre Ursache in dem Baurecht hat, mit dem Glücksspielrecht zu bekämpfen. Auf die Konflikte zwischen Baurecht und Glücksspielrecht wird eingegangen. Die Auswirkungen der Mindestabstandsregel werden beispielhaft für einige Städte in Baden-Württemberg untersucht. Die Ergebnisse werden im dritten Abschnitt vorgestellt. Das Kapitel endet mit einer Darstellung der zu erwartenden Probleme bei der Umsetzung der Mindestabstandregel und dem Verbot der Mehrspielhallen.

Dieses Buch endet mit einer zusammenfassenden und vergleichenden Bewertung der Maßnahmen zur Begrenzung der Verfügbarkeit. Die Wirksamkeit dieser Maßnahmen aus suchtpräventiver Sicht und aus Sicht der Schadensminderung wird zusammenfassend beurteilt. Der Schwerpunkt liegt dabei auf der Mindestabstandsregel.

Die wichtigsten Ergebnisse der einzelnen Abschnitte werden jeweils in einer Ergebnisbox dargestellt. Für einen Leser mit sehr wenig Zeit empfiehlt es sich, nur jeweils die Ergebnisboxen zu lesen. Diese stellen eine sehr gute Zusammenfassung dar.

Der Autor dankt seiner Mitarbeiterin Frau Wöhr ganz herzlich für die Anmerkungen und die Fertigstellungen der Druckvorlage.

2. Glücksspielrechtliche Maßnahmen zur Begrenzung der Verfügbarkeit

In dem Glücksspieländerungsstaatsvertrag und in den Ausführungs- bzw. Spielhallengesetzen der Bundesländer[3] ist eine Reihe von Maßnahmen zur Begrenzung der Verfügbarkeit von Geldspielgeräten vorgesehen. Von entscheidender Bedeutung für die Begrenzung der Verfügbarkeit dürfte die Mindestabstandsregel zwischen Spielhallen sein. Im ersten Abschnitt dieses Kapitels wird dargestellt, welche Regelungen der Glücksspieländerungsstaatsvertrag und die Ausführungs- bzw. Spielhallengesetze der Bundesländer in Bezug auf den Mindestabstand vorsehen. Neben dieser Verringerung der räumlichen Verfügbarkeit ist auch in dem Glücksspieländerungsstaatsvertrag und in den Ausführungs- bzw. Spielhallengesetzen der Bundesländer eine Begrenzung der zeitlichen Verfügbarkeit vorgesehen. Die Regelungen in den einzelnen Bundesländern für die Sperrzeiten werden dann in einem nächsten Abschnitt dargestellt. Eine weitere Maßnahme zur Begrenzung der Verfügbarkeit stellen die Identitätskontrollen dar. Diese erschweren den Zugang und sind daher ebenfalls eine Maßnahme zur Begrenzung der Verfügbarkeit. Die radikalste Maßnahme zur Begrenzung der Verfügbarkeit ist die Spielersperre. Auf diese Maßnahme wird im letzten Abschnitt dieses Kapitels eingegangen.

2.1 Mindestabstandsregeln

In dem Ersten Staatsvertrag zur Änderung des Staatsvertrages zum Glücksspielwesen in Deutschland (Erster Glücksspieländerungsstaatsvertrag), der von den Ministerpräsidenten der Bundesländer (außer Schleswig-Holstein) am 15. Dezember 2011 unterzeichnet wurde, sind in § 25 räumliche Beschränkungen für Spielhallen vorgesehen:

> (1) Zwischen Spielhallen ist ein Mindestabstand einzuhalten (Verbot von Mehrfachkonzessionen). Das Nähere regeln die Ausführungsbestimmungen der Länder.
>
> (2) Die Erteilung einer Erlaubnis für eine Spielhalle, die in einem baulichen Verbund mit weiteren Spielhallen steht, insbesondere in einem gemeinsamen Gebäude oder Gebäudekomplex untergebracht ist, ist ausgeschlossen.

---

3 Diese sind auf der Homepage der Forschungsstelle Glücksspiel der Universität Hohenheim zu finden.

(3) Die Länder können die Anzahl der in einer Gemeinde zu erteilenden Erlaubnisse begrenzen.

Die Regelung zu dem Mindestabstand zwischen Spielhallen wird in den einzelnen Bundesländern unterschiedlich umgesetzt. Der zulässige Mindestabstand reicht von 500 Metern in einer Reihe von Bundesländern, so auch in Baden-Württemberg, bis zu 100 Metern in Niedersachsen. Dazwischen liegen Nordrhein-Westfalen mit 350 Metern, Schleswig-Holstein und Hessen mit 300 Metern, Bremen, Bayern und Sachsen mit 250 Metern und Sachsen-Anhalt mit 200 Metern. In Hamburg soll in bestimmten Gebieten, d. h. in Gebieten mit Werbung mit Wechsellicht (z. B. St. Pauli), der Mindestabstand 100 Meter nicht unterschreiten, sonst soll der Mindestabstand 500 Meter nicht unterschreiten (vgl. Tabelle 1).

In einigen Bundesländern gelten diese Grenzen ohne Ausnahmebestimmungen, in anderen sind Abweichungen möglich. In Baden-Württemberg, Bremen, Mecklenburg-Vorpommern, Sachsen-Anhalt und Schleswig-Holstein (mit Ausnahme von Gebäuden mit zwei Unternehmen) „muss", in Hamburg „soll" der Mindestabstand gewahrt werden; in Bayern, Hessen, Nordrhein-Westfalen, Rheinland-Pfalz und Sachsen sind Ausnahmen in Einzelfällen möglich. Im Saarland „darf die Erlaubnis versagt werden", wenn der Mindestabstand 500 Meter unterschreitet. In Niedersachsen gibt es einen Ermessensspielraum; der Mindestabstand soll zwischen 50 und 500 Metern betragen. Auch in Thüringen sind Ausnahmefälle möglich, der Mindestabstand darf aber 400 Meter nicht unterschreiten.

Tabelle 1: Übersicht der Bestimmungen der Spielhallen- und Ausführungsgesetze hinsichtlich Abstandsregelungen

	Mindestabstände zwischen Spielhallen	Abstand zu Einrichtungen für Kinder und Jugendliche
Baden-Württemberg	500 m Luftlinie zu Spielhallen	500 m Luftlinie zu Kinder- und Jugendeinrichtungen
Bayern	250 m Luftlinie zu Spielhallen	
Berlin	500 m Luftlinie zu Spielhallen	Nicht in räumlicher Nähe zu Kinder- und Jugendeinrichtungen
Brandenburg	500m Luftlinie zu Spielhallen	
Bremen	250 m Luftlinie zu Spielhallen und Wettvermittlungsstellen	

	Mindestabstände zwischen Spielhallen	Abstand zu Einrichtungen für Kinder und Jugendliche
Hamburg	500 m Luftlinie zu Spielhallen; Ausnahmen für Reeperbahn und Steindamm = 100 m	Nicht in räumlicher Nähe zu Kinder- und Jugendeinrichtungen
Hessen	300 m Luftlinie von Eingangstür zu Eingangstür der Spielhallen	
Mecklenburg-Vorpommern	500 m Luftlinie zu Spielhallen, Spielbanken	500 m Luftlinie zu Schulen oberhalb des Primärbedarfs
Niedersachsen	100 m Luftlinie zu Spielhallen; Gemeinden können den Abstand auf 50 m verringern oder auf maximal 500 m erhöhen	
Nordrhein-Westfalen	350 m Luftlinie zu Spielhallen	350 m Luftlinie zu öffentlichen Schulen sowie Kinder- und Jugendeinrichtungen
Rheinland-Pfalz	500 m Luftlinie zu Spielhallen	500 m Luftlinie zu Einrichtungen, die überwiegend von Minderjährigen besucht werden
Saarland	500 m Luftlinie zu Spielhallen	
Sachsen	250 m Luftlinie zu Spielhallen	250 m Luftlinie zu allgemeinbildenden Schulen
Sachsen-Anhalt	200 m Luftlinie zu Spielhallen	200 m Luftlinie zu Spielhallen und Kinder- und Jugendeinrichtungen
Schleswig-Holstein	300 m Luftlinie zu Spielhallen	300 m Luftlinie zu Kinder- und Jugendeinrichtungen
Thüringen	500 m Luftlinie von Eingangstür zu Eingangstür der Spielhallen; Ausnahmen bis 400 m möglich	Keine räumliche Nähe zu Kinder- und Jugendeinrichtungen, Suchtberatungsstellen und ähnlichen sozialen Einrichtungen

Quelle: Eigene Darstellung basierend auf den Spielhallen- und Ausführungsgesetzen der Bundesländer.

In einigen Bundesländern ist darüber hinaus auch ein Mindestabstand vorgesehen zu Einrichtungen zum Aufenthalt von Kindern und Jugendlichen (Baden-Württemberg 500 Meter), zu öffentlichen Schulen und Einrichtungen der Kinder- und Jugendhilfe (Nordrhein-Westfalen 250 Meter), zu einer Schule oberhalb des Primärbereichs (Mecklenburg-Vorpommern 500 Meter), zu einer Einrichtung, die überwiegend von Minderjährigen besucht wird (Rheinland-Pfalz 500 Meter), zu einer allgemeinbildenden Schule (Sachsen 250 Meter), zu einer Einrichtung, die ihrer Art nach oder tatsächlich ausschließlich oder überwiegend von Kindern und Jugendlichen aufgesucht wird (Sachsen-Anhalt 200 Meter), zu einer Einrichtung zum Aufenthalt von Kindern und Jugendlichen (Schleswig-Holstein 300 Meter) oder gar zu Spielbanken (Mecklenburg-Vorpommern von 500 Metern).

Auch das Verbot der Mehrfachkonzessionen, d. h. eine Spielhalle im baulichen Verbund mit weiteren Spielhallen, wird zum Teil unterschiedlich umgesetzt. In Bremen erstreckt sich dieses Verbot auch explizit auf Wettvermittlungsstellen. In Schleswig-Holstein sind nicht nur eine Spielhalle pro Gebäude, sondern bis zu zwei Unternehmen in einem Gebäude oder Gebäudekomplex zulässig.

Nach § 3 Abs. 2 der Spielverordnung gilt: „In Spielhallen oder ähnlichen Unternehmen darf je 12 Quadratmeter Grundfläche höchstens ein Geld oder Warenspielgerät aufgestellt werden; die Gesamtzahl darf jedoch zwölf Geräte nicht übersteigen." Berlin und Hamburg sehen als einzige Bundesländer eine Verringerung der Geldspielgeräte in Spielhallen (von zwölf auf acht Geräte) vor. In den anderen Bundesländern ist dies nicht der Fall.

Eine Begrenzung der Anzahl der in einer Gemeinde zu erteilenden Erlaubnisse für das Betreiben einer Spielhalle, wie es der Glücksspieländerungsstaatsvertrag vorsieht, wird in keinem Ausführungs- oder Spielhallengesetz explizit vorgenommen. Nur nach dem Ausführungsgesetz von Mecklenburg-Vorpommern (§ 11) kann die zuständige Behörde die Anzahl der in einer Gemeinde zu erteilenden Erlaubnisse durch Rechtsverordnung regeln.

2.2 Sperrzeiten

Im Ersten Glücksspieländerungsstaatsvertrag sind in § 26 (2) Sperrzeiten für Spielhallen vorgesehen: „Die Länder setzen für Spielhallen zur Sicherstellung der Ziele des § 1 [des Ersten Glücksspieländerungsstaatsvertrags] Sperrzeiten fest, die drei Stunden nicht unterschreiten dürfen."

Auch dies ist in den einzelnen Bundesländern in den Ausführungs- bzw. Spielhallengesetzen unterschiedlich geregelt. Die Länge der Sperrzeit reicht von acht Stunden (Berlin und Thüringen) über sieben Stunden (Hamburg, Sachsen), sechs Stunden (Baden-Württemberg, Brandenburg, Hessen, Mecklenburg-Vorpommern, Niedersachsen, Rheinland-Pfalz, Saarland,), fünf Stunden (Nordrhein-Westfalen), vier Stunden (Bremen) bis zu drei Stunden (Bayern, Sachsen-Anhalt, Schleswig-Holstein). In Sachsen wird die Sperrzeit (darf drei Stunden nicht unterschreiten) durch eine Änderung in dem Sächsischen Gaststättengesetz eingeführt.

Auch unterscheiden sich die Gesetze der Bundesländer darin, ob Ausnahmen möglich sind bzw. an bestimmten Tagen andere Sperrzeiten gelten. In einigen Bundesländern werden in dem Ausführungs- bzw. Spielhallengesetz auch bestimmte Feiertage aufgeführt, an denen Spielhallen nicht geöffnet sein dürfen.

In Mecklenburg-Vorpommern wird eine Sperrzeit von 02:00 Uhr bis 08:00 Uhr nicht nur für die Spielhallen, sondern explizit auch für die Geldspielgeräte in Gaststätten eingeführt. Mit der Änderung des Landesglücksspielgesetzes Rheinland-Pfalz, die nach der Verkündigung im Landesgesetzblatt, spätestens jedoch am 22. August 2015 in Kraft tritt, wird die Sperrzeit geändert und gilt dann auch für Geldspielgeräte in Gaststätten.

Tabelle 2: Übersicht der Bestimmungen der Spielhallen- und Ausführungsgesetze hinsichtlich Sperrzeiten

	Sperrzeit
Baden-Württemberg	00:00–06:00 Uhr
Bayern	03:00–06:00 Uhr
Berlin	03:00–11:00 Uhr
Brandenburg	03:00–09:00 Uhr
Bremen	02:00–06:00 Uhr
Hamburg	05:00–12:00 Uhr bzw. 06:00–09:00 Uhr (Reeperbahn und Steindamm)
Hessen	04:00–10:00 Uhr (zwingend 06:00 h)
Mecklenburg-Vorpommern	02:00–08:00 Uhr
Niedersachsen	00:00–06:00 Uhr
Nordrhein-Westfalen	01:00–06:00 Uhr
Rheinland-Pfalz	00:00–06:00 Uhr (geändert auf 2:00 bis 8:00 Uhr)
Saarland	04:00–10:00 Uhr
Sachsen	23:00–06:00 Uhr
Sachsen-Anhalt	03:00–06:00 Uhr
Schleswig-Holstein	03:00–06:00 Uhr
Thüringen	01:00–09:00 Uhr

Quelle: http://fachverband-spielhallen.de/rechtliches/oeffnungszeiten-spielhallen/und eigene Aktualisierung.

2.3 Eingangskontrollen

In dem Ersten Glücksspieländerungsstaatsvertrag sind in § 4 (3) Bestimmungen für den Jugendschutz vorgesehen:

> Das Veranstalten und das Vermitteln von öffentlichen Glücksspielen darf den Erfordernissen des Jugendschutzes nicht zuwiderlaufen. Die Teilnahme von Minderjährigen ist unzulässig. Die Veranstalter und die Vermittler haben sicherzustellen, dass Minderjährige von der Teilnahme ausgeschlossen sind.

Diese Bestimmungen gelten für alle öffentlichen Glücksspiele, insbesondere auch für das Automatenspiel in Gaststätten und Spielhallen. In dem Ersten Glücksspieländerungsstaatsvertrag wird nicht weiter ausgeführt, wie die Veranstalter bzw. Vermittler sicherzustellen haben, dass Minderjährige von der Teilnahme ausgeschlossen sind.

Dafür gibt es mehrere Möglichkeiten, u. a. die Aufklärung in Schulen, Informationen über das Verbot der Teilnahme von Minderjährigen durch Hinweisschilder oder Flyer bis hin zu einer generellen Eingangskontrolle mit der Pflicht, sich auszuweisen. Eingangskontrollen sind nur eine Möglichkeit, um Minderjährige von der Teilnahme an dem Automatenspiel auszuschließen. Eine personengebundene Spielerkarte wäre eine andere Möglichkeit.

Immer dann, wenn sich Spieler sperren lassen können (Selbstsperre) bzw. eine Sperre von auffälligen Spielern verlangt wird (Fremdsperre), ist eine Identitätskontrollealler Spieler vor Spielbeginn notwendig, in der Regel bei Einlass in die Spielhalle (Eingangskontrolle). Nur so kann sichergestellt werden, dass gesperrte Spieler nicht an dem Automatenspiel teilnehmen. Ist ein Sperrsystem beim Automatenspiel vorgesehen, sind auch in der Regel Eingangskontrollen mit Ausweispflicht vorgeschrieben. Andere Konzepte, wie eine personengebundene Spielerkarte wären denkbar, sind derzeit aber (noch) nicht vorgesehen.[4]

---

4 Mit dem Gesetz zur Änderung der Gewerbeordnung und anderer Gesetze vom 5. Dezember 2012 wurde die Ermächtigungsgrundlage für die Einführung einer personenungebundenen Spielerkarte geschaffen. Mit der Novellierung der Spielverordnung Ende 2014 dürfen ab dem 10. November 2019 höchstens zwei Geld- oder Warenspielgeräte an den in der Spielverordnung genannten Orten aufgestellt werden. Vorab müssen Gewerbetreibende, Hersteller und Aufsteller zahlreiche andere Maßnahmen ergreifen, um die neuen Regelungen zu erfüllen. Gewerbetreibende müssen durch persönliche Aufsicht und technische Sicherungsmaßnahmen dafür sorgen, dass die Vorschriften des Jugendschutzgesetzes eingehalten werden. Ab 10. Februar 2016 müssen die Aufsteller von Spielgeräten bei neuen Bauartzulassungen dafür sorgen, dass jedem Spieler vor Spielbeginn ein gerätegebundenes, personenungebundenes Identifikationsmittel

Einige Länder verzichten in ihren Landesgesetzen darauf, Eingangskontrollen ausdrücklich vorzuschreiben (z. B. Baden-Württemberg, Bayern, Bremen und Hessen), andere sehen dies explizit vor (z. B. Hamburg, Rheinland-Pfalz und Sachsen).

Ein Sperrsystem ist für Spielbanken (Casinospiele und Automatenspiel) und Veranstalter von Sportwetten und Lotterien mit einem besonderen Gefährdungspotential (z. B Keno) nach § 8 (2) Glücksspieländerungsstaatsvertrag zwingend vorgeschrieben. Bei Spielbanken sind Eingangskontrollen mit Ausweispflicht Teil des Sperrsystems. Bei Sportwetten und Lotterien mit einem besonderen Gefährdungspotential erfolgt die Identifikation in der Regel mit Hilfe einer personengebundenen Spielerkarte. Dies war bereits in dem Glücksspielstaatsvertrag so vorgesehen.

Auch im Internet, d. h. bei dem Eigenvertrieb und der Vermittlung von Lotterien sowie bei der Veranstaltung und Vermittlung von Sportwetten im Internet im Rahmen der Experimentierklausel, ist nach § 4 (5) Glücksspieländerungsstaatsvertrag der Ausschluss minderjähriger oder gesperrter Spieler durch Identifizierung und Authentifizierung zu gewährleisten.

Selbst bei der Teilnahme im Internet an Lotterien mit einem geringen Gefährdungspotential ist der Ausschluss minderjähriger oder gesperrter Spieler durch Identifizierung und Authentifizierung zu gewährleisten. Es wäre im Sinne der Rechtsprechung des Europäischen Gerichtshofs nicht kohärent, wenn die Regeln zur Identifizierung und Authentifizierung für Spiele mit einem höheren Suchtgefährdungspotential, wie das Automatenspiel in Gaststätten und Spielhallen, nicht zumindest ebenso streng wären. Es ist noch ein langer Weg, bis eine solche Kohärenz hergestellt ist. Der Gesetzgeber hat mit der Einführung einer personenungebundenen Spielerkarte zumindest einen ersten sehr kleinen Schritt in Richtung Kohärenz getan.

In den Ausführungs- bzw. Spielhallengesetzen der einzelnen Bundesländer sind unterschiedliche Maßnahmen zum Ausschluss Minderjähriger vorgeschrieben. Diese reichen von einer Aufklärung über das Verbot der Teilnahme Minderjähriger (Thüringen) bis zu einer Eingangskontrolle mit Ausweispflicht (Berlin, Bremen, Hamburg, Rheinland-Pfalz, Sachsen-Anhalt). In einigen Bundesländern (z. B. Mecklenburg-Vorpommern, Niedersachsen) wird nicht weiter konkretisiert, mit welchen Maßnahmen der Ausschluss Minderjähriger

---

ausgehändigt wird. Sie haben weiterhin dafür zu sorgen, dass jedem Spieler nicht mehr als ein Identifikationsmittel ausgehändigt wird, dass der Verlust wiederverwendbarer Identifikationsmittel vermieden wird, und dass der Spieler ein wiederverwendbares Identifikationsmittel nach Beendigung des Spielbetriebs unverzüglich zurückgibt.

sicherzustellen ist. Es ist jedoch davon auszugehen, dass Hinweisschilder auf das Verbot der Teilnahme Minderjähriger nicht ausreichen, um „sicherzustellen", dass diese auch tatsächlich nicht an dem Automatenspiel teilnehmen.

In Hessen, Rheinland-Pfalz und Schleswig-Holstein ist eine Videoüberwachung vorgesehen. In Rheinland-Pfalz gilt die Verpflichtung zur Videoüberwachung nur für den Eingangs- und den Kassenbereich, in den beiden anderen Bundesländern auch für die Spielräume. Die Daten sind zu speichern und müssen nach 48 Stunden gelöscht werden, es sei denn, sie werden zur Strafverfolgung benötigt. In Bremen und Thüringen muss die Spielhallenaufsicht von ihrem regelmäßigen Aufenthaltsort aus, auch unter Zuhilfenahme technischer Einrichtungen, alle Spielgeräte einsehen und die Spieler beobachten können.

2.4 Spielersperre

Bei der Spielersperre ist zwischen einer Sperre für eine einzelne Spielhalle, einem Sperrsystem des jeweiligen Anbieters, einem anbieter-übergreifenden Sperrsystem für eine bestimmte Form des Glücksspiels und einem spielformen- und anbieter-übergreifenden Sperrsystem zu unterscheiden.

Weiterhin ist zwischen einer freiwilligen Selbstsperre und einer Fremdsperre zu unterscheiden. Eine freiwillige Spielersperre lässt sich als Behelfsinstrument für pathologische Spieler ansehen, das als externe Barriere in Form eines Zugangsverbots fungiert und angestrebte innere Prozesse der Verhaltensänderung unterstützt.[5] Eine Selbstsperre ist eine radikale Form der Einschränkung der Verfügbarkeit. Eine Fremdsperre ist als „öffentliche Ultima Ratio zum Schutz des Spielers" anzusehen.[6]

Bei einer Sperrliste erfolgt eine Sperrung nur in der betreffenden Spielhalle bzw. bei dem betreffenden Betreiber von Spielhallen. Bei einer zentralen Sperrdatei erfolgt die Sperrung zumindest anbieter-übergreifend, wenn nicht sogar spielformen-übergreifend. Mit einer Sperrdatei gibt es in Deutschland bereits Erfahrungen.

Bei dem Großen Spiel in den Spielbanken, d. h. bei Roulette und anderen Tischspielen, hat die Spielersperre im Rahmen einer zentralen Sperrdatei eine

---

5 Vgl. Meyer, G. / Hayer, T.: *Die Effektivität der Spielersperre als Maßnahme des Spielerschutzes: Eine empirische Untersuchung von gesperrten Spielern.* Frankfurt: Peter Lang Verlag 2011, S. 27.

6 Vgl. Bühringer, G.: *Stellungnahme zum Gesetzentwurf der Landesregierung Rheinland-Pfalz zur Änderung des Landesglücksspielgesetzes vom 10.06.2015 mit Überarbeitung am 02.07.2015*, 2015.

lange Tradition. Hier bestand bereits vor dem Glücksspielstaatsvertrag die Möglichkeit der Spielersperre. Diese kann in der Regel nur mit einer Personenkontrolle umgesetzt werden. Diese Spielersperre galt jedoch nicht für das Kleine Spiel, d. h. das Automatenspiel in Spielbanken. Ein Gerichtsurteil[7] führte im Rahmen des Glücksspielstaatsvertrags zu dessen Einführung auch bei dem Automatenspiel. Da diese Entscheidung auch für die Spielhallen relevant ist, wird im Folgenden hierauf eingegangen.

Ein pathologischer Spieler hatte sich auf Antrag für das Große Spiel in einer Spielbank sperren lassen. Der Antrag enthielt folgenden Hinweis: „Mir ist weiterhin bekannt, dass diese Selbstsperre nur für das ‚Große Spiel' vorgemerkt wird und für das Automatenspiel nicht berücksichtigt werden kann, weil meine persönlichen Daten im Automatenspiel nicht registriert werden und damit keine Überwachungsmöglichkeit besteht." Der Spieler nahm nach dem Wirksamwerden seines Antrags an dem Automatenspiel teil. An den Eingängen zu dem Automatenspiel waren Schilder angebracht, wonach minderjährigen, gesperrten oder nicht zum Spiel zugelassenen Personen der Zutritt zum Spielsaal/Automatensaal nicht gestattet ist und im Falle eines Spielverlustes für diese Personen kein Anspruch auf Rückerstattung der Spieleinsätze und im Falle eines Gewinns weder Anspruch auf Rückerstattung der Spieleinsätze noch auf Auszahlung der Gewinne besteht. Dieser Bereich unterlag jedoch keiner Personenkontrolle. Der Spieler hob an einem Tag 20-mal je 500 DM von in dem Automatensaal befindlichen Telecash-Geräten ab und verspielte dieses im Automatenspiel. Von der Ehefrau des Spielers wurde dann ein Rückzahlungsanspruch dieses Geldes gegen die Spielbank geltend gemacht.

Der Bundesgerichthof stellte die folgenden Leitsätze auf:

1. Eine wunschgemäß erteilte Spielsperre kann Ansprüche auf Ersatz von Spielverlusten begründen, wenn die Spielbank die Sperre nicht durch ausreichende Kontrollen durchsetzt.

2. Eine Spielbank kann bei einer antragsgemäß – im Gegensatz zu einer einseitig – verhängten Spielsperre Schutzpflichten haben, die auf Wahrnehmung der Vermögensinteressen ihrer Gäste gerichtet sind.

Mit dem zweiten Leitsatz weicht der Bundesgerichtshof von seiner bisherigen Rechtsprechung[8] ab:

---

7 Entscheidung des Bundesgerichtshofs vom 15. Dezember 2005 (III ZR 65/05).

8 Entscheidung des Bundesgerichtshofs vom 31. Oktober 1995 (XI ZR 6/95).

Ihrem Inhalt nach war die von der Beklagten übernommene vertragliche Verpflichtung darauf gerichtet, in ihren Betrieben das Zustandekommen von Spielverträgen mit dem gesperrten Spieler zu verhindern. Diese Verpflichtung bestand allerdings nur im Rahmen des Möglichen und Zumutbaren. In diesem Sinne ist der im Antrag enthaltene Hinweis auf mangelnde Überwachungsmöglichkeiten beim Automatenspiel als ein solcher auf diese Grenzen der von der Beklagten übernommenen Vertragspflichten zu verstehen. Er besagt dementsprechend nicht etwa, dass der gesperrte Spieler uneingeschränkt zum Automatenspiel zugelassen werde. Gleiches ergab sich aus den am Automatenspielsaal aufgestellten Verbotsschildern. Deshalb stand die Einschränkung einer Überwachungspflicht dort nicht entgegen, wo eine solche Überwachung ohne weiteres möglich und zumutbar war.[9]

In dem eben geschilderten Fall hat der gesperrte Spieler die verspielten Einsätze von einem in dem Automatenspielsaal befindlichen und der Kontrolle der Mitarbeiter der Spielbank unterliegenden Telecash-Gerät abgehoben. In einem späteren Fall hat ein gesperrter Spieler die verspielten Einsätze per EC-Karte bzw. EURO-Card von einem außerhalb des Spielbereichs aufgestellten Bank-Geldautomaten abgehoben. Das Gericht hatte zu entscheiden, ob der gesperrte Spieler auch diesem Fall eine Rückerstattung der verspielten Einsätze verlangen kann. Dementsprechend war die in dem früheren Urteil offen gelassene Rechtsfrage zu beantworten, ob beim Automatenspiel eine generelle Kontrollpflicht besteht, die den Zutritt von gesperrten Spielern verhindern soll.

In diesem weiteren Urteil[10] stellt der Bundesgerichtshof, wie auch in dem früheren Urteil, fest, dass der Sinn einer auf eigenen Antrag des Spielers verhängten Spielersperre zum Schutz des Spielers vor sich selbst liegt:

Der Spieler will sich selbst mit Hilfe der Spielbank den für ihn als gefahrenträchtig erkannten Zugang verstellen. Dem liegt die kritische Selbsterkenntnis eines durch Spielsucht gefährdeten Spielers in einer Phase zugrunde, in der er zu einer solchen Einschränkung und Selbstbeurteilung fähig ist. Auf Seiten der Spielbank wird diese Einsicht des Spielers akzeptiert, in dem sie erklärt, ihn vom Spiel auszuschließen und keine Spielverträge mehr abzuschließen. Die Spielbank geht mit der Annahme des Antrags eine vertragliche Bindung gegenüber dem Antragsteller ein, die auch und gerade dessen Vermögensinteresse schützt, ihn vor den aufgrund seiner Spielsucht zu befürchtenden wirtschaftlichen Schaden zu bewahren.

Diese Verpflichtung sei die Beklagte, die Spielbank, hier objektiv nicht nachgekommen:

---

9 Entscheidung des Bundesgerichtshofs vom 15. Dezember 2005 (III ZR 65/05), Abschnitt 12.

10 Entscheidung des Bundesgerichtshofs vom 22. November 2007 (II ZR 9/07).

> Der bloße am Eingang der Automatensäle angebrachte Hinweis, gesperrten Spielern sei der Zutritt verboten und diese hätten keinen Anspruch auf Auszahlung der Gewinne oder Ersatz der Verluste, war nicht geeignet, eine wirksame Schutzfunktion zu entfalten.

Das Gericht unterscheidet zwischen öffentlich-rechtlichen Pflichten, die für das Automatenspiel keine Personenkontrolle vorsahen, und den privatrechtlichen Schutzpflichten, die sich aus der Eingehung einer privatrechtlichen vertraglichen Bindung gegenüber dem einzelnen gesperrten Spieler ergeben: „Der Beklagte kann dem Kläger auch nicht entgegenhalten, dieser habe durch den Zutritt zum Automatenspiel seinerseits gegen den Sperrvertrag verstoßen."

Als Leitsatz ergibt sich in Fortführung der früheren Entscheidung:

3. Eine Spielbank hat auch bei Automatenspielen eine generelle Kontrollpflicht, die den Zutritt von antragsgemäß gesperrten Spielern verhindern soll.

Diese Entscheidungen haben dazu geführt, dass die Sperrdatei und die Personenkontrolle auch für das Automatenspiel in Spielbanken eingeführt wurden. Nach dem Glücksspieländerungsstaatsvertrag sind die Spielbanken und die Lotteriegesellschaften der Länder verpflichtet, ein übergreifendes Sperrsystem zu unterhalten. Die zur Teilnahme am Sperrsystem verpflichteten Veranstalter sperren Personen, die dies beantragen (Selbstsperre) oder von denen sie aufgrund der Wahrnehmung ihres Personals oder aufgrund von Meldungen Dritter wissen oder aufgrund sonstiger tatsächlicher Anhaltspunkte annehmen müssen, dass sie spielsuchtgefährdet oder überschuldet sind, ihren finanziellen Verpflichtungen nicht nachkommen oder Spieleinsätze riskieren, die in keinem Verhältnis zu ihrem Einkommen oder Vermögen stehen (Fremdsperre).

Die Veranstalter teilen dem betroffenen Spieler die Sperre unverzüglich schriftlich mit. Die Veranstalter haben die Daten des Spielers in eine Sperrdatei einzutragen. Eine Aufhebung der Sperre ist frühestens nach einem Jahr und nur auf schriftlichen Antrag des Spielers möglich. Über diesen entscheidet der Veranstalter, der die Sperre verfügt hat.

Der Bundesgerichtshof (BGH) hat in seiner Entscheidung vom 20.10.2011 (III ZR 251.10) entschieden,[11] dass die

> Aufhebung einer auf Antrag des Spielers erteilten Spielsperre durch eine Spielbank eine Verletzung des Spielsperrvertrags darstellt, wenn nicht der Spielbank zuvor der hinreichend sichere Nachweis erbracht wird, dass der Schutz des Spielers vor sich selbst dem nicht mehr entgegensteht, mithin keine Spielsuchtgefährdung mehr vorliegt und der Spieler zu einem kontrollierten Spiel in der Lage ist.

11 BGH, Urteil vom 20. Oktober 2011 (III ZR 251/10) Randnummer 11.

Damit stellt sich die Frage, wie ein solcher Nachweis beschaffen sein muss, damit eine Spielersperre aufgehoben werden kann, ohne dass sich hieraus Schutzpflichtverletzungen und somit Haftungsrisiken der Spielbank ergeben.

Das Verwaltungsgericht Berlin hat sich in einem Urteil vom 18.05.2012 (VG 35 K 199.10) mit den Voraussetzungen für die Aufhebung einer Spieler-Selbstsperre nach § 8 des Glücksspielstaatsvertrages (GlüStV) befasst. Es handelt sich um die erste Gerichtsentscheidung zu den Anforderungen an die Aufhebung einer Selbstsperre, die zudem nach dem Urteil des BGH zur Haftung einer Spielbank nach Aufhebung einer Selbstsperre ergangen ist.

Das Urteil des Verwaltungsgerichts besagt im Wesentlichen, dass die wirtschaftlichen Verhältnisse bei einer Selbstsperre nicht den Kern des Problems darstellen. Damit reiche es zu Aufhebung der Sperre auch nicht aus, die wirtschaftlichen Verhältnisse zu prüfen. Die Eigensperre mache deutlich, dass der Spieler sich selbst nicht zutraut, sich durch bloße Willenskraft schützen zu können. Eine Selbstsperre ist nicht schon auf einen dahingehenden Antrag des Spielers ohne weiteres auch wieder aufzuheben. Eine Spielbank kann sich auch nicht darauf berufen, in dem Wunsch des Spielers, ihn unter Aufhebung einer Selbstsperre wieder spielen zu lassen, liege eine ihre Schutzpflichten suspendierende Erklärung, nicht mehr spielsüchtig zu sein. Vielmehr bedarf es hierzu hinreichend sicherer Nachweise, dass eine Spielsuchtgefährdung nicht mehr besteht und der Spieler zu einem kontrollierten Spiel in der Lage ist. Einen entsprechenden Nachweis kann der Spieler anhand einer von ihm vorgelegten sachverständigen Begutachtung oder Bescheinigung einer fachkundigen Stelle erbringen.

Das Verwaltungsgericht stellt in dem entschiedenen Fall klar, dass der Kläger mit der von ihm vorgelegten Stellungnahme der Universitätsmedizin Mainz, Ambulanz für Spielsucht, Klinik und Poliklinik für Psychosomatische Medizin und Psychotherapie, den hinreichend sicheren Nachweis erbracht hat, dass eine Spielsuchtgefährdung bei ihm nicht (oder jedenfalls nicht mehr) besteht. Mehr könne von dem Kläger nicht erwartet werden, um den Verdacht, er sei spielsuchtgefährdet, auszuräumen.

Eine Aufrechterhaltung der Spielersperre ließe sich danach allenfalls rechtfertigen, wenn zwischenzeitlich tatsächliche Anhaltspunkte dafür bekannt geworden wären, dass bei dem gesperrten Spieler einer der in § 8 Absatz 2 Glücksspieländerungsstaatvertrag aufgeführten sonstigen Gründe (neben der Spielsuchtgefährdung) für eine Fremdsperre vorliegt; mit der Folge, dass die Spielbank bei Aufhebung der auf Betreiben des Spielers zustande gekommenen Selbstsperre sogleich wieder tätig werden und gegen ihn nunmehr eine Fremdsperre verhängen müsste.

Gesperrte Spieler dürfen nicht an Sportwetten, an Lotterien, die häufiger als zweimal pro Woche veranstaltet werden, und am Spielbetrieb in Spielbanken teilnehmen. Die Durchsetzung des Verbots ist durch Kontrolle des Ausweises oder eine vergleichbare Identitätskontrolle und Abgleich mit der bundesweiten Sperrdatei zu gewährleisten.

Eine Regulierung, die die Möglichkeit der Selbstsperre für Lotterien mit mehr als zwei Ziehungen pro Woche, Sportwetten sowie das Tisch- als auch Automatenspiel in Spielbanken gesetzlich vorsieht und die Veranstalter dazu verpflichtet, diese durch eine Personenkontrolle auch sicherzustellen, aber das Automatenspiel in Spielhallen und Gaststätten hiervon ausnimmt, ist nicht kohärent. Das Suchtgefährdungspotential des Automatenspiels in Spielhallen und Gaststätten ist sehr viel höher als das der derzeit angebotenen Lotterien (Keno) mit mehr als zwei Ziehungen pro Woche.

Eine kohärente Gesetzgebung im Bereich des Glücksspiels erfordert, dass sich pathologische Spieler auch bei dem Automatenspiel in Spielhallen und Gaststätten sperren lassen können. Wenn in Spielhallen die Möglichkeit für einen Spieler besteht, sich sperren zu lassen, aber nicht in Gaststätten, Imbissbuden oder im Internet, so kommt es zu Ausweichbewegungen. Eine solche Regelung ist im Sinne der Suchtprävention zumindest mangelhaft.

In dem Ersten Glücksspieländerungsstaatsvertrag ist nach § 8 ein übergreifendes Sperrsystem für Spielbanken und Veranstalter von Sportwetten und von Lotterien mit besonderem Gefährdungspotential vorgesehen:

(1) Zum Schutz der Spieler und zur Bekämpfung der Glücksspielsucht wird ein übergreifendes Sperrsystem (§ 23) unterhalten.

(2) Spielbanken und Veranstalter von Sportwetten und Lotterien mit besonderem Gefährdungspotential sperren Personen, die dies beantragen (Selbstsperre) oder von denen sie aufgrund der Wahrnehmung ihres Personals oder aufgrund von Meldungen Dritter wissen oder aufgrund sonstiger tatsächlicher Anhaltspunkte annehmen müssen, dass sie spielsuchtgefährdet oder überschuldet sind, ihren finanziellen Verpflichtungen nicht nachkommen oder Spieleinsätze riskieren, die in keinem Verhältnis zu ihrem Einkommen oder Vermögen stehen (Fremdsperre).

(3) Die Sperre beträgt mindestens ein Jahr. Die Veranstalter teilen die Sperre dem betroffenen Spieler unverzüglich schriftlich mit.

(4) Die Veranstalter haben die in § 23 Abs. 1 genannten Daten in eine Sperrdatei einzutragen. Ein Eintrag ist auch zulässig, wenn nicht alle Daten erhoben werden können.

(5) Eine Aufhebung der Sperre ist frühestens nach einem Jahr und nur auf schriftlichen Antrag des Spielers möglich. Über diesen entscheidet der Veranstalter, der die Sperre verfügt hat.

(6) Zum Schutz der Spieler und zur Bekämpfung der Glücksspielsucht sind die Vermittler von öffentlichen Glücksspielen verpflichtet, an dem übergreifenden Sperrsystem (§ 23) mitzuwirken. Zu diesem Zweck übermitteln die Vermittler die bei ihnen eingereichten Anträge auf Selbstsperren unverzüglich an den Veranstalter nach § 10 Abs. 2, in dessen Geltungsbereich der Spieler seinen Wohnsitz hat.

Dieses anbieter- und spielformen-übergreifende Sperrsystem nach dem Glücksspieländerungsstaatvertrag gilt für Spielbanken, Sportwetten und Lotterien mit besonderem Gefährdungspotential. Lotterien mit besonderem Gefährdungspotential sind nach § 22 Abs. 2 Glücksspieländerungsstaatsvertrag solche Lotterien, die häufiger als zweimal pro Woche veranstaltet werden, wie Keno. Die Sperrdatei wird nach § 23 Abs. 1 zentral von der zuständigen Behörde des Landes Hessen geführt. Die dort gespeicherten Daten sind im erforderlichen Umfang an die Stellen zu übermitteln, die Spielverbote zu überwachen haben, d. h. insbesondere die Anbieter.

Soweit es sich um ein legales und in Deutschland konzessioniertes Angebot handelt, sind Spielersperren auch im Internet verpflichtend und die Anbieter müssen entsprechende Kontrollmöglichkeiten vorhalten. Dies gilt, so § 4 Abs. 5 Glücksspieländerungsstaatsvertrag, im Internet nicht nur für Sportwetten und Lotterien mit besonderem Gefährdungspotential, sondern ausnahmslos für alle Glücksspielangebote im Internet. Auch die Vermittler dieser Glücksspiele haben an dem Sperrsystem mitzuwirken. Zu diesem Zweck übermitteln die Vermittler die bei ihnen eingereichten Anträge auf Selbstsperren unverzüglich an die staatliche Lotteriegesellschaft, in deren Geltungsbereich der Spieler seinen Wohnsitz hat.

Das Hessische Ministerium des Innern und für Sport, welches die Sperrdatei OASIS *(Onlineabfrage Spielerstatus nach Glücksspielstaatsvertrag)* führt, sieht jedoch vor, dass für Lotterien mit geringem Gefährdungspotential keine Pflicht zur Prüfung der Spielteilnehmer gegen die Sperrdatei besteht, auch wenn diese im Internet angeboten werden.[12]

Die Spielersperre bei dem Automatenspiel in Spielhallen und Gaststätten ist in den einzelnen Bundesländern unterschiedlich geregelt. In einigen Bundesländern ist derzeit keine Spielersperre beim Automatenspiel vorgesehen (Bayern, Brandenburg, Mecklenburg-Vorpommern, Niedersachsen, Nordrhein-Westfalen, Saarland, Sachsen, Schleswig-Holstein, Thüringen) in den anderen

12 Vgl. OASIS Update vom November 2013. Damit trägt das Hessische Ministerium zu der Verhältnismäßigkeit der Maßnahme bei. Eine Spielersperre für Lotterien mit geringem Gefährdungspotential, wie Soziallotterien, Klassenlotterien oder das Gewinnsparen, wäre nicht verhältnismäßig. Bei diesen Lotterien besteht, auch bei der Teilnahme über das Internet, keine relevante Suchtgefahr.

Bundesländern (Baden-Württemberg, Berlin, Bremen, Hamburg, Hessen, Rheinland-Pfalz und Sachsen-Anhalt) dagegen schon.

Selbst wenn eine Spielersperre vorgesehen ist, gibt es Unterschiede. In einigen Bundesländern handelt es sich um ein Sperrsystem, welches sich nur auf das Angebot einer bestimmten Spielhalle oder auf das jeweilige Unternehmen bezieht, in anderen Bundesländern ist ein anbieter-übergreifendes Sperrsystem für Spielhallen vorgesehen.

Ein solches anbieter-übergreifendes Sperrsystem gibt es in Hessen. Das Hessische Spielhallengesetz[13] sieht in § 6 analog zu § 5 Landesglücksspielgesetz[14] ein Sperrsystem vor. Ursprünglich war wohl ein anbieter- und spielformen-übergreifendes Sperrsystem für Spielbanken, Sportwetten, Lotterien mit besonderem Gefährdungspotential und Spielhallen angedacht. Dies konnte jedoch nicht umgesetzt werden, da es sich um zwei unterschiedliche Gesetzesgrundlagen handelt. Daher werden insbesondere auch aus datenschutzrechtlichen Gründen zwei unterschiedliche Sperrsysteme in Hessen geführt: das übergreifende bundesweite Sperrsystem nach Glücksspieländerungsstaatsvertrag und das Sperrsystem für hessische Spielhallen.

In Baden-Württemberg war nach dem Landesglücksspielgesetz vom 20. November 2012 ein anbieter- und spielformen-übergreifendes Sperrsystem nicht nur für Spielbanken, Sportwetten und Lotterien mit besonderem Gefährdungspotential, sondern auch für Spielhallen geplant. § 43 Abs. 1 des Landesglücksspielgesetzes sieht für Spielhallen Einlasskontrollen vor, bei denen die Personalien der Gäste festgestellt und mit der zentral geführten Sperrdatei nach dem Glücksspieländerungsstaatsvertrag abgeglichen werden.

In Baden-Württemberg sollte ein Anschluss an die in Hessen zentral geführte Sperrdatei (für Spielbanken, Sportwetten, Lotterien mit besonderem Gefährdungspotential und Spielhallen) erfolgen, wenn diese aufgebaut ist. In der Übergangszeit sollte die staatliche Lotteriegesellschaft Baden-Württemberg eine Sperrdatei führen. Da jedoch in Hessen nicht, wie geplant, eine einzige Sperrdatei geführt wird, sondern zwei unterschiedliche Sperrdateien, kann auch kein Anschluss des Landes Baden-Württemberg an diese Sperrdatei erfolgen.

Zudem ist der Staatsgerichtshof für das Land Baden-Württemberg in seiner Entscheidung vom 17. Juni 2014 (1 VB 15/13) zu dem Ergebnis gekommen, dass die Pflicht aus § 43 Abs. 1 Landesglücksspielgesetz zum Abgleich der Personalien der Gäste mit der zentral geführten Glücksspiel-Sperrdatei nach § 23

13 Hessisches Gesetz zur Neuregelung des Spielhallenrechts vom 28. Juni 2012.

14 Gesetz zur Neuregelung des Glücksspielwesens in Hessen vom 28. Juni 2012.

Glücksspieländerungsstaatsvertrag verfassungswidrig ist. Der Glücksspielstaatsvertrag würde einen Zugriff der Spielhallenbetreiber auf die zentrale Sperrdatei nicht vorsehen. Das in dem Glücksspieländerungsstaatsvertrag geregelte übergreifende bundesweite Sperrsystem sei demzufolge auf Spielhallen nicht anwendbar. Der Staatsvertrag könne auch nicht so ausgelegt werden, dass er einen Zugriff auf die zentrale Sperrdatei zuließe, denn dies würde einen Eingriff in das Recht auf informationelle Selbstbestimmung der gesperrten Spieler darstellen. Das Gebot der Normenklarheit verlange, dass der Gesetzgeber den Zweck einer Informationserhebung bereichsspezifisch und präzise bestimmt. § 43 Abs. 1 Satz 2 des Landesglücksspielgesetz greife somit ins Leere und verpflichte die Spielhallenbetreiber „zu rechtlich Unmöglichem". Den geforderten Zugriff auf eine zentrale Spielersperrdatei hält der Staatsgerichtshof daher für verfassungswidrig. Das Land ist verpflichtet, bis 31. Dezember 2015 eine verfassungskonforme Rechtslage für Baden-Württemberg herzustellen. Der Entwurf des Gesetzes zur Änderung des Landesglücksspielgesetzes und des Gesetzes zur Ausführung des Zensusgesetzes 2011 sieht vor, dass Spielhallenbetreiber nur noch zur Entgegennahme von Selbstsperranträgen suchtgefährdeter Spieler für die jeweilige Spielhalle des Betreibers verpflichtet sind.

Der Landtag von Rheinland-Pfalz hat am 22. Juli 2015 eine Änderung des Landesglücksspielgesetzes beschlossen. Zukünftig wird eine zentrale landesweite Sperrdatei eingeführt. Dieses übergreifende Sperrsystem für Spielhallen wird zentral von der Aufsichts- und Dienstleistungsdirektion (ADD) Rheinland-Pfalz geführt.

Eine weitere Möglichkeit neben einem Sperrvertrag, einen Spieler auszuschließen, besteht im Erteilen eines Hausverbots. Allerdings sind Versuche von Behörden, Spielhallen die Durchführung von Spielersperren im Wege des Hausverbots durch ordnungsrechtliche Auflagen aufzugeben, unzulässig, da Spielhallen nach dem Glücksspieländerungsstaatsvertrag weder zur Anordnung von Spielersperren noch zur Teilnahme an dem übergreifenden Sperrsystem für Spielbanken, Veranstalter von Sportwetten und von Lotterien mit besonderem Gefährdungspotential verpflichtet sind. Der freiwillige Rückgriff auf das zivilrechtliche Hausverbot ist Spielhallen jedoch sehr wohl möglich[15] und dürfte derzeit die praktikabelste Lösung darstellen.

In keinem Spielhallengesetz wird die Möglichkeit der freiwilligen Selbstsperre bei den Geldspielgeräten in Gaststätten angesprochen.

---

15 Vgl. Reeckmann, M. / Walter, K.: „Die Spielersperre nach dem Glücksspielstaatsvertrag im Lichte des Verbraucherschutzes". In: *Zeitschrift für Wett- und Glücksspielrecht (ZfWG)* 06/2014, S. 391.

Spielbanken und Veranstalter von Sportwetten und von Lotterien mit besonderem Gefährdungspotential sperren, so sieht es der Glücksspieländerungsstaatsvertag in § 8 Abs. 2 vor, Spieler, bei denen sie auf Grund der Wahrnehmung ihres Personals oder aufgrund von Meldungen Dritter wissen oder aufgrund sonstiger tatsächlicher Anhaltspunkte annehmen müssen, dass sie spielsuchtgefährdet oder überschuldet sind, ihren finanziellen Verpflichtungen nicht nachkommen oder Spieleinsätze riskieren, die in keinem Verhältnis zu ihrem Einkommen oder Vermögen stehen. Die Verpflichtung zur Fremdsperre gilt nicht für Anbieter oder Vermittler von Lotterien ohne besonderes Gefährdungspotential in Internet und für Spielhallen.

Die Mindestsperrdauer beträgt nach § 8 Absatz 3 Glücksspieländerungsstaatsvertrag ein Jahr und kann, so sieht es § 8 Absatz 5 vor, nur auf schriftlichen Antrag des gesperrten Spielers durch den Veranstalter, der die Sperre verfügt hat, aufgehoben werden.

Kriterien für die Aufhebung einer Spielersperre hat der Gesetzgeber mit Ausnahme der einjährigen Mindestdauer und dem schriftlichen Antrag nicht geregelt. Dies bestätigt, so Reeckmann und Walter, das Fehlen eines Sperrkonzeptes im Rahmen des Verbraucherschutzes.[16]

Unter dem Aspekt eines effektiven Spielerschutzes wäre ein anbieter- und spielformen-übergreifendes Sperrsystem wünschenswert. Dies könnte mit einer personengebundenen Spielerkarte für alle Glücksspielformen mit einem signifikanten Suchtgefährdungspotential umgesetzt werden. Lotterien mit maximal zwei Ziehungen pro Woche haben kein solches signifikantes Suchtgefährdungspotential. Hier wäre eine Spielerkarte nicht zwingend notwendig.

Eine personengebundene Spielerkarte, wie es sie in Schweden und Kanada gibt, bietet darüber hinaus die Möglichkeit für den Spieler, sich selbst Einsatz- und Spielzeitlimits zu setzen. Eine solche personengebundene Spielerkarte sollte von dem Gesetzgeber angestrebt werden.

2.5 Begründungen für die einzelnen Maßnahmen

In diesem Abschnitt sollen die Begründungen für die einzelnen Maßnahmen dargelegt werden. Es wird nur auf die Begründungen in den ersten Spielhallengesetzen eingegangen, d. h. auf Bremen, Berlin und Hessen, da sich die späteren Spielhallengesetze in der Regel an diesen orientieren.

---

16 Vgl. Reeckmann, M. / Walter, K.: „Die Spielersperre nach dem Glücksspielstaatsvertrag im Lichte des Verbraucherschutzes“. In: *Zeitschrift für Wett- und Glücksspielrecht (ZfWG)* 06/2014, S. 389.

In der Begründung des Spielhallengesetzes für Bremen[17] wird die „faktische Umgehung" der Spielverordnung durch Mehrfachkonzessionen herausgestellt.[18] Die Baubehörden und Gewerbeämter würden vermehrt über Anfragen wegen Mehrfachkonzessionen berichten. „Diese Umgehung der Spielverordnung soll mit einem Bremischen Spielhallengesetz verhindert werden".

Der „künftige Zuwachs im Spielhallenbestand" soll durch die Abstandregelung und das Verbot der Mehrfachkonzessionen begrenzt werden. Der Abstand von 250 Metern wird dadurch gerechtfertigt, dass die Spielerin oder Spieler, wenn sie bzw. er sich von einer Spielhalle zu einer anderen bewegt, „ausreichend Zeit zum Nachdenken und Abbruch eines unkontrollierten Spielverhaltens" erhält. Der Abstand von 250 Metern sei ausreichend, um eine „Spielhalle aus der Sichtweite einer anderen Spielhalle zu rücken". Das Abstandsgebot diene auch dazu, eine „Ansammlung von Spielhallen in Vergnügungsvierteln aufzulockern, so dass es für Spielerinnen und Spieler schwieriger wird, von einer vollbesetzten Spielhalle in die nächste zu wechseln".

Das spielhallenbezogene Sperrsystem wird mit der fehlenden Infrastruktur für eine Fremdsperre nach dem Vorbild des übergreifenden Sperrsystems des Glücksspielstaatsvertrags begründet. Es sei dem Spieler möglich, sich nur in einer Spielhalle, aber auch in mehreren Spielhallen sperren zu lassen.

Der Betreiber wird verpflichtet, ein „dezidiertes" Sozialkonzept für einen bestimmten Spielhallenstandort vorzulegen. Dieses individuelle Sozialkonzept hat darzulegen, welche Maßnahmen das fachlich geschulte Personal ergreifen wird, wenn es bei einer Spielerin oder einem Spieler problematisches oder pathologisches Spielverhalten erkennt. Ferner soll dargestellt werden, wie gewährleistet wird, dass Spielerinnen und Spieler den Bezug zur Realität nicht verlieren, bspw. durch Gestaltung der Schaufensterfront, die zwar keinen Einblick gewährt, wohl aber Tageslicht in die Spielhalle lässt. Auch das Anbringen von Uhren wird explizit erwähnt.

Spielhallen dürfen nicht einsehbar sein, um keine Spielanreize für Minderjährige und vergleichbar gefährdete Zielgruppen, wie problematische und pathologische Spieler, zu erzeugen. Werbung fordere zum Spiel auf und reize dazu an. Die Grenze zur spielanreizenden Werbung sei beispielsweise überschritten, wenn „eine grellbunte oder blinkende Außen- oder Schaufensterwerbung für die Spielhalle, die darin aufgestellten Geräte oder die zu erzielenden Gewinne wirbt." Emotionale Werbung ist unzulässig. Werbung, die das Geldspiel als

17 Vgl. Bremische Bürgerschaft Landtag, 17. Wahlperiode, Drs. 17/1736 vom 5. April 2011.
18 Vgl. zu den Mehrfachkonzessionen Kapitel 9.1.

„sozialadäquate Freizeitbeschäftigung" erscheinen lässt, ist ebenfalls unzulässig. Dies sei beispielsweise der Fall, wenn „auf der Schaufensterwerbung fröhliche Spielerinnen und Spieler oder Geldgewinne abgebildet werden".

Hier wird deutlich, dass sich die Werbeeinschränkungen für Spielhallen an denjenigen des Glücksspielstaatsvertrags bzw. den Werberichtlinien der Glücksspielaufsichtsbehörden orientieren.[19]

Anders als in Bremen, wo ein Mindestabstand von 250 Metern zwischen Spielhallen gefordert wird, beträgt der Mindestabstand in Berlin 500 Meter. Es wird hier jedoch ähnlich argumentiert. Die Zulassung von Spielhallen innerhalb kurzer Wegstrecken erhöhe das „Angebot von die Spielsucht fördernden Geldgewinnspielgeräten" und leiste einer „übermäßigen Ausnutzung des Spieltriebs Vorschub". Durch das Verlassen der Spielhalle, verbunden mit einem längeren Fußweg, bestehe die Möglichkeit, dass die Spielerin oder der Spieler, „ähnlich wie bei der Spielpause [...] der Spielverordnung", „auf andere Gedanken" komme und das Spiel abbricht. Es soll damit erreicht werden, dass der Spieler sich so weit von der „Atmosphäre gelöst habe", „dass ein selbständiger, neuer Entschluss zum Betreten einer weiteren Spielhalle erforderlich" sei.

Mehrfachkonzessionen sind untersagt: „Mehrfachkonzessionen sind aufgrund des massiven Angebots an Geldgewinnspielgeräten in engem räumlichen Verbund ein wesentliches Element zur Steigerung der Spielsucht. Diese Regelung dient der Suchtprävention." Diese Auffassung wird nicht weiter belegt.

Die langen Sperrzeiten werden damit begründet, dass „die Spielerin oder der Spieler, insbesondere auch die oder der Spielsüchtige, einen Schlussstrich unter das Tagesgeschehen ziehen und die Möglichkeit zur Erholung nutzen" sollen. „Nur eine Stunde Sperrzeit vermag dies nicht zu erreichen."

Die Vorgaben der Spielverordnung werden dahingehend verschärft, dass in Spielhallen nur noch acht statt zwölf Geräte zugelassen sind. Dies diene der Suchtprävention und reduziere innerhalb der Spielhalle die Anreize zu übermäßigen Spielen. Dies wird jedoch nicht weiter begründet.

Die Regelung, dass in Spielhallen keine Speisen und Getränke verabreicht werden dürfen, hat zum Ziel, „die Verweildauer der Spielerinnen und Spieler zu verkürzen und zu unterbrechen". Damit wird ein ähnlicher Ansatz verfolgt, wie bei der Abstandsregelung oder dem Verbot der Geldautomaten in den gleichen

---

19 Vgl. zu den Einschränkungen der Werbung auf Grund des Glücksspielstaatsvertrags und zu den Werberichtlinien ausführlich Becker, T.: *Werbung für Produkte mit einem Suchtgefährdungspotential: Tabak-, Alkohol- und Glücksspielwerbung aus rechtlicher, ökonomischer und psychologischer Sicht*. Peter Lang: Frankfurt a. M. 2010.

Räumlichkeiten. „Ein übermäßiges Angebot entsprechender Infrastrukturen würde die Spielerin oder den Spieler zu übermäßigem Verbleib anregen."

Neben der Sperre durch das Aufsichtspersonal (Fremdsperre) haben vor allem „latent spielsüchtige Personen" die Möglichkeit, sich für einen gewissen Zeitraum auf eigenes Verlangen verbindlich vom Spielbetrieb ausschließen zu lassen (Selbstsperre). „Die Erfahrungen etwa im Bereich der Spielbanken zeigen insofern, dass die praktische Bedeutung derartiger Selbstsperren einen wichtigen Beitrag zur Realisierung einer aktiven Suchtprävention leistet."

Mit der Forderung, dass die Spielhallen von ihrem äußeren Erscheinungsbild her so zu gestalten sind, dass ein Einblick in das Innere der Räumlichkeiten nicht möglich ist, werde die gegenwärtige Praxis gesetzlich festgeschrieben:

> Der gelegentlich erhobenen Forderung nach Transparenz – insbesondere zur Erhöhung der sozialen Kontrolle – ist entgegenzuhalten, dass der Einblick ins Innere und die Wahrnehmung der Automaten und Spiele bei den regelmäßig großen Fensterfronten eine erhebliche Anreizwirkung zum spontanen Besuch der Spielhalle, aber auch auf latent suchtgefährdete Personen sowie Nichtspielerinnen und -spieler ausüben könnte. In Anbetracht der aktuellen Verbreitung und Ausgestaltung der betreffenden Betriebe wären die damit verbundenen negativen Auswirkungen als erheblich anzusehen und auch durch eingeschränkte Werbemaßnahmen im Einzelfall kaum effektiv zu beherrschen.

Von der äußeren Gestaltung der Spielhallen darf kein Aufforderungs- oder Anreizcharakter zum Spielen ausgehen, bspw. durch auffällige Werbung oder Werbemittel oder durch Inaussichtstellen von Geldgewinnen. Begründet wird dies damit, dass

> ...das Anpreisen von Geldgewinnen bzw. von Chancen auf entsprechende Gewinne als unlauter anzusehen ist, da die in diesem Zusammenhang zu sehenden beachtlichen Verlustmöglichkeiten für die Spielgäste in keiner Weise dargestellt werden.

Während Bremen und Hessen Sozialkonzepte verlangen, geht Berlin einen anderen Weg. Ziel ist die „Verschärfung der Erlaubnisvoraussetzungen für Spielhallenbetreiberinnen und -betreiber, denen künftig ein Sachkundenachweis abzuverlangen ist". Durch die Kombination von Sachkundenachweis und entsprechenden Reaktionspflichten soll sichergestellt werden, dass ein kompetenter Spielerschutz geleistet werden kann. Die Reaktionspflicht sieht drei Stufen vor. Zuerst soll über die Risiken der Suchtgefahr informiert werden. In einem zweiten Schritt sollen die Spielenden direkt angesprochen werden, um sie zu verantwortungsbewusstem Spielverhalten anzuregen. In einem dritten Schritt sind auffällige Spielerinnen und Spieler auszuschließen. „Dies kann etwa der Fall sein, wenn pathologische Spielsuchtanzeichen auftreten, wenn der Spielende offensichtlich erschöpft ist oder er offenkundig nicht aufhören kann."

Das Aufstellen von Geldausgabeautomaten darf nicht ermöglicht oder begünstigt werden. „Derzeit gibt es Geldausgabeautomaten von Kreditinstituten, die unmittelbar an der Außenwand der Spielhalle installiert sind.“ Durch den sofortigen Zugang zu Geldmitteln bestehe die Gefahr,

> ...dass nicht mehr die Hemmschwelle räumlicher Trennung gegeben ist, um weitere Finanzmittel zur Fortsetzung eines unter Umständen bereits verlustreichen Spielablaufs zu besorgen. Durch eine räumliche Trennung wird den Betroffenen zumindest ein kurzer Moment der Reflektion abgenötigt, sich außerhalb des die Spielsucht anregenden Umfeldes der Spielhalle über seine Motive, das Spiel fortzusetzen, klarzuwerden. Die Notwendigkeit der Überwindung räumlicher Distanzen zur Beschaffung neuer Finanzmittel kann dazu führen, auf die Fortsetzung des Spiels zu verzichten.

Die Regelung stellt dabei auf die Inhaberin oder den Inhaber der Erlaubnis als Initiator für die Aufstellung der Geldausgabeautomaten ab.

Die Begründung der Einzelmaßnahmen in dem Spielhallengesetz von Hessen fällt vergleichsweise dürftig aus. Die Abstandsregel und das Verbot von Mehrfachkonzessionen werden nicht weiter begründet. Die Spielverbots- und Sperrzeitenregelungen sind an die Regelungen des Hessischen Spielbankengesetzes angelehnt.

Das Verbot der Aufstellung von Geldautomaten dient dem Spielerschutz. Aktuell habe der Spieler in den meisten Spielhallen die Möglichkeit, mittels EC- oder Kreditkarte schnell Bargeld zu erlangen:

> Gerade Problemspieler können sich so in einer Hochphase schnell neue Barmittel verschaffen. Zudem könnte ein „Abkühlen“ des „ordentlichen Spielers“, d. h. Verlassen der Spielstätte, Wegstrecke zu einem Bankautomaten, die Möglichkeit der Kontostandsabfrage, gerade für diesen Personenkreis hilfreich sein.

Die Festlegung des Begriffs „Spielhalle“ als allein zulässige Bezeichnung der Spielhallen soll der Transparenz und einer besseren Abgrenzung zwischen Spielhallen und Spielbanken dienen.

Neben den Einschränkungen der Verfügbarkeit, die den Schwerpunkt der hier vorliegenden Untersuchung bilden, sieht der Glücksspieländerungsstaatsvertrag Einschränkungen der Werbung (in § 5), die Verpflichtung zur Erstellung eines Sozialkonzeptes (in § 6) und eine Reihe von Informations- und Aufklärungspflichten (in § 7) für Spielhallen und Gaststätten vor. Auf diese Aspekte soll im Rahmen der vorliegenden Untersuchung nicht näher eingegangen werden.

ERGEBNISBOX: GLÜCKSSPIELRECHTLICHE MASSNAHMEN ZUR BEGRENZUNG DER VERFÜGBARKEIT

Die Maßnahmen, die für Spielhallen vorgeschrieben sind, umfassen im Wesentlichen zwei Bereiche: Aufklärung und Information der Spieler und Mitarbeiter und eine Einschränkung der Verfügbarkeit.

Einschränkung der Verfügbarkeit generell: Abstandregelung zwischen Spielhallen/Verbot von Mehrfachkonzessionen, Reduktion der Anzahl der Spielgeräte in einer Spielhalle, Einführung bzw. Ausdehnung von Sperrzeiten, Einlasskontrollen/Alterskontrollen, Vorgaben für die Werbung, d. h. insbesondere die Außendarstellung der Spielhallen.

Einschränkung der Verfügbarkeit für problematische und pathologische Spieler: Spielersperren in der Form der freiwilligen Selbstsperre oder der Fremdsperre.

Die Bundesländer haben sich in dem Ersten Glücksspieländerungsstaatsvertrag auf das Verbot der Mehrfachkonzessionen und eine Begrenzung der Anzahl der Spielhallen in einem Bundesland verständigt. Ein Mindestabstand zwischen Spielhallen und zu Einrichtungen zum Aufenthalt von Kindern und Jugendlichen ist in allen Ausführungs- bzw. Spielhallengesetzen vorgesehen. Dieser Mindestabstand reicht je nach Bundesland von 100 bis 500 Meter. Von einer Begrenzung der Anzahl der Spielhallen macht keines der Bundesländer Gebrauch, obwohl der Erste Glücksspieländerungsstaatsvertrag diese Möglichkeit vorsieht.

Auch die Regelungen in Bezug auf Sperrzeiten für Spielhallen unterschieden sich zwischen den Bundesländern. Diese reichen von drei bis acht Stunden.

Minderjährige sind von dem Automatenspiel auszuschließen. In einigen Bundesländern ist hierfür in Spielhallen eine Einlasskontrolle mit Ausweispflicht vorgesehen, in anderen Bundesländern wird nicht näher konkretisiert, wie der Ausschluss Minderjähriger sicherzustellen ist.

Bei den Spielersperren unterscheiden sich die einzelnen Bundesländer ganz erheblich. In einigen Bundesländern ist kein Sperrsystem für das Automatenspiel in Spielhallen vorgesehen. In anderen Bundesländern hat der Inhaber einer Erlaubnis zum Betreiben einer Spielhalle eine Sperrliste zu führen und gesperrte Spieler vom Spiel auszuschließen. In wieder anderen Bundesländern ist der Anschluss an eine landesweite Sperrdatei für Spielhallen vorgesehen. In einigen Bundesländern hat das Personal die Verpflichtung, bei einem auffälligen Spielverhalten eine Sperre auszusprechen (Fremdsperre), in anderen ist dies nicht vorgesehen.

Aus Gründen des Spielerschutzes wäre ein anbieter- und spielformen-übergreifendes Sperrsystem für alle Spielformen mit einem signifikanten Suchtgefährdungspotential anzustreben. Der Gesetzgeber sollte die Einführung einer personengebundenen Spielerkarte bei diesen Spielformen anstreben.

Begründet wird die Mindestabstandregel damit, dass der Spieler „ausreichend Zeit zum Nachdenken und Abbruch eines unkontrollierten Spielverhaltens" erhält und um eine „Spielhalle aus der Sichtweite einer anderen Spielhalle zu rücken".

Das Verbot der Mehrfachkonzessionen wird damit begründet, dass so die Umgehung der Spielverordnung verhindert werden kann. Das massive Angebot an Geldgewinnspielgeräten in engen räumlichen Verbund sei ein wesentliches Element zur Steigerung der Spielsucht.

Die Regelungen zum Mindestabstand betreffen nur die Geldspielgeräte in Spielhallen. Sie gelten nicht für die Geldspielgeräte in Gaststätten und selbstverständlich auch nicht für das Angebot von Geldspielgeräten (Slots) im Internet. Letztere Angebot sind nicht genehmigungsfähig und daher illegal (zumindest für Bürger, die nicht in Schleswig-Holstein ihren Wohnsitz haben). Bei den Sportwettgeschäften ist kein Mindestabstand vorgesehen.

3. Theoretischer Hintergrund

Um zu einer Bewertung der verschiedenen Maßnahmen zu kommen, die im Rahmen der gesetzlichen Verhältnisprävention geplant sind bzw. möglich wären, ist ein theoretischer Hintergrund bzw. sind Kriterien notwendig. Aus wissenschaftlicher Sichtweise sind diese offen zu legen, d. h. sie müssen intersubjektiv nachvollziehbar gemacht werden.

In diesem Abschnitt soll der theoretische Hintergrund, d. h. die Basis für die Bewertung verschiedener Maßnahmen der Verhältnisprävention, dargelegt werden.

Bei einer Bewertung dieser Maßnahmen ist deutlich zwischen pathologischen, problematischen, riskanten, unproblematischen und Nichtspielern zu unterscheiden. So wird bspw. das Klimpern der Münzen bei der Gewinnausschüttung durch einen Geldspielautomaten von einem pathologischen Spieler anders wahrgenommen als von einem Nichtspieler. Für einen pathologischen Spieler kann es ein Auslöser oder „Trigger" darstellen, der den unwiderstehlichen Drang zum Spielen auslöst. Für einen Nichtspieler ist das Klimpern der Münzen in der Regel nur ein lästiges Geräusch.

Diese Unterscheidung ist für die Konzeption effektiver gesetzlicher Präventionsmaßnahmen elementar. So mögen bestimmte Maßnahmen aus der Perspektive des Nichtspielers eher geeignet erscheinen, diesen vom Spielen abzuhalten, während dieselben Maßnahmen einen pathologischen Spieler gerade zum Spielen verleiten. Ein Beispiel hierfür ist der Ausschluss von Tageslicht in Spielstätten. Für einen Nichtspieler mag dies eher abschreckend wirken, während es für einen pathologischen Spieler die Spielstätte attraktiv macht.

In der Regel werden die gesetzlichen Präventionsmaßnahmen nicht auf der Basis wissenschaftlicher Erkenntnisse konzipiert. Vielmehr werden sie von den politischen Gegebenheiten bestimmt, etwa die Zuständigkeitsverteilung im Glücksspielrecht zwischen Bund und Ländern, politischen Kompromissen und dem „gesunden Menschenverstand" der Politiker, die ja in der Regel keine Glücksspieler und schon gar keine problematischen oder pathologischen Spieler sind. Dies kann dazu führen, dass die getroffenen gesetzlichen Präventionsmaßnahmen nicht effektiv oder vielleicht sogar kontraproduktiv ausfallen.

3.1 Drei-Faktoren-Modell der Entstehung pathologischen Glücksspielverhaltens

Das in der Glücksspielliteratur am weitesten verbreitete und generell akzeptierte Modell zur Entstehung süchtigen Spielverhaltens geht von drei Faktoren[20] aus:

- dem Glücksspiel selbst, d. h. den strukturellen Merkmalen des Glücksspiels,
- dem Setting, d. h. die Umgebung, in der Glücksspiel stattfindet, der Verfügbarkeit von Glücksspielen, dem Sozialfeld mit der Einstellung gegenüber Glücksspiel in der Gesellschaft, Arbeits- und Lebensverhältnissen, und
- dem Individuum mit genetischer Veranlagung, neurobiologischen Gegebenheiten, Persönlichkeit, affektiven Störungen und Angststörungen, den familiären Strukturen, in dem das Individuum aufgewachsen ist, seinem Geschlecht und den soziodemografischen Merkmalen.

Die Bedeutung einzelner *struktureller Merkmale* für die Entwicklung eines pathologischen Spielverhaltens ist vergleichsweise gut untersucht.[21] So kann generell davon ausgegangen werden, dass vor allem schnelle Spiele, d. h. Spiele mit einer hohen Auszahlungsfrequenz, geeignet sind, zu einem pathologischen Spielverhalten zu führen. Das Wissen über die unterschiedliche Bedeutung struktureller Merkmale für die Entwicklung eines pathologischen Spielverhaltens ist bereits so weit fortgeschritten, dass die einzelnen strukturellen Merkmale vergleichend gewichtet und in einem Bewertungs- bzw. Messinstrument zu einem Gesamtindex zusammengefasst werden können. Dieses

---

20 Vgl. hierzu die Unterscheidung von Glücksspiel, Individuum und Sozialfeld in Meyer, G. / Bachmann, M.: *Spielsucht: Ursachen und Therapie.* Springer Medizin Verlag: Heidelberg 2005, S. 58 ff. oder die Einteilung in *structural characteristics, situational factors* und *individual characteristics* in Smith, G. / D. Hodgins / R. Williams (Hrsg.): *Research and Measurement Issues in Gambling Studies.* Elsevier: Amsterdam et al. 2007. Die genaue Zuordnung einzelner Teilaspekte zu diesen drei Faktoren unterscheidet sich von Autor zu Autor. Dieses Drei-Faktoren-Modell geht zurück auf das Modell des *epidemiologic triangle* bzw. *epidemiologic triad* mit den drei Faktoren *agent*, die Mikrobe, die die Krankheit verursacht, *environment*, die externen Faktoren, die die Übertragung der Krankheit verursachen bzw. ermöglichen und *host*, der Organismus, der die Krankheit beherbergt.

21 Vgl. hierzu die Übersicht in Parke, J. / Griffiths, M.: „The Role of Structural Characteristics in Gambling". In: Smith, G. / D. Hodgins / R. Williams (Hrsg.): *Research and Measurement Issues in Gambling Studies.* Elsevier: Amsterdam et al. 2007, S. 217–249.

Mess- bzw. Bewertungsinstrument[22] stellt eine geeignete Basis für eine differenzierte Einschätzung des Suchtgefährdungspotentials angebotener und geplanter Glücksspiele dar[23] und wäre prinzipiell als Grundlage für die gesetzliche Regulierung der Produkteigenschaften von Glücksspielen, d. h. insbesondere der technischen Merkmale von Geldspielgeräten, sehr gut geeignet.

Neuere Forschungsergebnisse zeigen, dass deutlich zwischen der Wirkung von strukturellen Merkmalen für unproblematische und pathologische Spieler zu unterscheiden ist. So werden Fast-Gewinne von pathologischen Spielern im Gehirn wie Gewinne verarbeitet, während unproblematische Spieler diese als Verluste verbuchen.[24] Auf die Bedeutung struktureller Merkmale wird in diesem Buchs, welches sich auf die situativen Merkmale konzentriert, nicht näher eingegangen.

Die Bedeutung der strukturellen Merkmale wird von dem Fachbeirat Glücksspielsucht[25] betont:

> Die wissenschaftlichen Erkenntnisse zur Entstehung von Glücksspielsucht bei Geldspielgeräten belegen, dass die Höhe der Spieleinsätze, die Höhe der Gewinnmöglichkeiten, die Ereignishäufigkeit pro Zeit, das Vorspiegeln von Fast-Gewinnen durch das Spielgerät und die als Beeinflussung der Gewinnmöglichkeiten empfundene aktive Einbindung des Spielers in das Spiel die wichtigsten Ursachen für die Entstehung von Glücksspielsucht und problematisches Spielverhalten sind.

---

22 Vgl. zu dem Mess- und Bewertungsinstrument Meyer, G. / Häfeli, J. / Mörsen, C., / Fiebig, M.: „Die Einschätzung des Gefährdungspotentials von Glücksspielen: Ergebnisse einer Delphi-Studie und empirischen Validierung der Beurteilungsmerkmale". In: *Sucht* 56(6), 2010. S. 405–414.

23 Allerdings ist hier einschränkend anzumerken, dass in dem Messinstrument vereinfachend von einer additiven Beziehung zwischen den einzelnen strukturellen Merkmalen in Bezug auf die Gesamtbewertung ausgegangen wird. Die Gesamtbewertung eines Glücksspiels ergibt sich aus der Summe der Bewertungen der jeweils vorliegenden strukturellen Merkmale und deren Ausprägung. In Wirklichkeit dürfte die Beziehung jedoch oft multiplikativ sein. So hat ein hoher Jackpot bei Lotterien sicherlich eine andere Bedeutung auf das Suchtgefährdungspotential, als ein hoher Jackpot bei dem Automatenspiel.

24 Vgl. zu einem Überblick über die Literatur: Newsletter Nr. 17 der Forschungsstelle Glücksspiel: „Fast-Gewinne: Studien zu physischen Reaktionen bzw. Erlernbarkeit", 29. Dezember 2010.

25 Vgl. hierzu den Beschluss Nr. 1/2008 des Fachbeirats Glücksspielsucht nach § 10 Abs. 1 Satz 2 GlüStV vom 12. März 2008 zur Verminderung der von Geldspielgeräten ausgehenden Gefahren.

Ähnlich äußert sich auch Hayer[26], der die Entschärfung der Geräte als „Erfolg versprechende Bekämpfung der Ursachen" betrachtet.

Die Analyse der Bedeutung der *situativen Merkmale* ist demgegenüber vergleichsweise wenig fortgeschritten. Während sich die einzelnen Produktmerkmale von Glücksspielen vergleichsweise deutlich messen und voneinander trennen lassen, sind die situativen Merkmale durch schwierige Messbarkeit und eine komplexe Interaktion gekennzeichnet. Die situativen Merkmale stehen im Mittelpunkt der hier vorliegenden Untersuchung.

Über die Bedeutung der *individuellen Merkmale* für die Entwicklung eines pathologischen Spielverhaltens besteht eine vergleichsweise gute Kenntnis. So ist die Wahrscheinlichkeit für einen Mann, ein pathologisches Spielverhalten zu entwickeln, statistisch signifikant deutlich höher als für eine Frau. Eine Reihe von Studien hat gezeigt, dass Jugendliche eher ein problematisches oder pathologisches Spielverhalten haben als ältere Personen. Dies gilt auch für Personen mit einem geringen sozioökonomischen Status und für ethnische Minderheiten.[27]

Es ist durch Zwillingsstudien wissenschaftlich gut abgesichert, dass ein pathologisches Spielverhalten zu etwa 50 % auf die genetische Veranlagung zurück zu führen ist.

Ein Vergleich von eineiigen (monozygoten) und zweieiigen (dizygoten) Zwillingen macht es möglich, den Einfluss der genetischen Veranlagung isoliert zu untersuchen und zu quantifizieren. Bei beiden Gruppen haben Erziehung und Umwelt einen vergleichbaren Einfluss. Zwillingsstudien mit dem Vergleich mono- und dizygoter Zwillinge stellen daher die klassische Methode zur Untersuchung genetischer Einflüsse dar. Unterschiede zwischen diesen Gruppen können allein durch die genetische Veranlagung erklärt werden, da monozygote Zwillinge eine genetische Übereinstimmung von 100 Prozent haben, wohingegen dizygote Zwillinge nur zu 50 Prozent genetisch übereinstimmen.

26 Hayer, T.: „Geldspielautomaten und Suchtgefahren". Vortrag auf dem 2. Bayerischen Fachkongress Glücksspiel, München, 24. Juli 2011.

27 Vgl. hierzu die Übersicht in Toneatto, T. / Nguyen, L.: „Individual Characteristics and Problem Gambling Behaviour". In: Smith, G. / D. Hodgins / R. Williams (Hrsg.): *Research and Measurement Issues in Gambling Studies*. Elsevier: Amsterdam et al. 2007, S. 279–303 und Shaffer, H. / LaBrie, R. / LaPlante, D. / Nelson, S. / Stanton, M.: „The Road Less Travelled: Moving From Distribution to Determinants in the Study of Gambling Epidemiology". In: *Canadian Journal of Psychiatry*, 49(8), 2004, S. 504–516.

Eisen et al.[28] befragten 3 359 Zwillingspaare des Vietnamkrieg-Zwillings-Registers (Vietnam Era Twin Registry). Dieses Register besteht aus männlich-männlich monozygoten und dizygoten Zwillingspaaren, die während des Vietnamkrieges beim Militär gedient haben. In den Interviews wurde pathologisches Glücksspiel nach dem Diagnostic and Statistical Manual of Mental Disorders, Version III Revised (DSM-III-R) definiert.[29] Bei 1,4 % der Befragten wurde pathologisches Glücksspiel diagnostiziert. Die Heritabilität (gibt den Anteil der genetischen Varianz an der Varianz des Phänotyps in der Population an) der Diagnose pathologischen Spielens wurde auf 46 % geschätzt. Die gemeinsame Umwelt beider Zwillinge trägt zu 16 %; die Umwelt, die nicht von den beiden Zwillingen geteilt wurde, zu 38 % bei. Dies bedeutet, dass ein pathologisches Spielverhalten zu knapp der Hälfte auf die genetische Veranlagung und zu etwas mehr als der Hälfte auf Umwelteinflüsse zurückzuführen ist. Zu fast denselben Ergebnissen kommen Potenza et al.[30] und Xian et al.[31].

Weiterhin ist durch eine Reihe von Untersuchungen bestätigt, dass ein pathologisches Spielverhalten oft verbunden ist mit substanzbezogenen Störungen (Abhängigkeit von Alkohol und Nikotin), affektiven Störungen (Depressionen, Manien) sowie Angst- und Zwangsstörungen.[32]

Im Rahmen der PAGE-Studie[33] wurden neben dem Glücksspielverhalten auch substanzbezogene und psychische Störungen erhoben. Von den insgesamt 594 untersuchten problematischen und pathologischen Spielern hatten 53,3 % der problematischen Spieler und 71,5 % der pathologischen Spieler eine psychische Erkrankung (ohne Suchtstörungen) im Lebensverlauf. Im Vergleich dazu liegt diese Rate in der Allgemeinbevölkerung bei 16,1 %. Bei einer zusätzlichen Berücksichtigung alkohol-, drogen- oder tabakbezogener Störungen haben 78 %

---

28 Vgl. Eisen, S. / Lin, N. / Lyons, M. / Scherrer, J. / Griffith, K. / True, W. / Goldberg, J. / Tsuang, M.: „Familial Influences on Gambling Behavior: an Analysis of 3359 Twin Pairs". In: *Addiction*, 93(9), 1998. S. 1375–1384.

29 Vgl. hierzu Kapitel 4.3.

30 Vgl. Potenza, M. / Xian, H. / Shah, K. / Scherrer, J. / Eisen, S.: „Shared Genetic Contributions to Pathological Gambling and Major Depression in Men". In: *Archives of General Psychiatry*, 62, 2005, S. 1015–1021.

31 Vgl. Xian, H. / Scherrer, J. / Slutske, S. / Sha, K. / Volberg. R. / Eisen, S.: „Genetic and Environmental Contributions to Pathological Gambling Symptoms in a 10-Year Follow-Up". In: *Twin Research and Human Genetics*, 10(1), 2007, S. 174–179.

32 Ein Überblick über die Literatur ist bei Becker, T. (2009): *Glücksspielsucht in Deutschland*. Peter Lang: Frankfurt, S. 20–24 zu finden.

33 Vgl. *Endbericht: Pathologisches Glücksspielen und Epidemiologie (PAGE): Entstehung, Komorbidität, Remission und Behandlung*, Greifswald und Lübeck, 29. März 2011, S. 6.

der problematischen und 95,4 % der pathologischen Spieler mindestens eine weitere psychische Störung (im Vergleich zu 35,7 % in der Allgemeinbevölkerung). Bei den Befragten handelt es sich um Personen aus einer repräsentativen Bevölkerungsstichprobe auf Grund einer Telefonbefragung, aber auch um Personen, die gezielt über Medien, Selbsthilfegruppen, Suchthilfeeinrichtungen, Ansprache vor Spielhallen und Spielbanken, Schuldnerberatungen und Einrichtungen der Bewährungshilfe gewonnen wurden.

Interessant wäre die Frage, ob das pathologische Glücksspielverhalten die Ursache für eine andere psychische Störung ist, oder nur das Symptom. Hierzu liegen jedoch nur zwei Studien vor. Bei beiden Studien ist zu berücksichtigen, dass die Ergebnisse in einem klinischen Setting erfolgten und daher nur bedingt auf ein nichtklinisches Setting übertragen werden können. Bei den untersuchten Klienten dürfte es sich um Spieler handeln, die einen vergleichsweise hohen Grad eines pathologischen Spielverhaltens aufweisen.

Kessler et al.[34] kommen zu dem Ergebnis, dass in 100 % der Fälle zuerst die Impulskontrollstörung vorhanden ist und dann erst das pathologische Spielverhalten. Damit kann das pathologische Spielverhalten als Symptom verstanden werden. In 82,1 % der Fälle ist zuerst eine Angststörung zu finden und dann pathologisches Glücksspiel. Nur in 13,4 % der Fälle ist die Kausalität umgekehrt. In 65,1 % der Fälle geht eine affektive Störung dem pathologischen Spielverhalten voraus. Nur in 23,1 % der Fälle ist dies umgekehrt. In 57,4 % der Fälle geht der Substanzmissbrauch dem pathologischen Spielen zeitlich voraus und in 36,2 % der Fälle ist dies umgekehrt. Diese Zahlen sprechen dafür, dass bei schwer pathologischen Spielern die Glücksspielsucht eher ein Symptom als eine Ursache für andere psychische Störungen ist.

Nach einer Untersuchung von Premper und Schulz[35] treten Angststörungen in 76,9 % der Fälle vor dem pathologischem Glücksspiel auf und diese Untersuchung kommt damit zu nur geringfügig niedrigeren Zahlen als Kessler et al. Nach Premper und Schulz sind jedoch in 60,6 % der Fälle affektive Störungen die

34 Kessler, R. / Hwang, I. / LaBrie, R. / Petukhova, M. / Sampson, N. / Winters, K. / Shaffer, H.: „Not So Strange Bedfellows? Pathological Gambling and Co-occurring Disorders". Reprinted in: National Center for Responsible Gaming (Hrsg.): *Increasing the Odds, Vol. 4: Gambling and the Public Health* Part 2, 2008. Original Publication in *Psychological Medicine*, 38(9), 2008, S. 1351–1360.

35 Premper, V. / von Keyserlingk; H. / Sander, W.: „Komorbide psychische Symptomatik bei pathologischen Glücksspielern in der Klinik Schweriner See" In: *Praxis Klinische Verhaltensmedizin und Rehabilitation*, 66, 2004, S. 79–87.

Folge und nicht die Ursache des pathologischen Spielverhaltens. Diese Ergebnisse widersprechen damit den Ergebnissen von Kessler et al.

Es gibt eine Reihe von individuellen Faktoren, die für ein problematisches oder pathologisches Spielverhalten prädisponieren. In der Psychologie werden fünf Hauptdimensionen der Persönlichkeit postuliert. Bei diesem Modell der *Big Five* bzw. dem Fünf-Faktoren-Modell handelt es sich um ein Modell der Persönlichkeitspsychologie. Die Entwicklung der *Big Five* begann bereits in den 1930er-Jahren.

Die fünf Faktoren oder Dimensionen sind: Neurotizismus, Extraversion, Offenheit für Erfahrungen, Verträglichkeit und Rigidität/Gewissenhaftigkeit. Nach den vorliegenden Untersuchungen ist ein pathologisches Glücksspielverhalten mit höheren Werten für Neurotizismus und geringeren Werten für Gewissenhaftigkeit assoziiert. Erhöhter Neurotizismus bedeutet eine gesteigerte habituelle Ängstlichkeit, eine Tendenz zur negativen Selbst- und Weltsicht sowie zur allgemeinen negativen Emotionalität. Weiterhin bedeutet dies auch eine erhöhte Anfälligkeit für bestimmte kognitive Irrtümer. Auch eine erhöhte Anfälligkeit für Stress ist damit verbunden. Eine geringe Ausprägung der Gewissenhaftigkeit steht für ein schwach entwickeltes Leistungsmotiv, eine verminderte Fähigkeit zur Selbststrukturierung bzw. -organisation sowie mangelnde Nachhaltigkeit in der Zielverfolgung.[36]

Auf die Bedeutung individueller Merkmale für die Entwicklung eines pathologischen Spielverhaltens soll im Rahmen dieses Buches jedoch nicht weiter eingegangen werden.

3.2 Situative Merkmale

Im Gegensatz zu den strukturellen und den individuellen Merkmalen sind die situativen Merkmale vergleichsweise wenig wissenschaftlich untersucht. Diese bilden den Schwerpunkt der hier vorliegenden Untersuchung.

Zum Sozialfeld bzw. den situativen Merkmalen wären die Einstellung der Gesellschaft zu Glücksspiel, die Arbeits- und Lebensverhältnisse, die familiären Strukturen und die Verfügbarkeit zu rechnen.

---

36 Vgl. hierzu ausführlicher Müller, K.W. / Dreier, M. / Duven, E. / Giralt, S. / Beutel, M.E. / Wölfling, K.: *Abschlussbericht zur Studie „Problematisches und pathologisches Internet- und Glücksspielverhalten bei Kindern und Jugendlichen in Rheinland-Pfalz" an das Ministerium für Soziales, Arbeit, Gesundheit und Demografie Rheinland-Pfalz*, 2011, S. 6 und die dort angegebene Literatur.

Die Einstellung zu Glücksspiel in einer Gesellschaft hängt mit der jeweils vorherrschenden Religion zusammen. Glücksspiel ist bei den Mormonen verboten und wird im Islam als Sünde angesehen: Weil es an einer wirtschaftlicher Gegenleistung fehlt, sei es als Diebstahl zu werten. Im Judentum ist Glücksspiel erlaubt, wenn der Gewinn für einen guten Zweck bestimmt ist. Spielen im Casino wird jedoch grundsätzlich abgelehnt. Orthodox-protestantische Kirchenmitglieder begegnen dem Glücksspiel in der Regel kritischer als Katholiken.[37] Ob das Glücksspiel generell als Sünde betrachtet wird, ob es nur unter bestimmten Bedingungen moralisch gestattet ist, als gefährlich für die Gesellschaft oder als normaler Teil der Kultur betrachtet wird, hängt von den moralischen und ethischen Wertvorstellungen ab.[38]

Glücksspiel und Religion haben einiges gemeinsam: das Unbekannte, das Mysterium, das Schicksal sowie die Gabe bzw. das überraschende Geschenk. In vielen Kulturen bestand das Glücksspiel ohne Widerspruch zu der Religion. Dies gilt vor allem für Religionen mit mehr als einem Gott, d. h. polytheistischen Religionen, und naturverbundenen, d. h. animistischen Religionen.[39]

Ein pathologisches Spielverhalten tritt bei der einheimischen Urbevölkerung (Maoris in Neu Seeland oder Indianer in den USA) und bei einigen anderen ethnischen Minderheiten häufiger auf.[40] Es ist bekannt, dass auch Personen mit Migrationshintergrund eher zum Glücksspiel neigen als Personen ohne Migrationshintergrund, jedoch wurden die Gründe hierfür bisher nicht untersucht. Bei Personen mit Migrationshintergrund und glücksspielbezogenen Problemen könnte auch die Hemmschwelle, Hilfe zu suchen, höher sein als bei Personen ohne Migrationshintergrund. Ein pathologisches Spielverhalten wird von diesen möglicherweise nicht als Krankheit betrachtet, sondern als Charakterschwäche.

---

37 So geht Burk davon aus, dass das puritanische Erbe bis heute die Einstellung zum Glücksspiel in den USA bestimmt (vgl. hierzu Burk, A.: *Gambling: Glücksspiel in den USA*, Books on Demand GmbH, 2000, S. 48).

38 Eine ausführliche Auseinandersetzung mit unterschiedlichen moralischen und ethischen Wertvorstellungen ist bei Collins, P.:*Gambling and Public Interest*, Praeger Publisher: Westport 2003 zu finden.

39 Vgl. Binde, P.: „Gambling and Religion: Histories of Concord and Conflict". In: *Journal of Gambling Issues*, 20, 2007, S. 145–166.

40 Vgl. Raylu, N. / Oei, T.: „Role of Culture in gambling and problem gambling". In: *Clinical Psychology Review*, 23, 2004, S. 1087–1114.

Soziologische Analysen der Funktionalität des Glücksspiels betonen die Ventilfunktion für materielle und psychische Deprivation[41] und heben den systemstabilisierenden Charakter[42] hervor. Glücksspiel hat sich im Laufe der Zeit von einer „Ablenkung für die müßigen feinen Leute" *(diversion for the leisured upper classes)* zu einem Streben der „sozial abweichenden und entrechteten unteren Klassen" *(pursuit of the socially deviant and disenfranchised lower classes)* entwickelt.[43]

Während die Teilnahme an Lotterien insbesondere vom Wunsch geprägt ist, Geld zu gewinnen, materielle Wünsche zu erfüllen und sozial aufzusteigen, dürfte für die Teilnahme am Automatenspiel in erster Linie die Gestaltung der Freizeit bestimmend sein. Um der Langeweile, Entfremdung, Machtlosigkeit und Frustration durch die Arbeits- und Lebensverhältnisse zu entgehen, werden alternative Beschäftigungsmöglichkeiten gesucht, um etwas Sinn in das Leben zu bringen, so die soziologische Sichtweise.[44]

Dementsprechend vertritt Reichertz[45] die Auffassung, dass sich die „Kultur in Spielhallen" wesentlich angemessener mit den Begriffen „Herausforderung" und „Bewährung" beschreiben lässt als mit „Spielen um Geld" oder „Spielsucht". Ludwig[46] fasst zusammen: „…die Tatsache ein Automatenspieler zu sein und dementsprechend über einen stets verfügbaren, exklusiven sozialen Raum zur Befriedigung menschlicher Grundbedürfnisse zu verfügen, bietet eben diesen Individuen Halt, Orientierung und sozialen Bezugsrahmen."

Auch die familiären Strukturen haben einen vielfältigen Einfluss. Untersuchungen zeigen, dass ein problematisches oder pathologisches Spielverhalten der Eltern in Beziehung zu einem problematischen oder pathologischen

41 Vgl. hierzu ausführlich Aasved, M.: *The Sociology of Gambling*. Springfield: Charles C. Thomas Publisher: Springfield, 2003, S. 30 ff.

42 Beckert, J. / Lutter, M.: „Wer spielt, hat schon verloren? Zur Erklärung des Nachfrageverhaltens auf dem Lottomarkt". In: *Kölner Zeitschrift für Soziologie und Sozialpsychologie*, 59(2), 2007, S. 240–270.

43 Vgl. hierzu ausführlich Aasved, M.: *The Sociology of Gambling*. Springfield: Charles C. Thomas Publisher 2003, S. 23 ff.

44 Vgl. hierzu Aasved, M.: *The Sociology of Gambling*. Springfield: Charles C. Thomas Publisher 2003, S. 27.

45 Reichertz, J.: *Jackpot: Erkundungen zur Kultur der Spielhallen*. Wiesbaden: Verlag für Sozialwissenschaften: Wiesbaden 2010.

46 Vgl. Ludwig, V.: *„Wenn der nicht will, dann will der nicht": Lebensweltanalyse von Spielern an Unterhaltungsautomaten mit Gewinnmöglichkeit*. Dissertation zur Erlangung des Doktorgrades der Philosophie am Fachbereich 12 der Universität Dortmund, 2006.

Spielverhalten der Kinder steht.[47] Die Familie ist neben der Peer-Group bestimmend für die Einstellung gegenüber Glücksspiel. Häufig findet die erste Glücksspielerfahrung mit Familienmitgliedern oder Verwandten statt.

Problematisches Spielverhalten ist unter Jugendlichen bzw. jungen Erwachsenen besonders verbreitet. Dies gilt auch für andere Suchtformen. Bei allen Produkten mit einem Suchtgefährdungspotential ist daher der Jugendschutz besonders wichtig.[48]

Bei der Behandlung von pathologischen Spielern wird davon ausgegangen, dass es sich um eine Konditionierung handelt. Je früher diese Konditionierung stattfindet, umso schwieriger ist es, diese wieder abzubauen. Hierauf wird näher in dem nächsten Abschnitt eingegangen.

ERGEBNISBOX: DREI-FAKTOREN-MODELL

Es ist wissenschaftlich gut untersucht, welche Bedeutung die *strukturellen Merkmale*, d. h. die Eigenschaften des Spiels selbst, für die Entwicklung eines problematischen oder pathologischen Spielverhaltens haben.

Individuelle Merkmale sind maßgeblich bestimmend, ob es zur Entwicklung eines problematischen oder pathologischen Spielverhaltens kommt. Nur die genetische Veranlagung ist bereits zu 50 % dafür verantwortlich, ob es zu einem problematischen oder pathologischen Spielverhalten kommt oder nicht.

Ein stark pathologisches Spielverhalten geht fast immer einher mit zusätzlichen psychischen und substanzbezogenen Störungen. Dabei sind Angst- und Impulskontrollstörungen in der Regel eher die Ursache für ein pathologisches Spielverhalten und weniger das Symptom. Bei affektiven Störungen hingegen könnte dies umgekehrt sein. Hier könnte das pathologische Spielverhalten eher die Ursache und nicht das Symptom sein. Substanzbezogene Störungen gehen eher einem pathologischen Spielverhalten voraus, als dass sie ihm folgen.

Problematische und pathologische Spieler sind oft ängstlicher sowie anfälliger für Stress und für kognitive Irrtümer als andere Menschen.

---

47 Vgl. hierzu Toneatto, T. / Nguyen, L.: „Individual Characteristics and Problem Gambling Behaviour“. In: Smith, G. / D. Hodgins / R. Williams (Hrsg.): *Research and Measurement Issues in Gambling Studies*. Elsevier: Amsterdam et al. 2007, S. 283 und die dort angegebene Literatur.

48 Vgl. hierzu ausführlich Müller, K.W. / Dreier, M. / Duven, E. / Giralt, S. / Beutel, M.E. / Wölfling, K.: *Abschlussbericht zur Studie „Problematisches und pathologisches Internet- und Glücksspielverhalten bei Kindern und Jugendlichen in Rheinland-Pfalz“ an das Ministerium für Soziales, Arbeit, Gesundheit und Demografie Rheinland-Pfalz*, 2011.

Die *situativen Merkmale* charakterisieren die Bedingungen, unter denen Glücksspiel stattfindet.

Je früher ein Jugendlicher mit dem Glücksspiel anfängt, umso höher ist die Wahrscheinlichkeit, ein problematisches oder pathologisches Spielverhalten zu entwickeln.

Je früher ein Verhalten erlernt wird, umso schwieriger ist es, dies Verhalten wieder abzulegen. Gerade Jugendliche sind für eine solche Prägung sehr empfänglich.

Situative Merkmale haben von allen drei Faktoren die geringste Bedeutung für die Entwicklung eines pathologischen Spielverhaltens. Die Verfügbarkeit ist dabei nur einer von mehreren situativen Faktoren.

Der Beitrag der Verfügbarkeit zu der Entwicklung eines pathologischen Spielverhaltens ist vergleichsweise unbedeutend.

3.3 Methodische Ansätze in der Therapie pathologischen Spielverhaltens

Die bisher vorliegenden Studien zu der Schätzung der Prävalenz, d. h. der Häufigkeit, eines problematischen und pathologischen Spielverhaltens in Deutschland kommen zu folgenden Ergebnissen: Zwischen 0,18% und 0,82 % der deutschen Bevölkerung zeigte in den letzten zwölf Monaten ein pathologisches Spielverhalten.[49] Die umfassendste Studie, die PAGE-Studie, kommt auf 0,35 %.

Die Lebenszeitprävalenz für ein pathologisches Spielverhalten liegt nach der PAGE-Studie[50] bei einem Prozent. Die bedeutet, dass ein Prozent der Bevölkerung irgendwann im Leben ein pathologisches Spielverhalten gezeigt hat.

Während sich ein pathologisches Spielverhalten durch eine Reihe von glücksspielbezogenen Problemen auszeichnet, sind diese bei einem problematischen Spielverhalten geringer.[51] Nach den vorliegenden Studien weisen zwischen 0,27 und 0,68 % der deutschen Bevölkerung in den letzten zwölf Monaten ein problematisches Spielverhalten auf.[52] Die PAGE-Studie kommt hier auf 0,31 %.

49 Vgl. hierzu die Übersicht unter https://gluecksspiel.uni-hohenheim.de/praevalenz.html.

50 Vgl. *Endbericht: Pathologisches Glücksspielen und Epidemiologie (PAGE): Entstehung, Komorbidität, Remission und Behandlung, Greifswald und Lübeck*, 29. März 2011.

51 Vgl. Zur Definition von einem problematischen und einem pathologischen Spielverhalten Kapitel 4.4.

52 Vgl. hierzu die Übersicht unter https://gluecksspiel.uni-hohenheim.de/praevalenz.html.

Die Lebenszeitprävalenz für ein problematisches Spielverhalten liegt nach der PAGE-Studie bei 1,1 %.

Für eine Beurteilung der Maßnahmen der Spielhallengesetze in Bezug auf die Prävention eines problematischen oder pathologischen Spielverhaltens ist die Kenntnis der vorherrschenden Therapieansätze und deren Erfolg eine wichtige Grundlage.

Folgende Ansätze können unterschieden werden: der psychoanalytische bzw. psychodynamische Ansatz, der verhaltenstherapeutische Ansatz, der Ansatz der kognitiven Therapie, der pharmakologische, der suchttherapeutische und multimodale Ansatz und der Selbsthilfeansatz.[53]

Psychoanalytische und psychodynamische Therapieansätze versuchen, pathologischen Spielern durch Herausarbeitung der Ursachen zu helfen. Dieser Ansatz geht davon aus, dass es ohne eine Erforschung der Ursachen zwar prinzipiell für einen pathologischen Spieler möglich sei, mit dem Spielen aufzuhören, es dann aber nur zu einer Problemverschiebung in Form von Depressionen, Süchten oder anderem selbstzerstörerischem Verhalten kommt. Psychoanalytische und psychodynamische Behandlungen sind aufwendig und erstrecken sich über einen vergleichsweise langen Zeitraum. Sie haben sich bei einem pathologischen Spielverhalten als nicht sehr effektiv herausgestellt.[54]

Verhaltenstherapeutische Ansätze versuchen, ein pathologisches Spielverhalten durch die Prinzipien der klassischen Konditionierung (Lernen durch Wiederholung und Verbindung mit neutralem Reiz, der damit zu einem bedingten Reiz wird, vgl. Pawlowscher Hund) oder der operanten Konditionierung (Lernen durch Belohnung/Bestrafung) zu erklären und zu ändern. Es gibt eine Reihe von Variationen bei diesem Ansatz. Allen gemeinsam ist, dass sich der Patient der Situation aussetzt, um zu erlernen, sie zu kontrollieren und jederzeit zu stoppen. Bei der Aversionsbehandlung wird unerwünschtes Verhalten mit aversiven Reizen, bspw. kleinen Elektroschocks, gekoppelt. Bei der systematischen Desensibilisierung wird der Patient mit einer typischen Glücksspielsituation real *(in vivo)*, gedanklich *(in sensu)* oder durch bildliche Darstellung, zum Beispiel mittels Videos, konfrontiert. Nach einer Entspannungsphase werden die Patienten gebeten, sich gedanklich eine Szene mit Bezug zum Glücksspiel vorzustellen, die sie aufregend finden. Die Patienten sollen erlernen, sich zu entspannen, anstatt dem Drang zum Spielen nachzugeben. Dies kann auch in einer realen

53 Vgl. hierzu und zu dem Folgenden National Research Council: *Pathological Gambling: A Critical Review.* Washington: National Academy Press, 1999, S. 197 ff.

54 Vgl. National Research Council 1999, S. 197.

Situation durchgespielt werden. Bei dem verhaltenstherapeutischen Ansatz erhalten die Patienten eine Belohnung für erwünschtes Glücksspielverhalten – entweder Abstinenz oder eingeschränktes Spielen – und eine Bestrafung bei nicht erwünschtem Verhalten.

Eine Variante dieses Ansatzes wurde in Deutschland von Iver Hand[55] angewendet. Die Behandlung beginnt mit einer ausführlichen Analyse und Bewertung der Motivation des Patienten für die Behandlung, der Symptome, der Konsequenzen des Spielens für den Klienten und die soziale Kompetenz des Klienten. Nach dieser Bestandaufnahme wird der Patient darin geschult, Emotionen wahrzunehmen, negative Emotionen zu bewältigen *(coping)*, soziale Kompetenz zu erwerben und Strategien zur Problemlösung zu erlernen. Die vorliegenden Untersuchungen[56] deuten darauf hin, dass der verhaltenstherapeutische Ansatz relativ erfolgreich ist.

Die kognitiven Therapieansätze gehen davon aus, dass problematische und pathologische Spieler falsche Vorstellungen über die Gewinn- und Verlustwahrscheinlichkeiten haben, die Ausschüttungsquote nicht kennen bzw. das Konzept einer Ausschüttungsquote (als statistischer Mittelwert des Anteils am Einsatz, den der Spieler zurück erhält) nicht richtig verstehen, bedingte mit unbedingten Wahrscheinlichkeiten verwechseln (d. h. nicht realisieren, dass bei jedem Spiel die Chancen wieder gleich verteilt sind), einer Kontrollillusion unterliegen und meinen, etwa durch das Drücken der Stop-Taste die Gewinnwahrscheinlichkeit beeinflussen zu können, eine verzerrte Wahrnehmung der eigenen Gewinne und Verluste haben oder glauben, dass Glücksspiel finanzielle Probleme lösen kann.[57] Hier setzen kognitive Therapieansätze an, die versuchen, pathologischen Spielern die statistischen Grundlagen und Gesetzmäßigkeiten deutlich machen.

Der kognitive Ansatz wird in der Regel nicht isoliert verwendet, sondern mit dem verhaltenswissenschaftlichen Ansatz gekoppelt. Der Vergleich mit anderen Therapieansätzen deutet darauf hin, dass der kognitiv-verhaltenswissenschaftliche

---

55 Vgl. Hand, I.: „Pathological Gambling – a Negative State Model and its Implications for Behavioral Treatments". In: *CNS Spectrums*; 3, 1998, S. 58–71.

56 Vgl. National Research Council 1999 und Hand, I.: „Pathological Gambling – a Negative State Model and its Implications for Behavioral Treatments". In: *CNS Spectrums*; 3, 1998, S. 58–71.

57 Ein Überblick über die kognitiven Irrtümer und die kognitive Therapie ist bei Petry, N.: *Pathological Gambling: Etiology, Comorbidity and Treatment.* Washington: American Psychological Association, 2005, S. 209–226 zu finden.

Ansatz erfolgreicher ist als andere Ansätze.[58] Eigene Erfahrungen mit Klienten von ambulanten Suchthilfeeinrichtungen machen deutlich, dass pathologische Spieler, die sich in Therapie begeben, bereits schmerzhaft lernen mussten, dass sie auf Dauer nicht gewinnen können. Wenn eine Korrektur der irrationalen Vorstellungen von Spielern bereit sehr frühzeitig stattfindet, findet eine problematische oder pathologische Spielerkarriere unter Umständen gar nicht statt. Gerade in der Frühprävention, bspw. im Rahmen von Maßnahmen zur Aufklärung und Information der Spieler, ist der kognitive Ansatz von herausragender Bedeutung.

Neurobiologische Studien legen nahe, dass die Neurotransmitter Dopamin, Serotonin und Noradrenalin eine wichtige Rolle bei einem pathologischen Glücksspielverhalten spielen. Noradrenalin steht mit Aufmerksamkeit bzw. Spannung *(arousal)* und der Suche nach Abwechslung *(novelty seeking)* in Verbindung, Dopamin mit Belohnung und Motivation und Serotonin mit Impulsivität und Zwanghaftigkeit. Bei diesen Neurotransmittern setzen in der Regel auch die pharmakologischen Therapien an. Deren Erfolg ist bisher aber sehr begrenzt, da die Patienten in der Regel diese Medikamente nicht freiwillig nehmen.[59]

Der suchttherapeutische Ansatz hat eine lange Tradition. Bereits 1972 wurde in den USA mit der stationären Behandlung pathologischer Spieler begonnen.[60] Die ersten Therapien orientierten sich eng an den Therapieansätzen für Alkoholiker. Dabei steht die Vermeidung von gefährlichen Situationen, die Identifikation von Auslösern *(trigger)* für mögliche Rückfälle und die Entwicklung von Vermeidungs- und generell Problemlösungsstrategien, sowie die Schulung im Umgang mit dem Verlangen *(craving)* zu spielen im Vordergrund. Die Rolle, die das Spielen im Leben eines Patienten spielt, sowie das Verhalten und die Vorstellungen, die zur Entwicklung des Problems beigetragen haben, werden aufgearbeitet. Auch die Familientherapie spielt eine Rolle in dem suchttherapeutischen Ansatz.

In dem multimodalen Ansatz wird eine Reihe von Maßnahmen miteinander kombiniert. Die Teilnahme an Spielerselbsthilfegruppen wird propagiert, damit der Spieler auch nach der Behandlung Unterstützung erfährt.

Bei dem Selbsthilfeansatz sind die Spielergruppen *(Gamblers Anonymous)* entscheidend. Dieser Ansatz hat sich dann als besonders wirkungsvoll herausgestellt,

---

58 Petry, N. / Ammerman Y, / Bohl, J. / Doersch, A. / Gay, H. / Kadden, R. / Molina, C. / Steinberg, K.: „Cognitive-Behavioral Therapy for Pathological Gamblers". In: *Journal of Consulting and Clinical Psychology*, 74(3), 2006, S. 555–567.

59 Vgl. National Research Council 1999, S. 206.

60 Vgl. National Research Council 1999, S. 206.

wenn auch die Partner der Spieler an den Gruppensitzungen teilnehmen. Wie effektiv dieser Ansatz ist, ist ebenfalls bisher kaum untersucht.

Es ist hier darauf hinzuweisen, dass es bei einem pathologischen Spielverhalten oft zu einer natürlichen Heilung kommt. In der PAGE Studie[61] wurden etwa 15 000 Personen telefonisch befragt. Klinische Interviews wurden mit 594 Personen geführt. In dieser umfassenden epidemiologischen Studie aus Deutschland aus dem Jahr 2010 wurde eine Lebenszeitprävalenz eines pathologischen Spielverhaltens bei einem Prozent der Befragten (mit einem Konfidenzintervall von 0,7 bis 1,4) gefunden. Dies bedeutet, dass ein Prozent der Befragten, d. h. etwa 150 Personen, während ihres bisherigen Lebens ein pathologisches Spielverhalten gezeigt hat. Von diesen etwa 150 Personen haben 31 % oder etwa 46 Personen in den letzten zwölf Monaten nicht gespielt. Von diesen Personen wiederum hatten 80 % oder etwa 37 Personen keinerlei Kontakte zur professionellen Suchthilfe oder Selbsthilfegruppen. Es ist bemerkenswert, dass etwa 80 % der Spieler, die aufgehört haben, pathologisch zu spielen, keine Hilfe in Anspruch genommen haben. Dieser Prozess wird als natürliche Remission bezeichnet.

Ein problematisches oder pathologisches Spielverhalten ist eine Krankheit, die für einige Personen nur vorübergehend ist, für andere Personen jedoch chronisch und andauernd. Bei einigen Personen kommt es nur in Zeiten besonderer psychischer Belastungen, z. B. auf Grund einer Scheidung, zu einem pathologischen Spielverhalten, welches sich dann wieder gibt, wenn diese Personen sich stabilisiert haben. Slutske[62] berichtet von mehreren Studien[63], denen zufolge nach mehreren Jahren etwa noch die Hälfte der pathologischen Spieler ein pathologisches Spielverhalten aufweisen. Auf der anderen Seite entwickeln sich ehemals unproblematische Spieler in diesem Zeitraum zu problematischen oder pathologischen Spielern.

Präventionsmaßnahmen können entsprechend ihrem Ansatzpunkt eingeteilt werden. Traditionell wird zwischen der Verhältnis- und der Verhaltensprävention unterschieden. Die Verhältnisprävention hat das Ziel, das Individuum durch eine geeignete Gestaltung der Umwelt zu schützen. Die Verhaltensprävention setzt direkt beim Individuum an und versucht, Einfluss auf das Verhalten zu

---

61 Vgl. *Endbericht: Pathologisches Glücksspielen und Epidemiologie (PAGE): Entstehung, Komorbidität, Remission und Behandlung, Greifswald und Lübeck*, 29. März 2011.

62 Vgl. Slutske, W.: „Longitudinal Studies of Gambling Behavior". In: Smith, G. / D. Hodgins / R. Williams (Hrsg.): *Research and Measurement Issues in Gambling Studies.* Elsevier: San Diego 2007, S. 127–154.

63 Slutske, W. S. / Jackson, K. M. / Sher, K.: „The Natural History of Problem Gambling from Age 18 to 29". In: *Journal of Abnormal Psychology*, 112(2), 2003, S. 263–274.

nehmen. Die Unterscheidung scheint oft etwas willkürlich; so können Informations- und Aufklärungsmaßnahmen sowohl der Verhältnis- als auch der Verhaltensprävention zugerechnet werden.

Eine weitere Unterscheidungsmöglichkeit bietet der Zeitpunkt der Intervention. Hier wird zwischen Primär-, Sekundär-, und Tertiärprävention unterschieden. Die Primärprävention zielt darauf ab, ungewünschtes Verhalten gar nicht erst entstehen zu lassen. Die Sekundärprävention steht im Zeichen der Früherkennung und bei der Tertiärprävention geht es um die Behandlung bzw. Rückfallprophylaxe.

Weiterhin kann entsprechend der jeweiligen Zielgruppe zwischen universeller, selektiver und indizierter Prävention unterschieden werden. Die universelle Prävention richtet sich an die gesamte Bevölkerung, die selektive Prävention richtet sich an Gruppen oder Personen, die aufgrund bestimmter Bedingungen einem erhöhten Risiko ausgesetzt sind, Suchtprobleme zu entwickeln. Die indizierte Prävention richtet sich an gefährdete Einzelpersonen.

Informations- und Aufklärungskampagnen der Bevölkerung sind der universellen Prävention zuzurechnen. Die Mindestabstandregel und das Verbot der Mehrfachkonzessionen ist der selektiven Prävention zuzurechnen. Die Spielersperre ist eine Maßnahme der indizierten Prävention.

Es gibt eine ganze Reihe von präventiven Ansätzen bzw. Maßnahmen. Einige betreffen die gesamte Bevölkerung, bspw. Informationskampagnen zu den mit Glücksspiel verbundenen Gefahren. Andere treffen die Besucher von Spielstätten, bspw. eine Beschränkung der Öffnungszeiten oder Einlasskontrollen. Auch die Einführung von Spielerkarten wäre hierzu zu zählen. Es gibt auch Maßnahmen, die sich nur auf die gefährdeten bzw. problematischen Spieler bzw. einer Teilmenge hiervon beziehen, bspw. eine Einlasskontrolle mit Abgleich der Personenangaben mit den Angaben in der spielübergreifenden Sperrdatei. Diese Maßnahme betrifft nur Spieler, die sich haben sperren lassen bzw. gesperrt wurden.

Generell ist davon auszugehen, dass zielgerichtete präventive Maßnahmen einen höheren Erfolg und geringere „Streuverluste“ aufweisen.

ERGEBNISBOX: THERAPIE PATHOLOGISCHEN SPIELVERHALTENS

Es können die folgenden Ansätze unterschieden werden: der psychoanalytische bzw. psychodynamische Ansatz, der verhaltenstherapeutische Ansatz, der Ansatz der kognitiven Therapie, der pharmakologische, der suchttherapeutische und multimodale Ansatz und der Selbsthilfeansatz.

Verhaltenstherapeutische Ansätze zielen darauf ab, neue Verhaltensweisen einzuüben und zu lernen.

Kognitive Ansätze versuchen, falsche Vorstellungen der Spieler über Wahrscheinlichkeiten und Zufall zu korrigieren. Sie sind als Präventionsmaßnahme für Spieler geeignet, die am Beginn einer möglicherweise problematischen Spielerkarriere stehen.

In der Regel werden verschiedene Therapieansätze kombiniert. Dies hat sich als besonders erfolgreich erwiesen. Klienten werden insbesondere darin geschult, mit problematischen Situationen fertig zu werden und erfolgreiche Strategien zur Problemlösung zu finden. In besonders gravierenden Fällen sind andere Formen der Therapie angebracht als in leichteren Fällen.

In der Mehrzahl der Fälle kommt es zu einer Heilung des pathologischen Spielverhaltens, ohne dass therapeutische Hilfe in Anspruch genommen wird.

Weiterhin kann entsprechend der jeweiligen Zielgruppe zwischen universeller, selektiver und indizierter Prävention unterschieden werden. Die universelle Prävention richtet sich an die gesamte Bevölkerung, die selektive Prävention richtet sich an Gruppen oder Personen, die aufgrund bestimmter Bedingungen einem erhöhten Risiko ausgesetzt sind, Suchtprobleme zu entwickeln. Die indizierte Prävention richtet sich an gefährdete Einzelpersonen.

Informations- und Aufklärungskampagnen der Bevölkerung sind der universellen Prävention zuzurechnen. Die Mindestabstandregel und das Verbot der Mehrfachkonzessionen sind der selektiven Prävention zuzurechnen. Die Spielersperre ist eine Maßnahme der indizierten Prävention.

Je spezifischer eine Präventionsmaßnahme ausgerichtet ist, umso geringer sind die Streuverluste. Je spezifischer eine Maßnahme ausgerichtet ist, umso gezielter kann auf die Besonderheiten der Gruppe, auf die die Maßnahme ausgerichtet ist, eingegangen werden und umso wirksamer ist sie in der Regel.

3.4 Ansätze zur Schadensminderung (Harm Reduction)

Während in Deutschland der Schwerpunkt eher auf der Frühintervention und der Prävention eines problematischen oder pathologischen Spielverhaltens liegt, hat in anderen Ländern, insbesondere in Australien und Kanada, die Verringerung des Leids, welche mit dem Glücksspiel verbunden ist, eine hohe Priorität. Es geht um die Minderung des Schadens bzw. Leids *(harm reduction)*, d. h. eine Reduzierung der Folgeschäden, die sich durch ein pathologisches Spielverhalten ergeben. Der Schwerpunkt liegt hier auf der indizierten Pärvention.

Harm Reduction wurde auch in Deutschland Gegenstand der öffentlichen Diskussion, als deutlich wurde, dass sich das HI-Virus unter injizierenden Drogenabhängigen und von dieser Risikogruppe auf andere Teile der Bevölkerung ausbreitet. Ein prominentes Beispiel für eine Maßnahme der Schadensminderung ist die Abgabe steriler Spritzutensilien für den Gebrauch von (illegalen) Drogen, um die Übertragung des HI-Virus zu verhindern.

Die meisten Methoden des *Harm Reduction*-Ansatzes sind kostengünstig, praktikabel und haben einen hohen Wirkungsgrad sowohl hinsichtlich der Gesundheit des Einzelnen als auch im Hinblick auf die Gemeinschaft. In einer Welt mit knappen Ressourcen wird der Nutzen dann maximiert, wenn kostengünstige Maßnahmen mit einem hohen Wirkungsgrad teureren Maßnahmen mit geringem Wirkungsgrad vorgezogen werden.[64]

Bei den in den Spielhallengesetzen vorgesehenen Maßnahmen ist zu unterscheiden zwischen Maßnahmen, die eher der Prävention dienen sollen und solchen, die als *Harm Reduction*-Maßnahmen angesehen werden können.

Die Mindestabstandsregel und das Verbot der Mehrfachkonzessionen sind eher als präventive Maßnahmen gedacht. Dahinter steht vor allem die Absicht, die Verfügbarkeit von Geldspielgeräten einzuschränken und damit einen Beitrag zur Prävention zu leisten. Diese Maßnahmen betreffen zum Teil die gesamte Bevölkerung, insbesondere jedoch alle Kunden von Spielhallen, und sind damit eher als universelle oder selektive Präventionsmaßnahme einzustufen.

Auch die Ausdehnung der Sperrzeiten ist wohl eher als präventive Maßnahme gedacht, mit der die zeitliche Verfügbarkeit eingeschränkt werden soll. Diese wirkt ebenfalls auf alle Besucher von Spielhallen, ganz gleich, ob diese Besucher unproblematische Spieler sind oder zu einem problematischen Spielverhalten neigen.

Hingegen dürfte die Einführung der Selbstsperre eher als *Harm Reduction*-Maßnahme gelten. Es geht zwar auch hier um eine Prävention problematischen Spielverhaltens, jedoch vor allem um die Reduzierung bzw. Verhinderung des Schadens, der damit verbunden ist. Es handelt sich um eine sehr zielgerichtete und daher indizierte Präventionsmaßnahme. Wie bereits erwähnt, ist bei zielgerichteten Präventionsmaßnahmen der Wirkungsgrad vergleichsweise hoch, bei universellen Präventionsmaßnahmen dagegen deutlich geringer.[65]

---

64 Vgl. *Was ist Harm Reduction? Eine Erklärung der International Harm Reduction Association*, London 2010.

65 Vgl. hierzu im Detail Dickson, L. / Derevensky, J. / Gupta, R.: „Harm Reduction for the Prevention of Youth Gambling Problems: Lessons Learned for Adolescent High-Risk Behavior Prevention Programs". In: *Journal of Adolescent Research*, 19, 2004, S. 233–263.

Ohne Identitätskontrolle ist eine Spielersperre im deutschen Rechtssystem kaum möglich. Zugleich könnte diese Maßnahme die soziale Verfügbarkeit einschränken und wäre damit möglicherweise auch als präventive Maßnahme einzuordnen. Weiterhin sind Identitätskontrollen zentral für den Jugendschutz, da sie das Spielen von Jugendlichen in Spielhallen effektiv verhindern.

Die Sozialkonzepte, die u. a. Schulungen der Mitarbeiter und Information und Aufklärung der Spieler bzw. Sachkundenachweise beinhalten, haben möglicherweise den Charakter von präventiven Maßnahmen, je nach Ausgestaltung. Die Sozialkonzepte könnten möglicherweise auch den Charakter von Maßnahmen zur Schadensreduktion bekommen, je nach Ausgestaltung.

Gerade im Bereich des Internetangebots werden eine Reihe von Maßnahmen zur *Harm Reduction* praktiziert, bspw. Limits für die mit Spielen verbrachte Zeit oder für die Ausgaben, temporäre Sperren etc.

ERGEBNISBOX: HARM REDUCTION

Der Ansatz der Schadensminderung bzw. Schadensreduktion *(harm reduction)* hat bisher in Deutschland wenig Beachtung gefunden.

Maßnahmen zur Schadensminderung setzen direkt bei den betroffenen Personen an und sind daher zielgerichtet. Die hohe Bedeutung, die die natürliche Remission, d. h. die Selbstheilung, bei einem problematischen bzw. pathologischen Spielverhalten hat, spricht für diesen Ansatz.

Die Spielersperre ist eine solche Maßnahme. Je nach Ausgestaltung der Sozialkonzepte könnten weitere Maßnahmen zur Schadensminderung eingeführt werden.

Je zielgerichteter eine Präventionsmaßnahme, umso wirkungsvoller ist diese.

4. Verfügbarkeit und problematisches bzw. pathologisches Spielverhalten

Einige der Maßnahmen, die die Spielhallengesetze vorsehen, schränken die Verfügbarkeit ein. Hierzu zählen insbesondere die Mindestabstände, das Verbot der Mehrfachkonzessionen, die Sperrzeiten, die Eingangskontrollen und auch die Sperrdatei.

In diesem Kapitel werden die Grundlagen für das Verständnis der empirischen Untersuchungen gelegt. Bislang gibt es keine Ergebnisse darüber, ob ein Mindestabstand zwischen Spielhallen von 250 oder 500 Metern, ein Verbot von Mehrfachkonzessionen oder eine Ausdehnung der Sperrzeiten effektiv zur Suchtprävention beiträgt. Es gibt jedoch eine Reihe von empirischen Untersuchungen, die Hinweise darauf geben können, ob und wie diese Maßnahmen effektiv zur Suchtprävention beitragen könnten.

Bevor im nächsten Kapitel auf diese Untersuchungen eingegangen wird, wird im Folgenden der Zusammenhang zwischen Verfügbarkeit und pathologischem Spielverhalten, die Dimensionen von Verfügbarkeit und die Messung eines problematischen oder pathologischen Spielverhaltens dargestellt.

4.1 Zusammenhang zwischen Verfügbarkeit und einem problematischen bzw. pathologischen Spielverhalten

Für die Gesundheitspolitik und insbesondere für die Regulierung bei Glücksspielen ist es entscheidend, ob ein Zusammenhang zwischen Verfügbarkeit und problematischem bzw. pathologischem Spielverhalten besteht. Im Folgenden soll das problematische Spielverhalten das pathologische mit einschließen.

Dieser Zusammenhang besteht, wenn überhaupt, jedoch nicht direkt, sondern indirekt. So wird häufig davon ausgegangen, dass eine höhere Verfügbarkeit von Glücksspielen in einer Gesellschaft zu einem höheren Konsum führt. Ein höherer Konsum, so eine weitere häufige Annahme, führe auch zu einem höheren Anteil problematischer und pathologischer Spieler in der Bevölkerung.

Nur wenn ein positiver Zusammenhang zwischen Grad der Verfügbarkeit, Umfang des Konsums und Anteil problematischer Spieler in einer Bevölkerung existiert, kann eine Verringerung der Verfügbarkeit auch zu der Prävention eines problematischen Spielverhaltens beitragen.

Abbildung 1: Zusammenhang zwischen Verfügbarkeit und problematischem Spielverhalten.

Sollte es einen solchen positiven Zusammenhang geben, stellt sich die Frage, ob dieser Zusammenhang kausal begründet ist. Die Argumentationskette, dass eine höhere Verfügbarkeit zu einem höheren Konsum und dieser wiederum zu einer Zunahme der Prävalenz eines problematischen Spielverhaltens in der Bevölkerung führt, erscheint auf den ersten Blick plausibel.

Dass problematisches Spielverhalten zu einem höheren Konsum und dieser zu einer höheren Verfügbarkeit führt, ist prinzipiell genauso richtig oder falsch, wie die eingangs dargestellte Behauptung, erscheint jedoch etwas weniger plausibel, da sie seltener zu hören ist.

Weder bestimmt das Angebot die Nachfrage, wie es in der ersten Aussage postuliert wird, noch bestimmt die Nachfrage das Angebot, wie die zweite Aussage besagt. Beide Aussagen sind prinzipiell richtig und doch ausschließlich betrachtet falsch. Die Verfügbarkeit eines bestimmten Produktes hängt vom Angebot dieses Produktes und der Nachfrage ab. Die Verfügbarkeit ist weder ein Indikator nur für das Angebot, noch ausschließlich für die Nachfrage, sondern immer das (Markt-)Ergebnis des Zusammenwirkens von Angebot und Nachfrage.

Abbildung 2: Zusammenhang zwischen Angebot, Verfügbarkeit und Nachfrage.

Auf einigen Märkten wird das Marktergebnis stärker vom Angebot bestimmt – Ökonomen sprechen dann von Angebotsmärkten – auf anderen Märkten stärker von der Nachfrage (Nachfragemärkte). Das Marktergebnis, d. h. der Preis und die Menge (Verfügbarkeit), zu dem sowohl angeboten als auch nachgefragt wird, ist immer das Ergebnis sowohl von Angebot als auch von Nachfrage.

Um empirisch zu untersuchen, in welchem Umfang Angebot und Nachfrage für das Marktergebnis, d. h. die Verfügbarkeit, verantwortlich sind, sind empirische Untersuchungen notwendig. Bei diesen Untersuchungen ist zwischen Faktoren auf der Angebotsseite, wie den Kosten für die Raummiete, für das Personal und für die Aufstellung der Automaten, und Faktoren auf der Nachfrageseite, wie das zur Verfügung stehende Einkommen und die Freizeit, einem hohen Anteil von Personen mit Migrationshintergrund etc. zu trennen. Die Verfügbarkeit kann zunehmen, weil es günstiger und unkomplizierter geworden ist, eine Spielhalle zu betreiben oder weil es mehr Personen gibt, die gerne spielen möchten und eine hohe Zahlungsbereitschaft haben.

Wenn in einer Region viele Spielautomaten zu finden sind, die Verfügbarkeit also hoch ist, und es in dieser Region eine hohe Prävalenz problematischer Spieler gibt, so sagt dies noch nichts über einen kausalen Einfluss der Verfügbarkeit auf ein problematisches Spielverhalten aus. Es kann sehr wohl sein, dass die Nachfrage das Angebot bestimmt. Wenn bspw. der Anteil von männlichen, alleinstehenden Personen mit Migrationshintergrund, niedrigem Ausbildungsstand und viel Freizeit hoch ist, ist davon auszugehen, dass die Anbieter von Spielautomaten der besonderen Nachfrage in dieser Region durch die Aufstellung einer vergleichsweise hohen Anzahl von Automaten gerecht werden.

Wenn ein positiver Zusammenhang zwischen der Verfügbarkeit, gemessen etwa mit der Anzahl der Spielgeräte pro Kopf in einer Region, und Prävalenz eines problematischen Spielverhaltens gefunden wird, so ist dieser Zusammenhang möglicherweise nicht durch eine kausale Beziehung zwischen Anzahl der Spielgeräte und der Prävalenz eines problematischen Spielverhaltens begründet, sondern auf eine dritte Variable zurückzuführen, die sowohl auf die Anzahl der Spielgeräte als auch auf die Prävalenz eines problematischen Spielverhaltens wirkt.

Abbildung 3: Scheinbare kausale Beziehung zwischen Verfügbarkeit und Prävalenz.

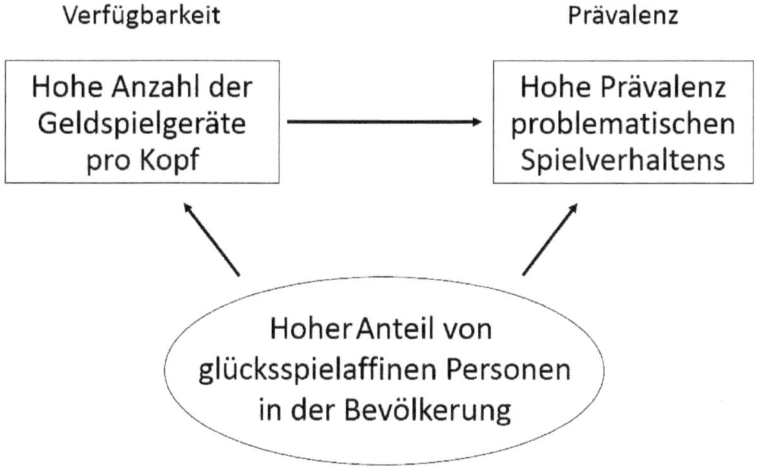

Um zu untersuchen, ob eine kausale oder nur eine scheinbare Beziehung zwischen Verfügbarkeit und Prävalenz besteht, wäre der Einfluss des hohen Anteils glücksspielaffiner Personen in der Bevölkerung zu berücksichtigen, d. h. zu kontrollieren. Dies könnte z. B. im Rahmen eines Marktmodells erfolgen, in dem deutlich zwischen Angebots- und Nachfragefaktoren unterschieden wird.

Beispielsweise findet die PAGE-Studie für Deutschland deutlich erhöhte Raten eines problematischen Spielverhaltens bei Männern, jüngeren Personen, Personen mit niedrigerem Bildungsstatus, Personen mit Migrationserfahrung oder -hintergrund und Arbeitslosen.[66] Auf der anderen Seite sind Geldspielgeräte häufig in Gegenden zu finden, die durch einen hohen Anteil von Migranten und Arbeitslosen sowie Personen mit geringem Bildungsstatus gekennzeichnet sind (vgl. Kapitel 5).

Insbesondere bei einer Betrachtung von Entwicklungen, d. h. Längsschnittanalysen, besteht die Gefahr eines scheinbaren Zusammenhangs. So kann die Prävalenz eines problematischen Spielverhaltens im Laufe der Zeit zunehmen. Wenn auch die Verfügbarkeit von Geldspielgeräten während dieser Zeit zunimmt, so findet sich in der Regel auch ein statistisch signifikanter Zusammenhang zwischen der Verfügbarkeit und der Prävalenz problematischen Spielverhaltens.

Auch wenn die Anzahl der Spielstätten mit der Zeit gestiegen ist und die Prävalenz eines problematischen Spielverhaltens während dieser Zeit ebenfalls zugenommen hat, sagt dies noch nichts über einen kausalen Zusammenhang zwischen Verfügbarkeit und Prävalenz eines problematischen Spielverhaltens aus.[67]

Es kann sehr wohl sein, dass die Anzahl der Spielstätten gestiegen ist, weil mehrere kleinere Geschäfte geschlossen haben und die Mieten und damit die Kosten für die Anbieter stark gesunken sind. Die Prävalenz eines problematischen Spielverhaltens kann im Zeitablauf gestiegen sein, weil sich bspw. die

66 Vgl. *Endbericht: Pathologisches Glücksspielen und Epidemiologie (PAGE): Entstehung, Komorbidität, Remission und Behandlung, Greifswald und Lübeck*, 29. März 2011 und die Pressemeldung der DHS, DG Sucht und des fags vom 16.02.2011: „Glücksspielprobleme in Deutschland weit verbreitet – Geldspielautomaten machen am häufigsten süchtig. Ergebnisse des Projektes Pathologisches Glücksspielen und Epidemiologie (PAGE)."

67 In Einführungsvorlesungen in die Statistik wird hier gern das Storchen- und Kinderbeispiel verwendet. Die Anzahl der Störche ist statistisch signifikant in den letzten 50 Jahren gesunken. Auch die Anzahl der Geburten ist signifikant gesunken. Doch dürfte dies noch lange kein Beweis dafür sein, dass Störche die Kinder bringen.

Wochenarbeitszeit verkürzt hat und somit mehr Freizeit zur Verfügung steht oder weil der Anteil alleinstehender Männer in der Bevölkerung gestiegen ist.

Eine weitere Erklärung für einen gemeinsamen Trend dieser beiden Variablen wäre auch ein verändertes Konsumentenverhalten. Das Glücksspiel hat in den letzten Jahrzehnten deutlich an Attraktivität gewonnen. Dies dürfte die Ursache für die gestiegene Verfügbarkeit und für den Anstieg in der Prävalenzrate sein. Mit anderen Worten spricht einiges dafür, dass die gestiegene Verfügbarkeit und die gestiegene Prävalenz auch auf eine gemeinsame Ursache zurückzuführen sind, nämlich auf Änderungen in den Präferenzen der Konsumenten für Glücksspiel. Man spricht hier in der Ökonometrie von kointegrierten Variablen, die beide eine Trend aufweisen, der aber nicht auf eine Kausalität zwischen diesen Variablen, sondern auf eine dritte, nicht beobachtete Variable zurückzuführen ist, die auf beide Variablen ursächlich wirkt.

Es besteht in der Literatur keine Einigkeit darüber, ob es einen Zusammenhang zwischen Verfügbarkeit, Konsum und problematischem Spielverhalten gibt und wenn ja, wie dieser Zusammenhang aussieht. Der Zusammenhang zwischen Verfügbarkeit und einem problematischen Spielverhalten gehört vermutlich zu den Fragestellungen, die von Experten, die sich mit der Suchtprävention befassen, am kontroversesten diskutiert werden.

In der Zeitschrift *Addiction* fand hierzu 2005 eine Diskussion statt, an der sich namhafte Wissenschaftler beteiligt und mehrere konträre Auffassungen vertreten haben. Eine dieser Auffassungen geht davon aus, dass ein problematisches bzw. pathologisches Spielverhalten als Sucht einzuordnen und zu beschreiben ist. Entsprechend dem klassischen stoffgebundenen Suchtmodell ist eine Maßnahme, die die Verfügbarkeit des Stoffes einschränkt, prinzipiell dazu geeignet, die Anzahl der nach diesem Stoff süchtigen Personen zu reduzieren. Der Stoff bzw. dessen Konsum wird als die Ursache der Sucht betrachtet. Das Modell der stoffgebundenen Süchte wird auf die nicht-stoffgebundene Sucht bei Glücksspiel übertragen. Die Vertreter dieser Auffassung gehen davon aus, dass es einen einseitigen kausalen Zusammenhang zwischen Verfügbarkeit und Prävalenz eines problematischen Spielverhaltens gibt.

Von anderen Wissenschaftlern wurde konträr die Meinung vertreten, dass es sich bei einem problematischen bzw. pathologischen Spielverhalten nicht um eine Abhängigkeit bzw. Sucht handelt, sondern um eine psychische Störung. Das problematische Spielverhalten wird als Konsequenz dieser Störung und nicht als deren Ursache betrachtet. Solange die psychische Störung weiter besteht, kommt es auch zu den Symptomen. Bei diesem Standpunkt führt eine Verringerung der

Verfügbarkeit allerhöchstens zu einer Verlagerung der Symptome, nicht zu einer Behebung der Störung selbst.

Beide Auffassungen sind richtig. Wie in Kapitel 3.1 dargelegt, ist das problematische bzw. pathologische Spielverhalten in einigen Fällen die Ursache für eine psychische Störung, in anderen Fällen ein Symptom. Es dürfte vom Individuum abhängen, welche Situation jeweils vorliegt.

Es ist umstritten, ob problematisches Glücksspielverhalten als eine Sucht zu definieren ist, wie die Überschrift eines Beitrags von Blaszczynski zeigt („To formulate gambling policies on the premise that problem gambling is an addiction may be premature“[68]). Mittlerweile jedoch dürfte die Mehrheit der Wissenschaftler das pathologische Glücksspiel als eine Sucht einordnen.[69] Dies bedeutet jedoch noch nicht, dass bei Glücksspiel ein positiver Zusammenhang zwischen Verfügbarkeit und Konsum besteht. Eine unreflektierte Übertragung der Befunde bei Alkohol oder Tabak auf andere Stoffe bzw. auf nicht-stoffgebundene Abhängigkeiten wäre zu stark vereinfachend.

Orford[70] vertritt die Auffassung, dass die Verfügbarkeit ganz entscheidend zur Entwicklung eines problematischen Spielverhaltens beiträgt. Er verweist auf eine Reihe von Studien, die einen solchen Zusammenhang belegen. Orford teilt ausdrücklich die Sichtweise, dass mit einem Anstieg der Verfügbarkeit von Glücksspielen auch der Konsum steigt und damit auch der Schaden, der durch Glücksspiele verursacht wird. Diese Meinung wird von einer Reihe anderer Experten geteilt.

Eine konträre Auffassung vertreten Blaszczynski und Ladouceur. Blaszczynski[71] weist darauf hin, dass ein pathologisches Glücksspielverhalten häufig mit komorbiden psychiatrischen Erkrankungen, wie affektiven Störungen oder

---

68 Blaszczynski, A.:„To Formulate Gambling Policies on the Premise that Problem Gambling Is an Addiction May Be Premature“. In: *Addiction*, 100, 2005, S. 1230–1231.

69 Dies zeigt sich an dem Vorschlag der Experten, die für die Erstellung der fünften Version des Diagnostischen und Statistischen Handbuch Psychischer Störungen (DSM), also DSM-V, verantwortlich sind, Glücksspielsucht *(Disordered Gambling)* nicht mehr in die Kategorie der Impuls-Kontroll-Störungen einzuordnen, sondern in die Kategorie der Substanzstörungen *(Substance-Related Disorders)*, welche nun in Sucht und Verwandte Störungen *(Addiction and Related Disorders)* umbenannt werden soll. Vgl. hierzu ausführlich den Newsletter 02/2010 der Forschungsstelle Glücksspiel: „Änderungen in der Klassifizierung der Glücksspielsucht stehen bevor“.

70 Vgl. Orford, J.: „Complicity on the River Bank: the Search for the Truth about Problem Gambling: Reply to the Commentaries“. In: *Addiction*, 100, 2005, S. 1235–1239.

71 Blaszczynski, A.: „To Formulate Gambling Policies on the Premise that Problem Gambling Is an Addiction May Be Premature“. In: *Addiction*, 100, 2005, S. 1230–1231.

Angststörungen, gekoppelt sind. Wenn es zu problematischem oder pathologischem Glücksspielverhalten kommt, sind seiner Auffassung nach irrtümliche und irrationale Vorstellungen, falsche Einschätzungen der tatsächlichen Gewinnwahrscheinlichkeiten und fehlende statistische Kenntnisse die Ursache. Aus diesem Grund sei ein kognitives Modell besser geeignet, um pathologisches Spielverhalten zu erklären, als ein Suchtmodell. Eine informierte Entscheidung *(informed choice)* sei das entscheidende Element, um den Schaden zu reduzieren, der möglicherweise mit dem Glücksspielverhalten verbunden ist.

Blaszczynski weist darauf hin, dass das pathologische Glücksspielverhalten oft nur das Symptom einer psychischen Störung ist. Häufig werde diese Tatsache bei Prävalenzstudien zu pathologischem Glücksspiel nicht ausreichend berücksichtigt, da zur Abklärung komorbider psychischer Störungen eine einfache schriftliche oder telefonische Befragung in der Regel nicht ausreicht. Zudem macht er deutlich, wie wichtig es ist, die kognitiven Irrtümer von Spielern zu korrigieren.

Shaffer[72] ist in dieser Diskussion der Ansicht, dass es sehr wohl möglich sei, dass mit zunehmender Verfügbarkeit von Glücksspielen auch der Schaden, den diese verursachen, ansteigt. Dies gilt seiner Ansicht nach nicht für in Bezug auf Glücksspiel weit entwickelte Schauplätze *(mature gambling settings)*, wie Nevada mit dem Standort Las Vegas. Shaffer verweist auf Untersuchungen, die zeigen, dass es in Nevada, wo die Verfügbarkeit des Glücksspiels von allen amerikanischen Staaten am höchsten ist, weniger Probleme gibt als in anderen Staaten, in denen die Verfügbarkeit vergleichsweise gering ist.

Eine ähnliche Ansicht vertritt Abbott.[73] Seiner Ansicht nach belegen die vorliegenden Untersuchungen, dass die Prävalenz problematischen Spielverhaltens konstant bleiben oder sogar sinken kann, obwohl die Verfügbarkeit weiter zunimmt.

Zusammengefasst gibt es also drei verschiedene Ansichten:

- Es besteht kein kausaler Zusammenhang zwischen der Verfügbarkeit und einem problematischen bzw. pathologischen Spielverhalten. Diese These kann als Unabhängigkeitsthese bezeichnet werden;
- Es besteht ein positiver kausaler Zusammenhang zwischen der Verfügbarkeit und einem problematischen bzw. pathologischen Spielverhalten: Steigt die Verfügbarkeit, steigt auch stetig die Prävalenz eines problematischen

72 Shaffer, H.: „From Disabling to Enabling the Public Interest: Natural Transition from Gambling Exposure to Adaption and Self-regulation". In: *Addiction*, 100, 2005, S. 1227–1229.

73 Abbott, M.: „Disabling the Public Interest: Gambling Strategies and Policies for Britain: a Comment on Orford". In: *Addiction*, 100, 2005, S. 1233–1234.

bzw. pathologischen Spielverhaltens. Diese These kann als Stetigkeitsthese bezeichnet werden;

- Es besteht ein kausaler Zusammenhang zwischen der Verfügbarkeit und einem problematischen bzw. pathologischen Spielverhalten, jedoch ist dieser Zusammenhang nur kurzfristig: Steigt die Verfügbarkeit, steigt zuerst die Prävalenz eines problematischen bzw. pathologischen Spielverhaltens, um dann nach einiger Zeit wieder auf das ursprüngliche Niveau oder sogar darunter zu fallen; dies wird als Adaptionsthese bezeichnet.

Sollte es einen positiven kausalen Zusammenhang zwischen Verfügbarkeit und Prävalenz geben, so stellt sich die Frage, welchen Verlauf dieser Zusammenhang nimmt: linear, exponentiell oder logistisch, d. h. S-förmig? Damit wäre eine vierte Ansicht zu formulieren:

- Es besteht ein positiver kausaler Zusammenhang zwischen Verfügbarkeit und der Prävalenz eines problematischen oder pathologischen Spielverhaltens, jedoch nähert sich mit steigender Verfügbarkeit die Prävalenz einem konstanten Grenzwert. Diese These kann als Sättigungsthese bezeichnet werden.

Auch unter deutschen Suchtexperten bestehen unterschiedliche Auffassungen darüber, wie der Zusammenhang zwischen Verfügbarkeit und Prävalenz eines problematischen oder pathologischen Spielverhaltens beschaffen ist.

Meyer und Hayer[74] vertreten hier die Auffassung:

> Ebenso wie in anderen Suchtbereichen ist davon auszugehen, dass das Ausmaß glücksspielbezogener Probleme in der Bevölkerung im direkten oder indirekten Zusammenhang mit der Griffnähe von Glücksspielen steht (….). Ein dichtes Netzwerk an Spielangeboten verbunden mit entsprechender Vermarktung suggeriert eine hohe gesellschaftliche Akzeptanz und lässt Hemmschwellen bei potenziellen Spielteilnehmern senken. Zwar sprechen aktuelle Befunde gegen einen einfach-linearen Zusammenhang (…); dennoch dürfte diese Gleichung vor allem bei gleichzeitigen Verzicht auf die Implementierung effektiver Spielerschutzmaßnahmen Gültigkeit haben.

74 Vgl. Meyer, G. / Hayer, T.: *Die Effektivität der Spielersperre als Maßnahme des Spielerschutzes: Eine empirische Untersuchung von gesperrten Spielern.* Frankfurt: Peter Lang Verlag 2011, S. 23.

Hingegen betonen Kalke et al.[75] auf Grund einer Auswertung mehrerer Studien:

> Zusammenfassend bleibt somit festzuhalten, dass die vorliegenden Studien zur Bedeutung der Angebotsdichte für das (problematische) Spielverhalten in der Bevölkerung aufgrund ihrer unterschiedlichen Befunde bisher keine eindeutige Schlussfolgerung zulassen. Zumindest deutet sich aber an, dass die in der Suchtforschung weit verbreitete Auffassung einer direkten Kausalität zwischen Glücksspielangebot und -problemen die Realität nur unzureichend widerspiegelt. Vielmehr ist die Entwicklung eines Erklärungsansatzes notwendig, welcher die mit einer Ausweitung bzw. Verringerung des Glücksspielangebots verbundenen komplexen Strukturen und Prozesse detailliert beschreibt und somit Möglichkeiten aufzeigt, das Ausmaß glücksspielbezogener Probleme künftig zu minimieren.

Die Diskussion der Suchtpsychologen berücksichtigt nur den einseitig gerichteten Zusammenhang zwischen Verfügbarkeit und Prävalenz eines problematischen oder pathologischen Spielverhaltens. Wie bereits diskutiert und wie in Kapitel 5 ausführlicher dargestellt, ist dieser Zusammenhang zweiseitig gerichtet, wie vorliegende empirische Untersuchungen zeigen.

- Es besteht ein kausaler Zusammenhang zwischen Verfügbarkeit und einem problematischen bzw. pathologischen Spielverhalten. Dieser Zusammenhang ist jedoch nicht einseitig von der Verfügbarkeit auf das Spielverhalten ausgerichtet, sondern zweiseitig. Eine hohe Prävalenz eines problematischen oder pathologischen Spielverhaltens in der Bevölkerung führt zu einem hohen Angebot und damit zu einer hohen Verfügbarkeit.

ERGEBNISBOX: ZUSAMMENHANG ZWISCHEN VERFÜGBARKEIT UND SPIELVERHALTEN

Die Verfügbarkeit ist immer das Ergebnis von Angebot und Nachfrage.

In der wissenschaftlichen Literatur wird der Zusammenhang zwischen Verfügbarkeit und Spielverhalten kontrovers diskutiert. Vier Thesen werden vertreten:

- Unabhängigkeitsthese: Es besteht kein kausaler Zusammenhang zwischen der Verfügbarkeit und problematischem bzw. pathologischem Spielverhalten;

75 Vgl. Kalke, J. et al.: *Glücksspiel und Spielerschutz in Österreicher. Empirische Erkenntnisse zum Spielverhalten der Bevölkerung und zur Prävention der Glücksspielsucht*. Freiburg: Lambertus Verlag 2011, S. 58.

- Stetigkeitsthese: Es besteht ein positiver kausaler Zusammenhang zwischen der Verfügbarkeit und einem problematischen oder pathologischen Spielverhalten: Steigt die Verfügbarkeit, steigt auch stetig die Prävalenz problematischen bzw. pathologischen Spielverhaltens;
- Adaptionsthese: Es besteht ein kausaler Zusammenhang zwischen Verfügbarkeit und problematischem bzw. pathologischem Spielverhalten, jedoch
- Adaptionsthese: Es besteht ein kausaler Zusammenhang zwischen Verfügbarkeit und problematischem bzw. pathologischem Spielverhalten, jedoch ist dieser Zusammenhang nur kurzfristig: Steigt die Verfügbarkeit, steigt zunächst die Prävalenz, um dann wieder auf das ursprüngliche Niveau oder sogar darunter zu fallen;
- Sättigungsthese: Es besteht ein positiver kausaler Zusammenhang zwischen Verfügbarkeit und der Prävalenz eines problematischen oder pathologischen Spielverhaltens, jedoch nähert sich mit steigender Verfügbarkeit die Prävalenz einem konstanten Grenzwert.

Diese vier Thesen wären um eine fünfte zu ergänzen:

- Marktthese: Die Verfügbarkeit ist immer das Resultat von Angebot und Nachfrage. Wenn ein Zusammenhang zwischen Verfügbarkeit und einem problematischen Spielverhalten in der Bevölkerung gefunden wird, wird dieser Zusammenhang überschätzt, wenn von einem einseitig gerichteten Zusammenhang ausgegangen und nicht berücksichtigt wird, dass das Angebot auch die Verfügbarkeit beeinflusst.

4.2 Dimensionen der Verfügbarkeit

„Verfügbarkeit" ist ein multidimensionales Konstrukt. Eine der ersten Studien, die sich ausführlich mit dem Zusammenhang von Verfügbarkeit von Glücksspielen und der Prävalenz eines problematischen bzw. pathologischen Spielverhaltens befasst hat, stammt von der australischen *Productivity Commission*.[76]

In Anlehnung an diese Studie werden acht Dimensionen der Verfügbarkeit unterschieden:

76 Productivity Commission: *Australia's Gambling Industries. Inquiry Report Vol. 1: Report (Parts A-C), Report No. 10*, 26. November 1999, AusInfo, Canberra, S. 320–338.

- Anzahl der Spielstätten (Spielhallen/Gaststätten),
- Anzahl der Spielmöglichkeiten (Spielgeräte),
- Entfernung zu der nächsten Spielstätte,
- Geografische Lage und Verteilung der Spielstätten,
- Öffnungszeiten,
- Soziale Verfügbarkeit,
- Einlassbedingungen (Einlasskontrollen: Alterskontrollen, Ausweiskontrollen, Kleidervorschriften, Möglichkeit der Selbstsperre),
- Komplexität der Spielregeln (Geschicklichkeitsspiel oder reines Glücksspiel).

Die Verfügbarkeit kann mit der Anzahl der Spielstätten pro Kopf der erwachsenen Bevölkerung in einer Region gemessen werden; häufig wird auch die Anzahl der Spielgeräte pro Kopf verwendet.

Auch die auf den Spielgeräten angebotenen Spielformen stellen einen Aspekt der Verfügbarkeit dar. Es ist ein Unterschied, ob auf einem Spielgerät nur eine Form eines Glücksspiels oder mehrere Formen angeboten werden. Es ist ein Unterschied, ob es sich um ein Geldspielgerät handelt, auf dem nur Poker, oder auf dem viele verschiedene Spiele, einschließlich Poker, gespielt werden können. Diese wichtige Unterscheidung wird in den vorliegenden Untersuchungen in der Regel nicht vorgenommen; vermutlich weil die Angaben zu den auf den einzelnen Spielgeräten angebotenen Spielformen in der Regel nicht vorliegen.

Ein noch besseres Maß, um die Verfügbarkeit zu messen, als die Anzahl der Geldspielgeräte pro Kopf der Bevölkerung, stellt die Entfernung zu dem nächsten Geldspielgerät dar. Dieses Maß wird insbesondere in neueren Studien verwendet, die die Analysen mit Hilfe eines geografischen Informationssystems vornehmen. Die Entfernung wird in der Regel an Hand der Luftlinie bestimmt; es gibt aber auch Ansätze, die die tatsächlichen Wegstrecken messen. In den vorliegenden Untersuchungen wird in der Regel die Entfernung von der Wohnstätte berücksichtigt. Die Entfernung von der Arbeitsstätte oder des täglichen Weges zur Arbeitsstätte wird nicht berücksichtigt, da dies noch aufwendiger wäre.

Neben diesen vergleichsweise leicht quantifizierbaren Dimensionen bestimmen natürlich auch Lage und räumliche Verteilung die Verfügbarkeit. Spielstätten können in einer bestimmten Gegend einer Stadt konzentriert auftreten und in anderen Gegenden der Stadt kaum oder gar nicht vorhanden sein, d. h. geklumpt auftreten, oder gleichmäßig, d. h. entsprechend der Bevölkerung, über den Raum verteilt sein. Spielstätten können an Durchgangsstraßen gelegen sein mit einem leichten Zugang und Parkmöglichkeiten vor der Haustür oder schwer zugänglich in einem Hinterhof oder Keller. All dies macht einen Unterschied in der räumlichen Verfügbarkeit.

Nur wenige der vorliegenden Studien berücksichtigen, ob Spielstätten konzentriert in einer Region auftreten oder eher gleichmäßig verteilt sind.

Die Öffnungszeiten charakterisieren die zeitliche Verfügbarkeit. Spielstätten können rund um die Uhr das ganze Jahr über geöffnet sein, nur zu bestimmten Tageszeiten oder nicht an bestimmten Feiertagen.

Die soziale Verfügbarkeit bezeichnet die sozialen Zugangsbarrieren. Gerade für den Zugang von Neukunden spielt dies eine wichtige Rolle. Wird eine Spielstätte als bedrohlich oder als attraktiv empfunden? Dies hängt auch von der äußeren Gestaltung der Spielstätte ab. Diese kann von unterschiedlichen Personen unterschiedlich wahrgenommen werden. Für einige Besucher mögen blinkende Lichter und eine schrille Außengestaltung anziehend sein, auf andere eher abschreckend wirken.

Steht ein Geldspielgerät in einer Gaststätte oder an einer Tankstelle, ist die soziale Zugangsbarriere viel geringer als in einer Spielhalle oder gar einem Spielcasino. Die soziale Verfügbarkeit ist auch höher, wenn in einem Sportwettgeschäft auch Geldspielgeräte zu finden sind.

Weiter besteht ein Unterschied in der sozialen Verfügbarkeit, je nachdem, ob in der Öffentlichkeit eher die Gefahren der Geldspielgeräte diskutiert werden, oder das Automatenspiel als unbedenkliches und attraktives Freizeitverhalten gilt.

Die Einlassbedingungen könnten als Teilaspekt der sozialen Verfügbarkeit betrachtet werden. So erhöhen Ausweiskontrollen die Zugangsbarrieren und schränken damit die Verfügbarkeit ein. Die Einlassbedingungen haben eine herausgehobene Bedeutung für den Jugendschutz (und für eine freiwillige Spielersperre).

Die *Productivity Commission* unterscheidet zwei weitere Dimensionen: Benutzerfreundlichkeit und Einsatzhöhe. Da diese beiden Dimensionen zu den strukturellen Merkmalen zu zählen sind, soll hierauf nicht weiter eingegangen werden.

Die zuvor genannten Dimensionen (ergänzt um fünf weitere) werden von Hing und Haw[77], basierend auf der Befragung von 533 Angestellten in Spielstätten in Australien und mit Hilfe der Hauptkomponentenanalyse, auf drei voneinander unabhängige Dimensionen reduziert:

- soziale Verfügbarkeit,
- physische Verfügbarkeit und
- kognitive Verfügbarkeit.

---

77 Hing, N. / Haw, J.: „The Development of a Multi-dimensional Gambling Accessibility Scale". In: *Journal of Gambling Studies* 25, 2009, S. 569–581.

Besonders interessant für eine effektive Regulierung von Geldspielgeräten ist die Frage, ob es einen Zusammenhang zwischen Verfügbarkeit und problematischem bzw. pathologischem Spielverhalten gibt. Da die Verfügbarkeit ein multidimensionales Konstrukt ist, stellt sich die Frage, für welche Dimensionen ein Zusammenhang besteht und in welchem Ausmaß.

Bei der Verfügbarkeit ist auch zu differenzieren zwischen:

- Verfügbarkeit wovon
- Verfügbarkeit für wen.

In diesem Buch stehen die Geldspielgeräte im Vordergrund der Betrachtung; daher geht es vornehmlich um deren Verfügbarkeit. Bei der „Verfügbarkeit für wen" ist deutlich zu unterschieden zwischen der Verfügbarkeit für

- Nichtspieler,
- unproblematische Spieler,
- riskante Spieler,
- problematische Spieler
- pathologische Spieler.

ERGEBNISBOX: DIMENSIONEN DER VERFÜGBARKEIT

Es lassen sich drei weitgehend voneinander unabhängige Dimensionen der Verfügbarkeit unterscheiden:

- soziale Verfügbarkeit (Einlasskontrollen, Alterskontrollen, Ausweiskontrollen, Kleidervorschriften, Werbung),
- physische Verfügbarkeit (Anzahl der Spielstätten, Anzahl der Spielgeräte, Entfernung zur nächsten Spielstätte, geografische Lage und Verteilung der Spielstätten, Öffnungszeiten),
- kognitive Verfügbarkeit (notwendige Kenntnisse des Spiels).

Einzelne Dimensionen der Verfügbarkeit wirken ganz unterschiedlich auf unterschiedliche Gruppen von Personen. Es können hier unterschieden werden:

- Nichtspieler,
- unproblematische Spieler,
- riskante Spieler,
- problematische Spieler
- pathologische Spieler.

4.3 Messung eines problematischen bzw. pathologischen Spielverhaltens

In der Regel wird der Begriff *problematisches Spielverhalten* benutzt, um ein geringeres Ausmaß glücksspielbezogener Probleme, und *pathologisches Spielverhalten*, um ein höheres Ausmaß glücksspielbezogener Probleme zu bezeichnen. Damit wird der Klassifizierung des Glücksspielverhaltens nach dem *Diagnostischen und Statistischen Handbuch Psychischer Störungen* gefolgt. Im Mai 2013 wurde die fünfte Auflage (DSM-V) im englischen Original veröffentlicht; seit Dezember 2014 ist auch die deutsche Übersetzung verfügbar. Sie löst die vierte Auflage (DSM-IV) von 1994 ab. In den hier vorgestellten empirischen Untersuchungen spielt die aktuelle Version V noch keine Rolle. Aus diesem Grund werden die Diagnosekriterien nach DSM-IV vorgestellt. Mit Ausnahme des Items „Illegale Handlungen zur Finanzierung des Spielens", das entfallen ist, entsprechen die Diagnosekriterien in DSM-V denen in DSM-IV.[78]

Die Definition der Glücksspielsucht nach dem Diagnostischen und Statistischen Handbuch Psychischer Störungen ist weit verbreitet und generell akzeptiert. Ein pathologisches Spielverhalten wird hier definiert als:

A. Andauerndes und wiederkehrendes fehlangepasstes Spielverhalten, was sich in mindestens fünf der folgenden Merkmale ausdrückt:

1. ist stark eingenommen vom Glücksspiel (z. B. starkes Beschäftigtsein mit gedanklichem Nacherleben vergangener Spielerfahrungen, mit Verhindern oder Planen der nächsten Spielunternehmungen, Nachdenken über Wege, Geld zum Spielen zu beschaffen),
2. muss mit immer höheren Einsätzen spielen, um die gewünschte Erregung zu erreichen,
3. hat wiederholt erfolglose Versuche unternommen, das Spiel zu kontrollieren, einzuschränken oder aufzugeben,
4. ist unruhig und gereizt beim Versuch, das Spielen einzuschränken oder aufzugeben,
5. spielt, um Problemen zu entkommen oder um dysphorische Stimmung (z. B. Gefühle von Hilflosigkeit, Schuld, Angst, Depression) zu erleichtern,
6. kehrt, nachdem er/sie beim Glücksspiel Geld verloren hat, oft am nächsten Tag zurück, um den Verlust auszugleichen (dem Verlust „hinterher jagen", *Chasing*),

---

78 Vgl. Rumpf, H.-J. / Kiefer, F.: DSM-5: „Die Aufhebung der Unterscheidung von Abhängigkeit und Missbrauch und die Öffnung für Verhaltenssüchte". In: *Sucht* 57(1), 2011, S. 45–48.

7. belügt Familienmitglieder, den Therapeuten oder andere, um das Ausmaß der Verstrickung in das Spielen zu vertuschen,
8. hat illegale Handlungen wie Fälschung, Betrug, Diebstahl oder Unterschlagung begangen, um das Spielen zu finanzieren,
9. hat eine wichtige Beziehung, seinen Arbeitsplatz, Ausbildungs- oder Aufstiegschancen wegen des Spielens gefährdet oder verloren,
10. verlässt sich darauf, dass andere Geld bereitstellen, um die durch das Spielen verursachte hoffnungslose finanzielle Situation zu überwinden.

B. Das Spielverhalten kann nicht besser durch eine Manische Episode erklärt werden.

Sind drei oder vier dieser Kriterien erfüllt, wird von einem problematischen Glücksspielverhalten gesprochen. Bei fünf oder mehr Kriterien spricht man von einem pathologischen Glücksspielverhalten.

Es wird generell zwischen der Lebenszeit- und der 12-Monats-Prävalenz unterschieden. Die Lebenszeitprävalenz gibt an, wie viel Prozent der Bevölkerung irgendwann in ihrem Leben ein bestimmtes Spielverhalten gezeigt haben. Die 12-Monats-Prävalenz gibt an, wie viel Prozent in den letzten zwölf Monaten ein bestimmtes Spielverhalten gezeigt haben.

Es gibt eine ganze Reihe von Verfahren bzw. Instrumenten, um die Prävalenz eines problematischen bzw. pathologischen Spielverhaltens in der Bevölkerung zu messen. Neben dem DSM-IV ist insbesondere der *South Oaks Gambling Screen (SOGS)* zu nennen.

Dieses Instrument wurde ursprünglich von Lesieur und Blume[79] entwickelt, um pathologisches Spielverhalten in einer klinischen Umgebung zu messen. Es wird jedoch auch in repräsentativen Bevölkerungsbefragungen eigesetzt. Der SOGS umfasst 16 Items basierend auf dem DSM-III-R. Der SOGS kommt sowohl in Bezug auf die gesamte Lebenszeit als auch auf die letzten zwölf Monate zum Einsatz.

Der SOGS besteht aus folgenden 16 Items:

1. Welche der folgenden Spielformen haben Sie jemals in Ihrem Leben gespielt? Markieren Sie mit einem X für jede Spielform a bis j jeweils eine der Antwortmöglichkeiten: „überhaupt nicht“, „weniger als einmal pro Woche“ oder „einmal pro Woche oder mehr“.

79 Lesieur, H. / Blume, S.: „The South Oaks Gambling Screen (SOGS): a New Instrument for the Identification of Pathological Gamblers“. In: *American Journal of Psychiatry*, 114, 1987, S. 1184–188.

	überhaupt nicht	weniger als 1mal	1mal oder mehr pro Woche	
a	_______	_______	_______	Kartenspiele um Geld
b	_______	_______	_______	Pferde-, Hunde- oder andere Tierwetten (vor Ort, über Buchmacher o. ä.)
c	_______	_______	_______	Sportwetten
d	_______	_______	_______	Würfelspiele um Geld
e	_______	_______	_______	Spielen im Casino
f	_______	_______	_______	Toto- und Lottospiele u. ä.
g	_______	_______	_______	Bingo
h	_______	_______	_______	Spiele an der Börse oder auf dem Options- und Derivatemarkt
i	_______	_______	_______	Geldautomatenspiele jeglicher Art
j	_______	_______	_______	Bowlen, Pool-Billard, Golfen oderandere Geschicklichkeitsspiele um Geld

2. Was ist die größte Geldsumme, die Sie je an einem Tag aufs Spiel gesetzt haben? Bitte markieren Sie alle für Sie zutreffenden nächsten Antworten mit X!

□ habe noch nie gespielt
□ 1 € oder weniger
□ zwischen 1 € und 10 €
□ zwischen 10 € und 100 €
□ zwischen 100 € und 1.000 €
□ zwischen 1.000 € und 10.000 €
□ mehr als 10.000 €

3. Haben/Hatten Ihre Eltern ein Spielproblem?

□ Vater und Mutter spiel(t)en zu viel
□ Mutter spiel(t)e zu viel
□ Vater spiel(t)e zu viel
□ keiner spiel(t)e zu viel

4. Wenn Sie spielen, wie oft kehren Sie am nächsten Tag zurück, um verlorenes Geldzurückzugewinnen?

□ nie
□ meistens, wenn ich verlor
□ manchmal, wenn ich verlor (weniger als die Hälfte der Zeit)
□ immer, wenn ich verlor

5. Haben Sie jemals behauptet, Geld gewonnen zu haben, obwohl dies nicht der Tatsache entsprach – denn tatsächlich hatten Sie verloren?

□ nie (oder nie gespielt) □ ja, meistens
□ ja, aber in weniger als der Fälle, in denen ich verlor

6. Haben Sie jemals das Gefühl gehabt, ein Problem mit dem Spielen zu haben?

□ nein □ ja □ ja, in der Vergangenheit, aber zur Zeit nicht

7. Haben Sie jemals länger gespielt als beabsichtigt?

□ ja □ nein

8. Haben andere Ihr Spielverhalten kritisiert?

□ ja □ nein

9. Haben Sie sich jemals schuldig gefühlt wegen Ihres Spielverhaltens oder wegen dessen, was wegen Ihres Spielens passiert ist?

□ ja □ nein

10. Hatten Sie jemals das Gefühl, das Spielen beenden zu wollen, aber nicht beenden zu können?

□ ja □ nein

11. Haben Sie jemals Wettschnipsel, Lottoscheine, Spielgeld oder andere Zeichen des Spielens vor Ihrem Ehegatten oder anderen nahen Angehörigen versteckt?

□ ja □ nein

12. Haben Sie jemals mit nahen Angehörigen über die Art Ihres Umgangs mit Geld gestritten?

□ ja □ nein

13. Wenn Frage 12 mit Ja beantwortet: Hatten diese Auseinandersetzungen mit Ihrem Spielverhalten zu tun?

□ ja □ nein

14. Haben Sie jemals wegen des Spielens Geld bei anderen geliehen und es nicht zurückgezahlt?

□ ja □ nein

15. Haben Sie jemals wegen des Spielens Arbeitszeit/Schulzeit versäumt?

□ ja □ nein

16. Wenn Sie Geld zum Spielen oder zur Rückzahlung von Spielschulden geborgt haben: von wem oder wo haben Sie es geborgt?

a. □ vom Haushaltsgeld
b. □ vom Ehegatten
c. □ von anderen Verwandten
d. □ von Banken, Kreditanstalten
e. □ durch Kreditkarten
f. □ von Kredithaien
g. □ durch Verkauf von Aktien, Obligationen (Schuldenverschreibungen) oder anderen Sicherheiten
h. □ durch Verkauf von persönlichem oder Familien-Eigentum
i. □ durch die Ausstellung ungedeckter Schecks
j. □ Kreditvereinbarung mit Buchmacher
k. □ Kreditvereinbarung mit Casino

Die ersten drei und das zwölfte Item werden nicht gewertet; beim 16. Item werden die Antwortmöglichkeiten j und k nicht gewertet. Auf Grund der verbleibenden 20 Antwortmöglichkeiten werden maximal 20 Punkte vergeben.

Lesieur und Blume verwenden als Schwelle einen Wert von fünf und bezeichnen Personen, die im SOGS fünf oder mehr Punkte erreichen, als „wahrscheinlich pathologische Glücksspieler". Darüber hinaus hat es sich – allerdings mit unterschiedlichen Kategoriengrenzen – etabliert, auch Personen, die weniger als fünf Punkte aufweisen, im Sinne einer vorklinischen Belastung als „problematische Glücksspieler" einzustufen. In der Regel wird so verfahren, wenn drei oder vier Punkte erreicht werden.

Es ist zwischen der diagnostischen Klassifizierung mit Hilfe eines Fragebogens und der klinischen Klassifizierung durch einen Arzt oder Therapeuten zu unterscheiden. In beiden Fällen kann auf das DSM-IV bzw. DSM-V oder den SOGS zurückgegriffen werden. In der Regel werden die Prävalenzraten in Bevölkerungsbefragungen nur mit einem Fragebogen erfasst. Eine Abklärung von komorbiden psychischen Erkrankungen oder anderen Süchten ist somit nur sehr begrenzt möglich. Kaum möglich ist eine differentialdiagnostische[80] Aussage darüber, ob das Hauptproblem das pathologische Spielverhalten ist, oder ob eine affektive Störung vorliegt und das pathologische Spielverhalten nur ein Symptom ist.

80 Als Differenzialdiagnose bezeichnet man die Gesamtheit aller Diagnosen, die alternativ als Erklärung für die erhobenen Symptome in Betracht zu ziehen sind.

Die Untersuchung von Stinchfield[81]zeigt, dass in Bevölkerungsumfragen bei Anwendung des SOGS die Rate der falsch positiven Klassifikationen bei 50 % liegt. Dies bedeutet, dass 50 % der Personen, die auf Grund des SOGS als wahrscheinlich pathologische Spieler klassifiziert werden, keine pathologischen Spieler im Sinne des DSM-IV sind. Jemand, der nach dem SOGS fünf Punkte hat, kann nach dem DSM-IV entweder ein pathologischer Spieler sein, oder auch nur ein problematischer Spieler, der sich zu einem pathologischen Spieler entwickeln könnte. Da in der Regel bei einem niedrigeren Schwellenwert als 5 der Anteil falsch-positiv klassifizierter Fälle größer ist, muss bei dieser Klassifikation im Vergleich zu dem DSM-IV mit einer deutlichen Überschätzung problematischen Glücksspielens gerechnet werden.[82] Stinchfield empfiehlt daher bei Anwendung des SOGS, die Personen mit einem pathologischen Spielverhalten einer genauen klinischen Diagnose zu unterziehen, wie dies in dem PAGE-Projekt auch geschehen ist. In vielen anderen Untersuchungen, auf die unten eingegangen wird, ist dies jedoch nicht geschehen.

Gelegentlich wird bei Befragungen auch der so genannte Lie/Bet-Fragebogen verwendet, der aus nur zwei Fragen besteht:

- Mussten Sie jemals Menschen, die Ihnen wichtig sind oder waren, wegen des Ausmaßes Ihres Spielverhaltens anlügen?
- Haben Sie jemals das Bedürfnis verspürt, mit immer mehr Geld zu spielen?

Diese können um eine dritte Frage zu dem *Chasing-Verhalten* erweitert werden:

- Kehrten Sie, nachdem Sie beim Glücksspiel Geld verloren hatten, oft am nächsten Tag zurück, um den Verlust auszugleichen?

In der Fragenformulierung des DSM-IV, des SOGS und anderer Messinstrumente kann jede Frage durch Zusätze ergänzt werden („jemals in Ihrem Leben", „in den letzten zwölf Monaten", „in den letzten drei Monaten") und so die Lebenszeit-, 12-Monats- oder 3-Monats-Prävalenz bestimmt werden.

---

81 Vgl. Stinchfield, R.: „Reliability, Validity, and Classification Accuracy of the South Oaks Gambling Screen (SOGS)". In: *Addictive Behaviors*, 27, 2002, S. 1–19.

82 Vgl. Stinchfield, R.: „Reliability, Validity, and Classification Accuracy of the South Oaks Gambling Screen (SOGS)". In: *Addictive Behaviors*, 27, 2002, S. 1–19.

ERGEBNISBOX: MESSUNG DES PROBLEMATISCHEN UND PATHOLOGISCHEN SPIELVERHALTENS

Die gebräuchlichsten Instrumente zur Messung eines problematischen bzw. pathologischen Spielverhaltens sind das DSM-IV und der SOGS.

Wenn eine Person nach dem DSM-IV fünf oder mehr Punkte erhält, wird diese Person als pathologischer Spieler bzw. als Person mit einem pathologischen Spielverhalten bezeichnet. Dies gilt auch für eine Person, die in dem SOGS fünf oder mehr Punkte erreicht.

Wenn eine Person nach dem DSM-IV drei oder vier Punkte erhält, wird diese Person als problematischer Spieler bzw. als Person mit einem problematischen Spielverhalten bezeichnet. Dies gilt auch für eine Person, die in dem SOGS drei oder vier Punkte erreicht.

Der SOGS klassifiziert einige Spieler als pathologische Spieler, die nach dem DSM-IV als problematische Spieler zu bezeichnen wären. Im Vergleich zu dem DSM-IV überschätzt der SOGS das Ausmaß pathologischen oder problematischen Spielverhaltens.

4.4 Das „Total Consumption Model"

Im sogenannten *total consumption model* bzw. der *single distribution theory* wird davon ausgegangen, dass ein einseitig kausaler Zusammenhang zwischen dem durchschnittlichen Konsum in einer Bevölkerung und dem Anteil von Konsumenten mit sehr hohem Konsum besteht. Dieses Modell geht auf Untersuchungen in Bezug auf Alkohol zurück, die eine positive Beziehung zwischen der Höhe des durchschnittlichen Pro-Kopf-Konsums von Alkohol in einer Bevölkerung und dem Anteil schwerer Trinker in dieser Bevölkerung nachgewiesen haben.[83]

Es gibt jedoch entscheidende Unterschiede. Der unterschiedliche Alkoholgehalt verschiedener Getränke lässt sich leicht auf einen gemeinsamen Nenner bringen, zum Beispiel Gramm reiner Alkohol. Es wäre wenig sinnvoll, einen Zusammenhang zwischen dem durchschnittlichen Konsum an Flüssigkeit in einer Bevölkerung und dem Anteil von Alkoholikern in einer Bevölkerung herzustellen. Die unterschiedlichen Formen des Glücksspiels haben ein ganz unterschiedliches Suchtgefährdungspotential. Hier gibt es keinen gemeinsamen

83 Vgl. hierzu die Literaturangaben bei Lund, I.: „The Population Mean and the Proportion of Frequent Gamblers: Is the Theory of Total Consumption Valid for Gambling?" In: *Journal of Gambling Studies*, 24, 2008, S. 247–256.

Nenner. Dementsprechend ist es wenig sinnvoll, einen Zusammenhang zwischen dem durchschnittlichen Konsum von Glücksspielen generell und der Prävalenz eines pathologischen Spielverhaltens herzustellen.

Im Folgenden soll beispielhaft ausführlich auf eine Untersuchung eingegangen werden, die sich das *total consumption model* zu Eigen gemacht hat. Damit soll exemplarisch gezeigt werden, dass dieses Modell nicht geeignet ist, um eine kausale Beziehung zwischen Verfügbarkeit und problematischem Spielverhalten herzustellen.

Lund[84] vom *Norwegian Institute for Alcohol and Drug Research* wollte nachweisen, dass Präventionsmaßnahmen, die geeignet sind, den durchschnittlichen Konsum von Glücksspielen in der Bevölkerung zu verringern, auch zu einer Verringerung des pathologischen Spielverhaltens führen. Damit will sie auch die These widerlegen, dass der Umfang des Glücksspielkonsums pathologischer Spieler stabil ist und nicht von externen Umständen, wie Preise, Verfügbarkeit oder das Konsumverhalten anderer Spieler abhängt. Sie stützt ihre empirische Untersuchung auf drei Stichproben.

Die erste Stichprobe aus dem Jahr 2002 basierte auf einer Bevölkerungsumfrage und bestand aus 5 500 Personen. Die zweite Stichprobe aus dem Jahr 2005 bestand aus 4 000 Personen und basierte ebenfalls auf einer Bevölkerungsumfrage. Die dritte Stichprobe aus dem Jahr 2004 basierte auf einer Umfrage mit 20 755 Schülern. Es wurde gefragt, welche Spiele im letzten Jahr (2002 und 2004) bzw. in den letzten drei Monaten (2005) gespielt wurden und wie häufig. Die Häufigkeiten dieser fünfzehn (2005), neun (2002) bzw. sechs (2004) Spielformen wurden für jede Person zusammengezählt und ergaben die entsprechende Spielhäufigkeit. Als häufige Spieler wurden Spieler bezeichnet, die zwei Mal pro Woche oder mehr gespielt hatten. Ein hoher Anteil der Befragten in den Bevölkerungsstichproben gab an, zwei Mal pro Woche Lotto oder Toto zu spielen. Dies waren 39 % bzw. 35 % der Lotto- und Totospieler. Ein regelmäßiger Lottospieler wurde somit als häufiger Spieler bezeichnet. Zwischen verschiedenen Spielformen wurde kein Unterschied gemacht.

Die zwei Bevölkerungsstichproben wurden in Untergruppen nach den 19 Verwaltungsbezirken in Norwegen aufgeteilt. Die Schülerstichprobe wurde in 10 Gruppen von Schulen aufgeteilt, entsprechend der durchschnittlichen Spielhäufigkeit pro Schule. So wurden die 10 % Schulen mit der geringsten durchschnittlichen

84 Lund, I.: „The Population Mean and the Proportion of Frequent Gamblers: Is the Theory of Total Consumption Valid for Gambling?“ In: *Journal of Gambling Studies*, 24, 2008, S. 247–256.

Spielhäufigkeit einer Gruppe zugeordnet und die 10 % Schulen mit der größten durchschnittlichen Spielhäufigkeit einer anderen. Anhand von Grafiken, die den Anteil der häufigen Spieler in einer Untergruppe in Abhängigkeit von der mittleren Spielhäufigkeit einer Untergruppe aufzeigen, wird ersichtlich, dass mit zunehmendem Mittelwert der Spielhäufigkeit auch der Anteil der häufigen Spieler steigt.

Es ist ein einfaches mathematisches Gesetz, dass der Mittelwert einer Verteilung dann steigt, wenn die Anzahl der Elemente mit einem hohen Wert steigt. Dies ist mathematisch trivial. Dieser Effekt ist umso ausgeprägter, je höher der Anteil von Personen ist, die gar nicht oder sehr wenig spielen. Der Mittelwert der Spielhäufigkeit in einer Stichprobe bzw. Untergruppe steigt immer dann, wenn der Anteil der Personen, die zwei Mal in der Woche oder häufiger spielen, zunimmt.

Lund zeigt mit ihrer Untersuchung, dass mit einem steigenden Anteil der häufigen Spieler in einer Untergruppe auch der Mittelwert der Untergruppe steigt. Daraus zieht sie weitreichende Schlussfolgerungen: "By making the population mean a key figure, the results of the study provide an argument for treating gambling as a public health issue and implement policy measures designed to reduce average gambling involvement in the population." Diese Schlussfolgerung ist aus einer Reihe von Gründen nicht haltbar.

Erstens ist der Zusammenhang, den Lund aufzeigt, mathematisch begründet. Je höher der Anteil der Spieler in einer Gruppe, die mehr als zwei Mal pro Woche spielen, umso höher ist natürlich auch der Mittelwert der Spielhäufigkeit. Dies ist eine mathematische Beziehung, da sich der Mittelwert der Spielhäufigkeit definitionsgemäß aus der Summe der Spielhäufigkeiten der einzelnen Personen geteilt durch deren Anzahl ergibt. Mit dieser mathematischen Beziehung eine sachliche Kausalität zwischen durchschnittlicher Spielhäufigkeit in einer Gruppe und dem Anteil pathologischer Spieler zu begründen ist mehr als gewagt und entspricht nicht den wissenschaftlichen Standards.[85]

Zweitens ist die Spielhäufigkeit als Variable nicht geeignet, um damit gesundheitspolitische Eingriffe zu legitimieren. Besser wäre die Höhe der Ausgaben einer Person für Glücksspiel, in Relation zum Einkommen. Lund selbst weist hierauf hin, begründet ihre Vorgehensweise jedoch mit der in ihren Augen „hohen" Korrelation von 0,46 zwischen Spielhäufigkeit und der Höhe der Ausgaben, gemessen als maximal getätigte Ausgaben für Glücksspiel an einem Tag im letzten Jahr.

Drittens sagt der Anteil der „häufigen" Spieler kaum etwas über den Anteil problematischer oder pathologischer Spieler aus. Dies gilt insbesondere unter der Berücksichtigung des hohen Anteils von regelmäßigen Lotto- bzw. Totospielern

---

85 Vgl. auch Kapitel 5.1.

in der Stichprobe. Wenn schon die Spielhäufigkeit herangezogen wird, wäre deutlich zwischen verschiedenen Formen des Glücksspiels zu unterscheiden. Eine Aufsummierung über alle Formen des Glücksspiels ist nicht angemessen. Es ist wissenschaftlich nicht haltbar, aus der Häufigkeit der Teilnahme zum Beispiel an der Lotterie „6 aus 49" auf den Ausmaß des pathologischen Spielverhaltens in einer Bevölkerung zu schließen.

Nicht nur der Zusammenhang, der von Lund hergestellt wird, sondern auch die Variablen, die zur Messung dieses Zusammenhangs benutzt werden, lassen die gezogenen Schlussfolgerungen nicht zu.

Diese Darlegung zeigt, dass es notwendig ist, die einzelnen Untersuchungen zum Zusammenhang zwischen Verfügbarkeit und problematischem Spielverhalten sehr genau anzusehen, um das Ergebnis beurteilen zu können.[86]

ERGEBNISBOX: TOTAL CONSUMPTION MODEL

Dieses Modell aus der Alkoholsuchtforschung ist nicht für die Übertragung auf das Glücksspiel geeignet.

Bei den Aussagen, die in empirischen Studien zu dem Zusammenhang zwischen Verfügbarkeit und problematischen oder pathologischen Spielverhalten gemacht werden, ist sehr genau darauf zu achten, auf Grund welcher Daten und welcher methodischen Vorgehensweise diese Aussagen getroffen werden. Der Ansatz des *Total Consumption Models*, bei dem von der durchschnittlichen Spielhäufigkeit in einer Bevölkerung auf den Anteil pathologischer Spieler geschlossen wird, weist erhebliche methodische Fehler auf und ist nicht geeignet, um zu Aussagen über den Anteil pathologischer Spieler zu gelangen.

Weiterhin ist zu berücksichtigen, dass eine höhere Verfügbarkeit sehr wohl zu höheren Ausgaben führen kann, aber diese für sich genommen noch nicht einen Anstieg der Prävalenz eines problematischen oder pathologischen Spielverhaltens bedeutet.

Insbesondere ist zu berücksichtigen, dass die einzelnen Spielformen ein sehr unterschiedliches Suchtgefährdungspotential haben.

86 Auch eine weitere Untersuchung des *Norwegian Institute for Alcohol and Drug Research* wendet das *total consumption model* an: Hansen, M. / Rossow, I.: „Adolescent Gambling und Problem Gambling: Does the Total Consumption Model Apply?" In: *Journal of Gambling Studies*, 24, 2007, S. 135–149. Auf diese Studie muss hier nicht näher eingegangen werden.

5. Empirische Untersuchungen zur Verfügbarkeit

In diesem Kapitel sollen die empirischen Studien, die den Zusammenhang zwischen Verfügbarkeit und einem problematischen bzw. pathologischem Spielverhalten untersuchen, ausgewertet werden. Zuerst werden die Untersuchungen anderer Länder vorgestellt, da für Deutschland keine Studie vorliegt. Hier kann aus den Erfahrungen, die andere Länder mit Einschränkungen der Verfügbarkeit gemacht haben, gelernt werden. Anschließend werden die Ergebnisse zusammengefasst und Schlussfolgerungen für Deutschland gezogen.

Die vorliegenden Studien kommen zu unterschiedlichen und widersprüchlichen Ergebnissen. Es ist daher notwendig, detailliert auf die einzelnen Studien einzugehen, um herauszuarbeiten, wovon die Ergebnisse abhängen und insbesondere, warum die Studien zu unterschiedlichen Ergebnissen kommen.

Beim Vergleich empirischer Untersuchungen zum Zusammenhang zwischen Verfügbarkeit und einem problematischen bzw. pathologischen Spielverhalten ist sorgfältig zu achten auf die

- untersuchten Zeitpunkte bzw. Zeiträume (Querschnittanalysen und Längsschnittanalysen);
- betrachteten Spielformen (Lotterien, Casinospiele oder Geldspielgeräte),
- benutzten Variablen zur Messung der Verfügbarkeit, des Konsums und des problematischen Spielverhaltens,
- Grad der Auflösung in der Betrachtung (Länder, Regionen, Distrikte oder Stadtviertel),
- methodische Ansätze (einfache unidirektionale Ansätze oder Systemansätze),
- Kontrolle von anderen Einflüssen (uni- oder multivariate Analysemethoden),
- Niveau und Grad der Veränderung der Verfügbarkeit (Reduzierung der Geldspielgeräte, Totalverbot von Geldspielgeräten, Neueinführung eines Casinos),
- untersuchten Länder bzw. Regionen (mit einer liberalen oder einer restriktiven Glücksspielregulierung, legale Formen des Glücksspiels).

Nur auf diese Art und Weise ist eine differenzierte Sichtweise möglich. Dann wird auch deutlich, warum die Ergebnisse einiger Studien zwar auf den ersten Blick im Widerspruch zu anderen Studien stehen, sich jedoch bei einer genaueren Betrachtung nicht widersprechen.

Bei den vorliegenden empirischen Untersuchungen ist methodisch zwischen vergleichenden Analysen von verschiedenen geografischen Regionen mit einer unterschiedlichen Verfügbarkeit, die als Querschnittanalysen bezeichnet werden können, und vergleichenden Analysen einer Region zu unterschiedlichen Zeitpunkten, die als Längsschnittanalysen bezeichnet werden, zu unterscheiden.

Bei Querschnittanalysen wird die Verfügbarkeit in einer Region, in der Regel gemessen mit der Anzahl von Spielgeräten, in Beziehung gesetzt zu dem Ausmaß problematischen Spielverhaltens in dieser Region, in der Regel gemessen mit der Prävalenzrate eines problematischen und pathologischen Spielverhaltens. Verschiedene Regionen werden miteinander verglichen. Wenn in einer Region die Anzahl an Spielgeräten vergleichsweise hoch (gering) ist und auch die Prävalenz eines problematischen und pathologischen Spielverhaltens hoch (gering) ist, so wird dies als eine Bestätigung eines positiven Zusammenhangs zwischen Verfügbarkeit und problematischem bzw. pathologischem Spielverhalten gewertet.

Bei Längsschnittanalysen wird die Entwicklung der Verfügbarkeit, in der Regel gemessen mit der Anzahl von Spielgeräten, in Beziehung gesetzt zu der Entwicklung eines problematischen und pathologischen Spielverhaltens in dieser Region, in der Regel gemessen mit der Prävalenzrate problematischen und pathologischen Spielverhaltens. Wenn die Anzahl der Geldspielgeräte im Zeitablauf zugenommen (abgenommen) hat und die Prävalenzrate gestiegen (gesunken) ist, wird dies als Bestätigung für einen positiven Zusammenhang zwischen Verfügbarkeit und Prävalenz gewertet.

Das Hauptproblem bei Querschnittanalysen ist eine unzulängliche Vergleichbarkeit zwischen Regionen. Je mehr sich die Regionen in Bezug auf die Bevölkerung, die Verfügbarkeit anderer Glücksspielformen, die Regulierung der Geldspielgeräte, die wirtschaftliche Entwicklung etc. ähneln, umso eher ist eine Vergleichbarkeit gegeben. Aus diesem Grund sind Vergleiche zwischen sehr unterschiedlichen Ländern, bspw. Japan und Norwegen, auch wenig aussagefähig.

Das Hauptproblem bei Längsschnittanalysen ist eine unzulängliche Berücksichtigung von Entwicklungen, die in der betrachteten Zeit stattgefunden haben, und die entweder die Verfügbarkeit, das Spielverhalten oder beides beeinflusst haben. Je besser diese Entwicklungen berücksichtigt werden, desto zuverlässiger sind die Aussagen dieser Analysen.

Weiterhin wäre deutlich zwischen verschiedenen Glücksspielformen zu unterscheiden. Es ist bekannt, dass bei den traditionellen Lotterien kein pathologisches Spielverhalten in einem nennenswerten Umfang zu finden ist. Wenn es kein pathologisches Spielverhalten gibt, kann eine erhöhte Verfügbarkeit zwar zu einem erhöhten Konsum führen, jedoch erhöht sich damit nicht auch die Prävalenz eines pathologischen Spielverhaltens. Daher kann es dann auch keinen Zusammenhang zwischen der Verfügbarkeit und der Prävalenz eines pathologischen Spielverhaltens geben.

Zudem ist entscheidend, mit welchen Variablen die Verfügbarkeit gemessen wird. Die Anzahl der Geldspielgeräte ist noch vergleichsweise gut geeignet. Anders sieht dies aus, wenn als Maßstab die durchschnittlichen Pro-Kopf-Ausgaben für Glücksspiele in einer Bevölkerung genommen werden. Dieser Maßstab ist nicht geeignet, um einen Zusammenhang zwischen Verfügbarkeit und einem problematischen oder pathologischen Spielverhalten zu untersuchen.[87]

Die vorliegenden Untersuchungen unterscheiden sich auch in dem Maßstab der Betrachtung. Manche Studien haben als kleinste Untersuchungseinheit einen Bundesstaat oder eine Provinz. Andere Studien hingegen haben hier eine sehr viel höhere Auflösung und betrachten Distrikte oder gar Stadtviertel.

Auch ist zu berücksichtigen, dass der Zusammenhang in der Regel nicht unidirektional ist. Die höhere Verfügbarkeit in einer Region könnte zu einer höheren Prävalenz eines problematischen Spielverhaltens im Vergleich zu anderen Regionen mit einer geringeren Verfügbarkeit führen. Umgekehrt könnte auch ein hoher Anteil von Personen mit einer Neigung zu einem problematischen Spielverhalten in einer Region dafür verantwortlich sein, dass die Verfügbarkeit, gemessen mit der Anzahl von Geldspielgeräten, im Vergleich zu anderen Regionen höher ist, da ein höheres Nachfragepotential besteht. Die größere Verfügbarkeit ist damit nicht die Ursache für ein riskantes, d. h. möglicherweise problematisches oder pathologisches Spielverhalten, sondern die Folge davon. Der Ursache-Wirkungs-Zusammenhang dreht sich um.[88]

Änderungen in der Menge, die auf einem Markt zu finden ist, können auf Änderungen in der Nachfrage, im Angebot oder auf beides zurückzuführen sein. Eine deutliche Trennung in Faktoren, die auf das Angebot wirken, und solche, die auf die Nachfrage wirken, ist daher notwendig.

Entscheidend ist, ob und wie bei einer Untersuchung andere Faktoren, die einen Einfluss auf die Verfügbarkeit bzw. auf die Entwicklung eines problematischen bzw. pathologischen Spielverhaltens haben, berücksichtigt werden. Bei Nichtbeachtung zeigt sich eventuell ein Zusammenhang, der aber nur scheinbar und nicht kausal begründet ist.

---

87 Vgl. auch Kapitel 4.4.

88 Vgl. hierzu in Bezug auf Melbourne Marshall, D. / Baker, R.: „Unfair Odds? Factors Influencing the Distribution of Electronic Gaming Machines in Melbourne". In: *Urban Policy and Research* 19(1), 2001, S. 77–92.

Univariate Analysemethoden des problematischen Spielverhaltens berücksichtigen nur eine Einflussgröße auf das problematische Spielverhalten, z. B. die Anzahl der Geldspielgeräte. Bei multivariaten Analysemethoden hingegen werden mehrere Einflussgrößen berücksichtigt. So hängt das problematische Spielverhalten nicht nur von der Verfügbarkeit an Geldspielgeräten, sondern auch von der Verfügbarkeit von Spielcasinos oder von Sportwettgeschäften ab.

Das Niveau der Verfügbarkeit ist zu berücksichtigen. Auf gesättigten Märkten dürfte die Erhöhung der Verfügbarkeit, d. h. des Spielangebots, anders wirken als auf nicht gesättigten Märkten.

Graduelle Änderungen haben andere Auswirkungen als sprunghafte Veränderungen. Bei graduellen Änderungen finden eher Adaptionsprozesse statt als bei sprunghaften Änderungen. Der Einfluss gradueller Änderungen lässt sich schwerer messen als bei sprunghaften Änderungen.

Weiterhin ist zu berücksichtigen, ob es zu Änderungen in der Art der angebotenen Spiele kommt. Wenn es bei einer bereits etablierten Form des Glücksspiels zu einer Ausdehnung des Angebots kommt, dürfte dies ganz andere Wirkungen auf die Prävalenz eines pathologischen Spielverhaltens haben, als wenn es zu der Einführung neuer und bisher unbekannter Spielformen mit einem sehr hohen Suchtgefährdungspotential kommt.

Auch dürfte der Zusammenhang zwischen der Verfügbarkeit und der Prävalenz eines pathologischen Spielverhaltens in einzelnen Ländern unterschiedlich ausfallen. Wenn bereits eine Reihe von Spielformen legal angeboten wird, so dürfte eine Ausdehnung des Angebots bei einer Spielform ganz anders wirken, als wenn in einem Land eine sehr restriktive Politik betrieben wird und nur wenige Spielformen angeboten werden.

Wie oben dargelegt, spielen moralische und ethische Vorstellungen beim Glücksspiel eine gewisse Rolle. Daher wäre zu erwarten, dass in einer katholisch geprägten Region die Verfügbarkeit höher ist als in einer pietistisch geprägten Region. Bei einem Vergleich von unterschiedlichen Regionen sollten sich diese so weit wie möglich entsprechen.

Es dauert eine gewisse Zeit, ehe sich ein pathologisches Spielverhalten entwickelt. In der Regel vergehen fünf bis zehn Jahre zwischen dem Beginn des Spielens und der Entwicklung eines pathologischen Spielverhaltens. Ein Anstieg in der Verfügbarkeit kann sich frühestens nach dieser Zeit in einer Zunahme des pathologischen Spielverhaltens niederschlagen. Währenddessen können andere Entwicklungen dazu geführt haben, dass die Prävalenz eines pathologischen Spielverhaltens in der Bevölkerung gestiegen ist. Außerdem ist dieser Zeitraum bei einzelnen Spielern sichtlich unterschiedlich. Diese Zeitverzögerung macht es schwierig, wenn nicht sogar unmöglich, einen Zusammenhang zwischen Verfügbarkeit und einem pathologischen Spielverhalten in einer Längsschnittanalyse empirisch zu messen.

> ERGEBNISBOX: KRITISCHE PUNKTE FÜR DAS ERGEBNIS VON EMPIRISCHEN STUDIEN ZUR VERFÜGBARKEIT
>
> Die Ergebnisse der vorliegenden Studien zu dem Zusammenhang zwischen Verfügbarkeit und Spielverhalten kommen zu unterschiedlichen Ergebnissen. Diese sind maßgeblich auf Unterschiede in
>
> - untersuchte Zeitpunkte bzw. Zeiträume (Querschnittanalysen und Längsschnittanalysen);
> - betrachtete Spielformen (Lotterien, Casinospiele oder Geldspielgeräte),
> - benutzte Variablen zur Messung der Verfügbarkeit, des Konsums und des problematischen Spielverhaltens,
> - Grad der Auflösung in der Betrachtung (Länder, Regionen, Distrikte oder Stadtviertel),
> - methodische Ansätze (einfache unidirektionale Ansätze oder Systemansätze),
> - Kontrolle von anderen Einflüssen (uni- oder multivariate Analysemethoden),
> - Niveau und Grad der Veränderung der Verfügbarkeit (Reduzierung der Geldspielgeräte, Totalverbot von Geldspielgeräten, Neueinführung eines Casinos),
> - untersuchte Länder bzw. Regionen (mit einer liberalen oder einer restriktiven Glücksspielregulierung)
>
> zurückzuführen.
> Es dauert eine gewisse Zeit, ehe sich ein pathologisches Spielverhalten entwickelt. Diese Zeitverzögerung macht es schwierig, wenn nicht sogar unmöglich, einen Zusammenhang zwischen Verfügbarkeit und pathologischem Spielverhalten in einer Längsschnittanalyse empirisch zu messen.

5.1 Australien und Neuseeland

Eine der frühesten und am häufigsten zitierten Querschnittstudien, die sich mit dem Zusammenhang von Verfügbarkeit und problematischen Spielverhalten befasst hat, stammt von der australischen *Productivity Commission* aus dem

Jahr 1999.[89] Diese Studie ist sehr differenziert und setzt sich mit einer Reihe von Argumenten auseinander, die für oder gegen einen Zusammenhang sprechen. Die Ergebnisse werden fast überall als Hinweis dafür angeführt, dass es einen Zusammenhang zwischen Verfügbarkeit und problematischen bzw. pathologischem Spielverhalten gibt. Daher soll ausführlich auf sie eingegangen werden.

In Australien haben, genauso wie in Deutschland, etwa 70 % der pathologischen Spieler, die sich in Therapie begeben,[90] Spielautomaten als problematischste Spielform.[91] Von daher ist eine gewisse Vergleichbarkeit mit Deutschland gegeben. In Australien betrug die Anzahl der Spielautomaten im Jahr 2006 etwa 200 000 Stück.[92] Auch dies entspricht in etwa der Anzahl der Geldspielgeräte in Deutschland mit 210 000 Stück[93] im Jahr 2008. Zu diesen Geldspielgeräten in Spielhallen und Gaststätten wären in Deutschland noch die Glücksspielgeräte zu addieren. Deren Anzahl lag im ersten Halbjahr 2009 bei etwa 9 000 Spielgeräten.[94] Allerdings ist die Bevölkerung in Australien mit 21,8 Millionen Menschen (2009) deutlich geringer als in Deutschland mit 81,8 Millionen Menschen (2009). Damit ist die Spielautomatendichte in Australien zumindest drei Mal so hoch wie in Deutschland. Dies ist bei einer Übertragung der Ergebnisse zu berücksichtigen.

---

89 *Productivity Commission* 1999.

90 Für Deutschland vgl. Becker2009, S. 64 und die dort angegebene Literatur, für Australien vgl. Independent Gambling Authority: *Inquiry into the Management of Gaming Machine Numbers*. Adelaide: IGA 2003, S. 2.

91 Die rechtliche Unterscheidung zwischen Glücksspielgeräten in Spielbanken und gewerblichen Geldspielgeräten in Spielhallen und Gaststätten, wie in Deutschland, wird in anderen Ländern nicht gemacht. Es wird dort von *Fruit Machines*, *Electronic Gaming Machines* (EGM), *Pokies* (insbesondere in Australien) oder *Slot Machines* gesprochen. Für diese Spielgeräte werden hier synonym die deutschen Begriff Geldspielgeräte, Spielgeräte oder Spielautomaten verwendet, der Glücksspielgeräte in Casinos mit einschließt.

92 Vgl. Storer, J. / Abbott, M. / Stubbs, J.: „Access or Adaption? A Meta-Analysis of Surveys of Problem Gambling Prevalence in Australia and New Zealand with Respect to Concentration of Electronic Gaming Machines". In: *International Gambling Studies* 9(3), 2009, S. 227.

93 Vgl. Vieweg, H.-G.: *Wirtschaftsentwicklung Unterhaltungsautomaten 2009 und Ausblick 2010. Gutachten im Auftrag des Arbeitsausschusses Münzautomaten (AMA)*. ifo Institut für Wirtschaftsforschung an der Universität München, 2010, S. 13.

94 Vgl. Verband der Deutschen Automatenindustrie VDAI: *Spielbanken in Deutschland*, 2009, S. 22.

Es gibt in Australien sechs Bundesstaaten und drei Territorien. In diesen Regionen bzw. Jurisdiktionen (New South Wales, Queensland, South Australia, Tasmanien, Victoria, Western Australia, Australian Capital Territory, Jervis Bay Territory[95], Northern Territory) bestehen unterschiedliche Gesetzgebungen in Bezug auf das Glücksspiel. In Western Australia sind Spielautomaten nur im Perth Casino erlaubt.[96] In den anderen Regionen sind Spielautomaten auch in Klubs, entsprechend den Spielhallen, und in Pubs, d. h. Gaststätten, erlaubt.

Die *Productivity Commision* untersucht den Zusammenhang zwischen Verfügbarkeit (gemessen mit unterschiedlichen Variablen) und einem problematischen Spielverhalten. Problematisches Spielverhalten wird mit Hilfe des *South Oaks Gambling Screen* (SOGS) gemessen.

Der Zusammenhang wird hauptsächlich grafisch untersucht. Auf der x-Achse wird in der Regel die Prävalenzrate problematischen Spielverhaltens abgetragen und auf der y-Achse die Verfügbarkeit. Jede Region stellt einen Datenpunkt in diesem Diagramm dar. Wenn die Regionen, in denen eine geringe (hohe) Verfügbarkeit besteht, sich auch durch eine geringe (hohe) Prävalenzrate auszeichnen, so wird ein positiver Zusammenhang deutlich.

In einem ersten Schritt setzt die *Productivity Commission* die Anzahl von glücksspielbezogenen Geschäftsbetrieben (*gambling business*) pro 1 000 erwachsene Personen in jeder dieser acht Regionen in Beziehung zu der jeweiligen Prävalenzrate pathologischen Spielverhaltens. Bei der Anzahl der Geschäftsbetriebe wird nicht zwischen verschiedenen Formen des Glücksspiels unterschieden, d. h. welche Glücksspielform jeweils in einem Geschäftsbetrieb angeboten wird. Es zeigt sich daher auch nur ein sehr schwacher positiver und statistisch nicht signifikanter Zusammenhang zwischen der Anzahl der Geschäftsbetriebe und der Prävalenz pathologischen Spielverhaltens in diesen Regionen. So hat beispielsweise Tasmanien (TAS) sehr viel mehr Geschäftsbetriebe pro 1 000 erwachsenen Personen als Western Australia (WA), aber eine geringere Prävalenzrate pathologischen Spielverhaltens.

---

95 Jervis Bay Territory wird in der Auswertung der *Productivity Commission* nicht berücksichtigt.

96 Vgl. zu Western Australia Marshall, D. / Baker, R.: „Clubs, Spades, Diamonds and Disadvantage: The Geography of Electronic Gaming Machines in Melbourne". In: Australian Geographical Studies, 39(1), 2001, S. 17–33.

Abbildung 4: Zusammenhang zwischen Anzahl der Geschäftsbetriebe und problematischen Spielverhaltens in Australien.

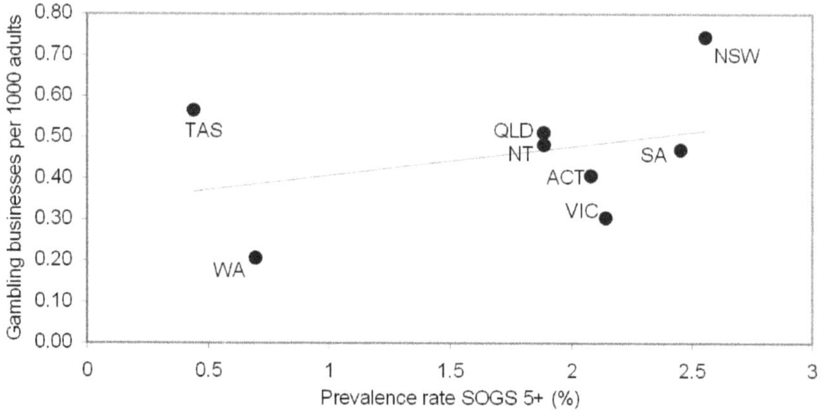

Quelle: Productivity Commission: *Australia's Gambling Industries: Inquiry Report Vol. 1 Report (Parts A-C), Report No. 10,* 26. November 1999, AusInfo Australia, Figure 8.3.

Weil auch in Australien Spielautomaten die problematischste Spielform darstellen, dürfte hier noch am ehesten ein Zusammenhang zwischen Verfügbarkeit und pathologischem Spielverhalten zu finden sein. In einem zweiten Schritt wird daher der Zusammenhang zwischen der Anzahl von Spielautomaten pro 1 000 Personen und den geschätzten Ausgaben in Bezug auf Spielautomaten pro Kopf dargestellt. Es zeigt sich ein deutlich positiver Zusammenhang. Je mehr Spielautomaten in einer Region aufgestellt sind, desto höher sind auch die Ausgaben pro Kopf. Allerdings sind die zu Grunde gelegten Daten in der Regel nur Schätzungen und hierin sehen die Autoren auch eine erhebliche Einschränkung.

Sehr detailliert untersuchen die Autoren den Zusammenhang zwischen den Glücksspielausgaben und problematischem Spielverhalten. Es wird ein Zusammenhang zwischen den Ausgaben für Glücksspiel pro Kopf der erwachsenen Bevölkerung in einer Region und der Prävalenzrate problematischen Spielverhaltens hergestellt. Die Ausgaben pro Kopf bestehen aus den Ausgaben für Rennwetten, Spielautomaten und Casinospiele. Ausgaben für Lotterien und andere Formen des Glücksspiels mit untergeordneter Bedeutung sind in diesen Ausgaben nicht eingeschlossen. Rennwetten sind in Australien sehr beliebt; Sportwetten hatten zum Zeitpunkt der Studie nur eine geringe Bedeutung. Problematisches Spielverhalten wird mit Hilfe des *South Oaks Gambling Screen* (SOGS) gemessen. Werden fünf oder mehr Punkte erreicht, wird von einem (wahrscheinlich) pathologischen Spielverhalten ausgegangen.

Abbildung 5: Zusammenhang zwischen den Ausgaben für Glücksspiel und Spielverhalten für verschiedene Grade eines problematischen Spielverhaltens in Australien.

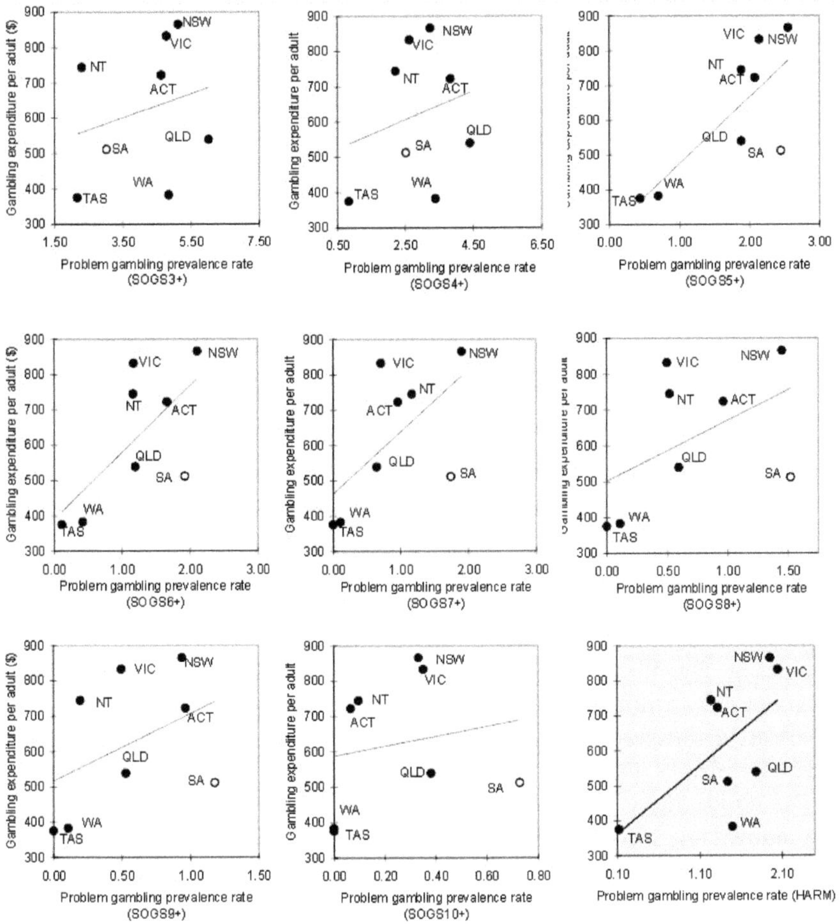

Quelle: *Productivity Commission: Australia's Gambling Industries: Inquiry Report Vol. 1 (Parts A-C), Report No. 10*, 26. November 1999, AusInfo Australia, Figure 8.6.

Es zeigt sich in der Regel wieder ein positiver Zusammenhang. Dieser ist jedoch unterschiedlich ausgeprägt, je nach Anzahl der erreichten Punkte im SOGS. Werden die Ausgaben in Beziehung gesetzt zu dem Anteil der Bevölkerung, der im SOGS drei oder mehr Punkte erreicht, ist er nur schwach ausgeprägt. Am deutlichsten wird er bei fünf oder mehr Punkten. Wird das kritische Niveau noch höher gesetzt, d. h. der Anteil der Bevölkerung in der Region betrachtet, der mehr als sechs (sieben bis zehn) Punkte im SOGS erreicht hat, so wird dieser Zusammenhang weniger deutlich. Anders gesagt: Der Zusammenhang zwischen der Höhe der Ausgaben für Rennwetten, Spielautomaten und Casinospiele pro Kopf der erwachsenen Bevölkerung in einer Region und der Höhe der Prävalenzrate der Bevölkerung in dieser Region mit einem SOGS von mehr als 10 Punkten ist nur sehr schwach positiv ausgeprägt.

Alternativ verwenden die Autoren zur Messung problematischen Spielverhaltens den *HARM*, ein von den Autoren der Studie selbst entwickeltes Instrument. Auch bei diesem Messinstrument zeigt sich ein deutlicher Zusammenhang.

Diese sehr detaillierte Untersuchung zeigt, dass, wenn es einen Zusammenhang geben sollte, dieser für unterschiedliche Grade des problematischen Spielverhaltens unterschiedlich ausfallen dürfte. Bei einem geringen Grad eines problematischen Spielverhaltens dürfte er kaum zu finden sein. Dies gilt auch für einen sehr hohen Grad eines problematischen Spielverhaltens, d. h. stark pathologischem Spielverhalten. Damit wird deutlich, dass zwischen verschiedenen Gruppen (unproblematische, riskante, problematische, pathologische und stark pathologische Spieler) zu unterscheiden ist. Insbesondere für die Spieler, die nach dem SOGS als gerade eben pathologisch (SOGS = 5) bezeichnet werden und nach dem DSM-IV in der Regel noch als problematische Spieler eingeordnet werden dürften,[97] könnte dieser Zusammenhang gegeben sein.

In einem einfachen statistischen Modell wird dieser Zusammenhang näher untersucht. Eigentlich wäre hier eine multivariate Analyse (Berücksichtigung nicht nur einer Einflussgröße) angebracht. Auch wäre, wie bei den theoretischen Überlegungen angesprochen, deutlich zwischen Angebot- und Nachfragefaktoren zu trennen.

Die *Productivity Commission* untersuchte jedoch nur den statistischen Zusammenhang zwischen dem pathologischen Spielverhalten und einer Einflussgröße, den Pro-Kopf-Ausgaben. Die Prävalenz pathologischen Spielverhaltens in einer Region wurde auf die durchschnittlichen Pro-Kopf-Ausgaben für Glücksspiele (Rennwetten, Spielautomaten und Casinospiele) in der Region regressiert. Für diese einfache Regression standen acht Datensätze oder Beobachtungen entsprechend der Anzahl der untersuchten Regionen zur Verfügung. Bei dieser geringen Anzahl von Beobachtungen lassen sich nur wenige Einflussgrößen berücksichtigen. Mit diesem Modell konnte mehr als die Hälfte der Varianz (vereinfacht gesagt: der Unterschiede) zwischen den Regionen in Bezug auf das

97 Vgl. hierzu Kapitel 4.3.

pathologische Spielverhalten erklärt werden (korrigiertes Bestimmtheitsmaß = 0,52 bzw. 0,61). Dies ist ein relativ deutliches Ergebnis. Wenn die durchschnittlichen Pro-Kopf-Ausgaben um 100 Dollar steigen, so steigt die Prävalenzrate um 0,3 % (Regressionskoeffizient Beta=0,00307 bei einem linearen Zusammenhang). Die durchschnittlichen Pro-Kopf-Ausgaben lagen zwischen etwa 400 und 800 Dollar und die Prävalenzraten zwischen 0,5 und 2,5 %.

Die *Productivity Commission* weist weiterhin darauf hin, dass es einen rein mathematischen Zusammenhang zwischen den durchschnittlichen Pro-Kopf-Ausgaben in einer Region und dem Anteil problematischer Spieler gibt. Problematische Spieler geben in der Regel überdurchschnittlich viel Geld für Glücksspiel aus; bei den Pro-Kopf-Ausgaben handelt es sich um einen Durchschnittswert. Wenn in einer Stichprobe der Anteil der Elemente mit einer überdurchschnittlichen Ausprägung eines Merkmals steigt, so steigt auch mathematisch zwangsläufig der Durchschnittswert der Merkmalsausprägung in der Stichprobe. Die bedeutet in unserem Zusammenhang: Je mehr pathologische Spieler (mit hohen Ausgaben für Glücksspiel) in einer Region vorhanden sind, desto höher dürften auch die durchschnittlichen Pro-Kopf-Ausgaben ausfallen. Dies spiegelt jedoch nur eine mathematische Beziehung und keine sachliche Kausalität wieder.[98] Das gefundene Ergebnis ist daher möglicherweise nur auf den mathematischen Zusammenhang zwischen Mittelwert und dem Anteil der Elemente mit einem Wert, der über dem Mittelwert liegt, zurückzuführen.

Hier interessiert jedoch nicht die mathematische Beziehung, sondern die sachliche Kausalität: Ist der Anstieg in der Prävalenzrate problematischen Spielverhaltens in einer Bevölkerung auf die höhere Verfügbarkeit von Glücksspielen zurückzuführen?

Um die mathematische Beziehung von der sachlichen Kausalität zu trennen, stellte die *Productivity Commission* Simulationsrechnungen an. Bei diesen Simulationen wurde angenommen, dass es keine sachliche Kausalität zwischen Verfügbarkeit und problematischem Spielverhalten gibt. Es wurden künstlich Prävalenzraten problematischen Spielverhaltens als Zufallsschwankungen mit einer Normalverteilung um eine Konstante erzeugt. Die Ausgaben sowohl von unproblematischen als auch von problematischen Spielern wurden ebenfalls künstlich als Zufallsschwankungen um eine Konstante erzeugt, wobei diese bei problematischen Spielern etwa das 25-Fache der Konstanten für die

98 Hierauf wurde bereits im Zusammenhang mit dem *Total Consumption Model* ausführlich eingegangen, vgl. Kapitel 4.4.

unproblematischen Spieler betrug. Anschließend wurde diese zufallsbedingte Prävalenzrate auf die zufallsbedingten Ausgaben regressiert. Es zeigte sich ein deutlich positiver statistischer Zusammenhang. Dieser war entsprechend der Vorgehensweise ausschließlich auf die mathematische Beziehung zurückzuführen und nicht auf eine sachliche Kausalität.[99] Der Regressionskoeffizient betrug 0,0002 und damit zwei Drittel des in den empirischen Untersuchungen gefundenen Regressionskoeffizienten.

Obwohl bei der Analyse der empirischen Daten ein Zusammenhang zwischen Verfügbarkeit, gemessen mit den Pro-Kopf-Ausgaben und einem problematischen Spielverhalten, gefunden wurde, sind zumindest zwei Drittel dieses Zusammenhangs auf den rein mathematischen Zusammenhang zwischen Durchschnittswert und Anteil der Elemente mit einem Wert, der über dem Durchschnitt liegt, zurückzuführen.[100]

In der Untersuchung der *Productivity Commission* wird das Bestimmtheitsmaß ausgewiesen, es findet jedoch keine Überprüfung statt, ob das Ergebnis statistisch signifikant ist. Storer[101] analysierte den Datensatz eingehend und stellte fest, dass der positive Zusammenhang nicht signifikant ist. Dies bedeutet, dass die Hypothese, dass es keinen Zusammenhang gibt, durch die Daten weder gestützt noch widerlegt wird.

Die Untersuchungen der *Productivity Commission* zeigen, dass auf den ersten Blick zwar ein Zusammenhang zwischen Verfügbarkeit und problematischem Spielverhalten zu bestehen scheint, sich dieser aber bei einer eingehenden Analyse als nicht signifikant erweist.

Wird die Verfügbarkeit mit den Pro-Kopf-Ausgaben gemessen, gibt es zwangsläufig einen mathematischen Zusammenhang mit der Prävalenzrate eines problematischen Spielverhaltens, da problematische Spieler in der Regel überdurchschnittlich hohe Ausgaben haben. Der mathematische Zusammenhang zwischen dem Mittelwert und den Werten, die in die Berechnung des Mittelwertes eingehen, ist kein sachlich kausaler Zusammenhang. Als Maßstab für die Verfügbarkeit bei einer Untersuchung des Zusammenhangs zwischen Verfügbarkeit und problematischem Spielverhalten führen die Pro-Kopf-Ausgaben zu verzerrten

99 Dies wird in dem *Total Consumption Model* nicht berücksichtigt; vgl. Kapitel 4.4.

100 Dieser Zusammenhang wurde bereits bei der Kritik an dem *Total Consumption Model* diskutiert.

101 Vgl. Storer, J. / Abbott, M. / Stubbs, J.: „Access or Aadaption? A Meta-Analysis of Surveys of Problem Gambling Prevalence in Australia and New Zealand with Respect to Concentration of Electronic Gaming Machines". In: *International Gambling Studies* 9(3), 2009, S. 227.

Ergebnissen und sind daher für eine wissenschaftliche Untersuchung denkbar ungeeignet.

Es ist auch nicht zwangsläufig ein positiver Zusammenhang zwischen Anzahl der Spielgeräte und Pro-Kopf-Ausgaben gegeben. Es wäre auch denkbar, dass die Pro-Kopf-Ausgaben in einer Region sehr hoch sind, die Anzahl der Spielgeräte aber vergleichsweise gering ist. So ist in Victoria die Anzahl der Spielgeräte gesetzlich begrenzt und die durchschnittlichen Pro-Kopf-Ausgaben sind vergleichsweise sehr hoch. Eine große Anzahl von Spielgeräten, wenn diese kaum bespielt werden, kann geringe Pro-Kopf-Ausgaben mit sich bringen und eine geringe Anzahl von Spielgeräten hohe Pro-Kopf-Ausgaben, wenn diese voll ausgelastet sind.

Um den Zusammenhang zwischen Verfügbarkeit und problematischem Spielverhalten zu untersuchen, hat die *Productivity Commission* auch die Beziehung zwischen den durchschnittlichen Pro-Kopf-Ausgaben und der Anzahl der Spielerselbsthilfegruppen (*Gamblers Anonymous*) sowie der Anzahl von Klienten in Hilfeeinrichtungen in den Regionen betrachtet. Es zeigt sich jeweils ein positiver Zusammenhang. Die *Productivity Commission* geht auch auf die Ergebnisse einer anderen Studie aus Australien ein, die ebenfalls einen schwach positiven Zusammenhang zwischen der Verfügbarkeit von Spielautomaten und der Anzahl von Klienten in Suchthilfeeinrichtungen gefunden hat. Nach Berechnungen der *Productivity Commission* führt ein Anstieg der Anzahl der Spielautomaten in einer Region von 10 % zu einem Anstieg der Klienten in Suchthilfeeinrichtungen in der Höhe von 7,5 %.

Hier weisen die Autoren darauf hin, dass der Zusammenhang auch mit darauf zurückzuführen sein könnte, dass in Regionen mit einer hohen Spielautomatendichte mehr Hilfsangebote zu finden sind und diese intensiver beworben werden. Die unterschiedliche Anzahl von Klienten in den einzelnen Regionen ist auch auf ein differenziertes Hilfsangebot in den Regionen zurückzuführen. In diesem Fall verläuft die Richtung der Kausalität von Anzahl der Suchthilfeeinrichtungen zur Anzahl der Klienten und nicht anders herum.

Querschnittsanalysen, wie auch die Analysen der *Productivity Commission*, weisen zwangsläufig Schwächen auf. Der Unterschied in der Prävalenzrate zwischen verschiedenen Regionen könnte auch auf andere Faktoren als die Verfügbarkeit zurückzuführen sein. So ist aus Untersuchungen aus Neuseeland bekannt, dass insbesondere die Ureinwohner (Maori) zu einem problematischen Spielverhalten neigen.[102] Ähnliches dürfte für Australien und die Aborigines

---

102 Vgl. hierzu Pearce, J. / Mason, K. / Hiscock, R. / Day, P.: „A National Study of Neighbourhood Access to Gambling Opportunities and Individual Gambling

gelten. Wenn der Anteil der Ureinwohner in verschiedenen Regionen unterschiedlich ist, so könnten Unterschiede in der Prävalenzrate hierauf zurückzuführen sein.

Ganz deutlich wird dies in einer Untersuchung aus Kanada.[103] Hier wird ein Zusammenhang zwischen den Prävalenzraten für problematisches Spielverhalten (drei oder mehr Punkte nach dem *Canadian Problem Gambling Index*) und dem Anteil von Aborigines (60 % sind Indianer, 33 % Metis, 4 % Inuit, die restlichen 3 % haben mehrfachen Status)[104] an der Bevölkerung grafisch hergestellt. Die Korrelation zwischen der Prävalenzrate für ein problematisches Spielverhalten und dem Anteil der Bevölkerung mit einheimischen Vorfahren liegt bei 0,93. Dies entspricht, im Vergleich zur Studie der *Productivity Commission*, einem Bestimmtheitsmaß von 0,86, was bedeuten würde, dass allein mit dieser Variable 86 % der Varianz in den Prävalenzraten erklärt werden kann. Dieser Zusammenhang ist statistisch hoch signifikant. Dies belegt eindrucksvoll, dass es sich bei dem kausalen Zusammenhang, der von der *Productivity Commission* gefunden wurde, sehr wahrscheinlich um eine scheinbare Kausalität handelt.

Behavior". In: *Journal of Epidemiological Community Health* 62, 2008, S. 862–868 und die dort angegebene Literatur.

103 Williams, R. / West, B. / Simpson, R.: *Prevention of Problem Gambling: A Comprehensive Review of the Evidence*, 2007.

104 Vgl. Iden, P.: „Indianer in Kanada", 2010, in: *Kanadaspezialist.com*.

Abbildung 6: Zusammenhang zwischen der Herkunft der Vorfahren und dem Grad eines problematischen Spielverhaltens in Kanada.

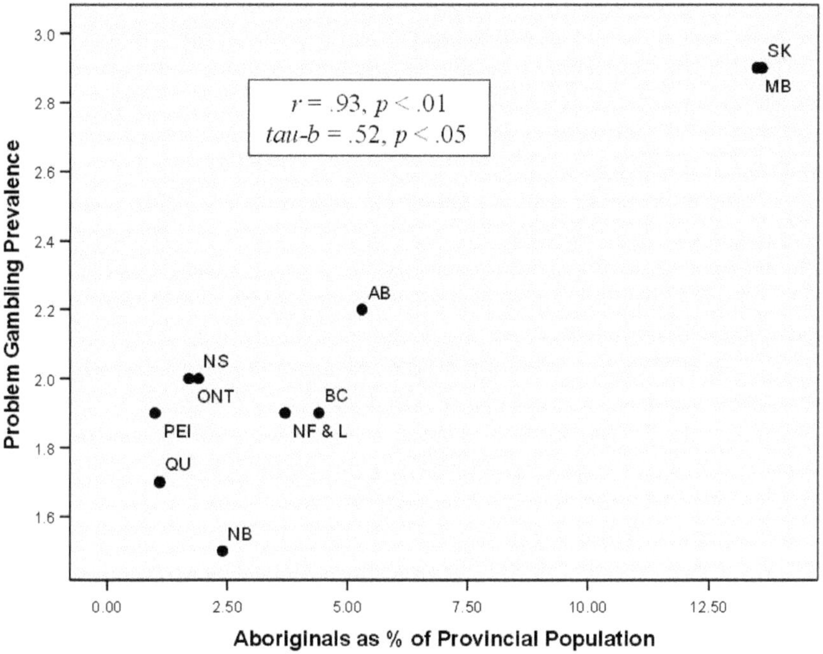

Quelle: Williams, R., / West, B. / Simpson, R.: *Prevention of Problem Gambling: A Comprehensive Review of the Evidence*, 2007, S. 22 (New Brunswick (NB), Quebec (QU), Prince Edward Island (PEI), Newfoundland & Labrador (NF&L), Ontario (ONT), Nova Scotia (NS), Alberta (AB), Manitoba (MB), Saskatchewan (SK), r = Korrelationskoeffzient, p = Signifikanzniveau, Tau-b ist ein weiteres Maß für den statistischen Zusammenhang).

Vor diesem Problem der fehlenden Berücksichtigung von kovariaten Faktoren stehen in der Regel alle univariaten Querschnittanalysen und insbesondere der Vergleich zwischen Ländern mit unterschiedlichen Kulturen bzw. Ethnien. Um den Einfluss anderer Faktoren zu berücksichtigen, wären multivariate Analysen angebracht. Mit der Anzahl der betrachteten Länder bzw. Regionen steigt in der Regel auch die Anzahl der Variablen, die zu berücksichtigen wären, um den unterschiedlichen Kulturen, wirtschaftlichen Verhältnissen, Regulierungsansätzen etc. Rechnungen zu tragen. Dies begrenzt die statistischen Analysemöglichkeiten.

Als wichtigsten Beweis für einen Zusammenhang zwischen problematischem Spielverhalten und Verfügbarkeit wertet die *Productivity Commission* die nach Geschlecht unterschiedliche Zusammensetzung der Klienten von

Suchthilfeeinrichtungen in Provinzen, in denen Geldspielgeräte erlaubt sind. In Western Australia gibt es Geldspielgeräte nur in Casinos. In Victoria hingegen gibt es Geldspielgeräte in Casinos, Spielhallen und Gaststätten. In Western Australia liegt der Anteil der Klienten mit einem Problem bei Spielgeräten bei 20 % und in Victoria bei knapp 70 % aller Klienten. In Western Australia sind 30 % der Klienten weiblichen Geschlechts und in Victoria 47 %. Die Freigabe habe, so die *Productivity Commission*, zu einer gänzlich neuen Schicht von Konsumenten geführt. Es sei kaum möglich, sich einen anderen Grund für die Zunahme weiblicher Klienten zu denken, als die höhere Verfügbarkeit von Geldspielgeräten.

Storer et al.[105] kombinieren die Daten von 34 Prävalenzschätzungen aus den acht Regionen Australiens und aus Neuseeland zu verschiedenen Zeitpunkten (seit 1991 in Australien und Neuseeland). Damit handelt es sich um eine Quer- und Längsschnittanalyse. Auch die Studie der *Productivity Commission* wird herangezogen. Von den 34 Werten für die Prävalenz eines pathologischen Spielverhaltens stammen 16 aus der Studie der *Productivity Commission*. Storer et al. weisen darauf hin, dass auf Grund dieser 16 Werte kein statistisch signifikanter Zusammenhang zwischen der Prävalenz eines pathologischen Spielverhaltens und der Anzahl der Geldspielgeräte gefunden werden kann.

Nicht nur der Zeitpunkt der Erhebung und die untersuchte Region und dementsprechend die Werte für die Prävalenz eines pathologischen Spielverhaltens, sondern auch die dazugehörigen Konfidenzintervalle unterscheiden sich bei den Untersuchungen, die von Storer et al. zusammengefasst wurden. Auch werden unterschiedliche Befragungsmethoden, z. B. per Telefon oder an der Haustür, und unterschiedliche Screening-Verfahren kombiniert. Weiterhin wird nicht berücksichtigt, ob andere Variablen einen Einfluss haben. Storer et al. gehen nicht im Detail auf die Studien ein.

Die Untersuchung von Storer et al. zeigt einen statistisch signifikanten Zusammenhang mit Hilfe einer Regressionsanalyse zwischen der Prävalenz eines pathologischen Spielverhaltens (fünf oder mehr Punkte im SOGS) als abhängige Variable und der Anzahl der Geldspielgeräte pro Kopf sowie einem Trend als unabhängige Variable. In der Regressionsanalyse werden die unterschiedlichen

105 Vgl. Storer, J. / Abbott, M. / Stubbs, J.: „Access or Aadaption? A Meta-Analysis of Surveys of Problem Gambling Prevalence in Australia and New Zealand with Respect to Concentration of Electronic Gaming Machines". In: *International Gambling Studies* 9(3) 2009, No. 3, S. 225–244.

Konfidenzintervalle,[106] die zu einer Heteroskedastizität der Störgrößen führen,[107] durch eine Gewichtung (*General Least Squares Model*) berücksichtigt. Ein zusätzliches Geldspielgerät führt nach diesen Berechnungen für Australien und Neuseeland zu 0,6 bis 1,0 zusätzlichen Problemspielern. Im Lauf der Jahre ist die Prävalenz eines problematischen Spielverhaltens gesunken und zwar um 0,09 % (bei einem Konfidenzintervall von 0,04 bis 0,14 %) pro Jahr.

Die Untersuchung von Storer et al. zeigt, dass es einen statistisch signifikanten Zusammenhang zwischen der Anzahl der Geldspielgeräte und der Prävalenzrate eines pathologischen Spielverhaltens in Australien gibt, wenn der Einfluss anderer Variablen nicht kontrolliert wird. Die Sättigungsthese, die von einer Verringerung des Anstiegs des pathologischen Spielverhaltens bei einem steigenden Niveau in der Anzahl der Geldspielgeräte ausgeht, wird auch von den Autoren überprüft, kann aber nicht bestätigt werden. Es zeigt sich jedoch eine Verringerung des pathologischen Spielverhaltens im Zeitablauf.

Die von den Autoren gefundene Verringerung des pathologischen Spielverhaltens über die Jahre bedeutet, dass, wenn die Anzahl der Geldspielgeräte

---

106 Wurde in einer Region bspw. eine Prävalenzrate von 1,5 Prozent gemessen, so handelt es sich um einen Wert, der auf Grund einer Stichprobe gefunden wurde, da nicht jede Person in dieser Region, d. h. die Grundgesamtheit, befragt werden konnte. Wird aus derselben Grundgesamtheit eine andere Stichprobe gezogen, so ist es sehr wohl möglich, dass ein Wert für die Prävalenzrate von 0,5 oder vielleicht auch von 2,5 Prozent gefunden wird. Wenn die Stichprobe nur aus einer Person besteht, kann es sehr wohl sein, dass es sich um einen unproblematischen Spieler handelt und eine Prävalenzrate von 0 Prozent gefunden wird, oder dass es sich um einen pathologischen Spieler handelt und eine Prävalenzrate von 100 Prozent gefunden wird. Es ist offensichtlich, dass je größer die Stichprobe wird und sich damit der Anzahl der Personen in der Grundgesamtheit annähert, die gefundene mit der tatsächlichen Prävalenzrate genauer übereinstimmt. Weiterhin hängt der Stichprobenfehler von der Wahrscheinlichkeitsverteilung des Merkmals ab. Wenn die Prävalenzrate je nach Stichprobe (bei konstanter Stichprobengröße) zwischen 0 und 10 Prozent schwankt, so ist der Sichtprobenfehler größer, als wenn die Prävalenzrate bei derselben Stichprobengröße nur zwischen zwei und drei Prozent schwankt. Je größer der Stichprobenfehler, umso größer ist auch das Konfidenzintervall. Bei einer Prävalenzrate von 1,5 Prozent in einer Stichprobe von 2 000 Personen reicht das Konfidenzintervall von 1,0 bis 2,0 Prozent. Dies bedeutet, dass mit einer Wahrscheinlichkeit von 95 Prozent der wahre Wert der Grundgesamtheit in diesem Intervall liegt.

107 Es ist eine der Grundannahmen der klassischen Regressionsanalyse, dass die Störgrößen unabhängig voneinander und identisch verteilt sind mit einem Mittelwert von 0. Wenn Heteroskedastizität vorliegt, bedeutet dies, dass die Verteilung der Störgrößen nicht identisch ist, bspw. weil die Konfidenzintervalle unterschiedlich sind.

konstant gehalten wird, dieser Einfluss also kontrolliert wird, die Prävalenzrate im Zeitablauf gesunken ist.

Auch in dieser Untersuchung findet keine richtige multivariate Analyse statt. Der Einfluss anderer Faktoren, wie die unterschiedlichen Bevölkerungsstrukturen in den einzelnen Regionen Australiens, wird nicht berücksichtigt. Schon gar nicht wird zwischen Angebots- und Nachfragefaktoren unterschieden.

Verfügbarkeit ist ein multidimensionales Konzept, wie oben dargelegt, und mehr als die Anzahl von Spielgeräten. Verfügbarkeit hat als Dimensionen die physische, die soziale und die kognitive Verfügbarkeit. Selbst die physische Verfügbarkeit, gemessen mit der Anzahl der Spielgeräte, ist daher nur ein Teilaspekt der Verfügbarkeit. Die anderen Faktoren wären bei einer tiefgehenden Analyse ebenfalls zu berücksichtigen.

In den Jahren nach dieser ersten eingehenden Untersuchung der *Productivity Commission* schlossen sich eine Reihe von anderen Untersuchungen an. Einige Analysen zeigten einen Zusammenhang und andere nicht.

ERGBEBNISBOX: ANALYSE DER PRODUCTIVITY COMMISSION

Die Ergebnisse dieser Studie sprechen auf den ersten Blick für einen deutlichen Zusammenhang zwischen Verfügbarkeit, gemessen mit den Spielausgaben pro Kopf, und einem problematischem bzw. pathologischem Spielverhalten. Die Autoren selbst zeigen jedoch, dass es sich hier weitgehend um einen mathematischen Zusammenhang handelt und nicht um einen kausalen. Weitere Studien mit den Originaldaten der *Productivity Commission* zeigen, dass es keinen statistisch signifikanten Zusammenhang zwischen der Verfügbarkeit, gemessen mit der Anzahl der Geldspielgeräte, und einem problematischem bzw. pathologischem Spielverhalten gibt.

Die Studie zeigt, dass, wenn es einen Zusammenhang geben sollte, dieser für unterschiedliche Gruppen von Spielern unterschiedlich ausfallen dürfte. Am ehesten ist ein Zusammenhang zwischen Verfügbarkeit und Spielverhalten bei problematischen Spielern zu erwarten. Bei den weniger problematischen und den sehr stark pathologischen Spielern dürfte es keinen Zusammenhang zwischen der Verfügbarkeit und dem Spielverhalten geben. Für diese beiden Gruppen dürfte die Unabhängigkeitsthese gelten.

Während die Studie der *Productivity Commission* den Zusammenhang auf der Ebene der Provinzen untersucht, widmet sich die Studie von Livingstone[108] der Ebene der Kommunen (*local government area*). Livingstone untersucht nur den Zusammenhang zwischen Ausgaben der Spieler und Anzahl der Spielautomaten. Es zeigt sich für die Gesamtheit der Kommunen ein positiver Zusammenhang zwischen Ausgaben der Spieler und Anzahl der Spielautomaten pro 1 000 erwachsene Einwohner.

Marshall und Baker[109] beschränken sich auf Melbourne (Victoria) und betrachten 30 Kommunen (*local government areas*). Sie kommen zu dem Ergebnis, dass insbesondere in sozial benachteiligten Gebieten eine überdurchschnittliche Anzahl von Spielgeräten zu finden ist, d. h. es besteht eine negative Beziehung zwischen dem von den Autoren verwendeten Index der Wirtschaftskraft (*Index of Economic Resources*) und der Anzahl von Spielautomaten pro 1 000 erwachsene Personen. Die Wirtschaftskraft erklärt dabei in einer univariaten Analyse 50 % der Varianz der Automatendichte. Dabei ist der Zusammenhang nicht linear, sondern quadratisch. Mit abnehmender Wirtschaftskraft nimmt die Anzahl der Spielautomaten nicht nur linear, sondern quadratisch, d. h. exponentiell, zu.

Die Untersuchungen von Marshall und Baker machen deutlich, dass, wenn in Querschnittanalysen ein Zusammenhang zwischen Verfügbarkeit und problematischem Spielverhalten gefunden wird, dieser maßgeblich dadurch zustande kommen kann, dass die Verfügbarkeit in Regionen mit einer glücksspielaffinen Bevölkerung größer ist.

Wird bei einem Vergleich unterschiedlicher Regionen eine Beziehung zwischen Spielgeräten und problematischem Spielverhalten gefunden, deutet dies eventuell nur darauf hin, dass die Aufsteller von Spielgeräten ihre Geräte gerade in den Regionen aufgestellt haben, in denen eine hohe Nachfrage, bspw. durch einen hohen Anteil von sozioökonomisch benachteiligten Personen, zu erwarten ist. Der Zusammenhang zwischen Verfügbarkeit und problematischem Spielverhalten ist dann durch eine dahinter liegende dritte Variable zu erklären. Es handelt sich nur um einen scheinbaren Zusammenhang. In Wirklichkeit hat die Bevölkerungszusammensetzung einen Einfluss auf die Verfügbarkeit und auf die Prävalenz eines problematischen Spielverhaltens.

---

108 Livingstone, C.: „The Social Economy of Poker Machine Gambling in Victoria". In: *International Gambling Studies* 1/2001, S. 45–66.

109 Vgl. Marshall, D. / Baker, R.: „Unfair Odds? Factors Influencing the Distribution of Electronic Gaming Machines in Melbourne". In: *Urban Policy and Research* 19(1), 2001, S. 77–92.

Die Untersuchung von Marshall und Baker deutet darauf hin, dass die Spielgeräte insbesondere dort aufgestellt werden, wo die Nachfrage groß ist. Eine Trennung zwischen Angebots- und Nachfragefaktoren wäre daher nicht nur aus theoretischen Überlegungen sinnvoll,[110] um den Einfluss dieser beiden Faktoren auf die Verfügbarkeit deutlich voneinander zu trennen.

Anschließend wird von Marshall und Baker in drei Fallbeispielen, d. h. für drei Kommunen, der Zusammenhang auf der noch kleinräumigeren geografischen Ebene des Distrikts (*district*) untersucht. Hier zeigt sich nur für zwei der drei Fallbeispiele ein (weniger deutlicher) negativer Zusammenhang zwischen Verfügbarkeit, gemessen mit der Anzahl von Spielautomaten pro 1 000 erwachsene Personen und der Wirtschaftskraft, gemessen mit einem Index. Die Autoren weisen darauf hin, dass sozial benachteiligte Gegenden durch einen hohen Anteil an nicht englischsprachiger Bevölkerung und Arbeitslosen gekennzeichnet sind. Die geografische Verfügbarkeit sei daher für sich allein nicht als Indikator für das Ausmaß pathologischen Spielverhaltens geeignet.

Auf jeden Fall, so Marshall und Baker weiter, führe die Einführung von Spielgeräten in wirtschaftlich benachteiligten Gemeinden mit bereits bestehenden sozioökonomischen Problemen zu einer Vergrößerung dieser Probleme, da Kaufkraft aus diesen Gemeinden abgezogen wird und nur einigen wenigen Anbietern zu Gute kommt. Die Autoren schlagen eine Steuer auf den Gewinn der Automatenbetreiber vor, die den Gemeinden zu Gute kommen sollte, um die sozialen Kosten zu kompensieren.

Aus Neuseeland liegt eine Untersuchung von Pearce et al. vor, in der der Zusammenhang zwischen regionaler Verfügbarkeit und Spielverhalten sehr detailliert mit Hilfe eines geografischen Informationssystems betrachtet wurde.[111] Es wird zwischen drei Formen von Spielstätten unterschieden: Geldspielgeräten in Bars, Klubs und Pubs, Sportwettgeschäften (der *New Zealand Racing Authority* mit Totalisatorwetten) und Spielcasinos. Die Berechnungen erfolgen gesondert für jede dieser Spielformen. Es wurden 1 178 regionale Einheiten unterschieden und 12 467 Personen in diesen regionalen Einheiten befragt. Die Befragung erfolgte im Rahmen des *New Zealand Health Survey* 2002/03. Die Anzahl der befragten Personen pro regionaler Einheit betrug zwischen einer und 83 Personen und lag in der Regel bei weniger als 20 Personen.

---

110 Vgl. Kapitel 4.1.

111 Pearce, J. / Mason, K. / Hiscock, R. / Day, P.: A National Study of Neighbourhood Access to Gambling Opportunities and Individual Gambling Behavior. In: *Journal of Epidemiological Community Health* 62, 2008, S. 862–868.

Generell wurde die ethnische Zugehörigkeit, die Anzahl erwachsener Personen im Haushalt, das Geschlecht und die Altersgruppe berücksichtigt; in einigen Berechnungen auch der sozioökonomische Status. Dieser wurde gemessen mittels der Ausbildung, sozialen Klasse, dem Empfang staatlicher Unterstützung und dem Haushaltseinkommen. Bei den regionalen Einheiten wurden entsprechend dem *New Zealand Deprivation Index* fünf Kategorien der sozialen Benachteiligung (*deprivation*) unterschieden: am wenigsten benachteiligt, weniger benachteiligt, durchschnittlich benachteiligt, stärker benachteiligt, am stärksten benachteiligt. Die Entfernung zu einer Spielstätte wurde mit der Luftlinie von dem mit der Bevölkerung gewichteten geografischen Mittelpunkt einer regionalen Einheit gemessen.

Auch in dieser Studie stellte sich heraus, dass gerade in den sozial benachteiligten Gebieten die Verfügbarkeit von Geldspielgeräten besonders hoch ist. Es zeigte sich, dass die mittlere Distanz zu dem nächsten Geldspielgerät bei den am wenigsten benachteiligten regionalen Einheiten doppelt so groß ist wie bei den meisten benachteiligten Regionen.

ERGEBNISBOX: VERFÜGBARKEIT ALS ERGEBNIS VON ANGEBOT UND NACHFRAGE

Eine hohe Verfügbarkeit könnte die Ursache für ein problematisches Spielverhalten darstellen. Die Verfügbarkeit bestimmt die Nachfrage. Eine hohe Verfügbarkeit könnte aber auch das Ergebnis einer hohen Nachfrage von Personen sein, die zu einen problematischem Spielverhalten neigen. Die Nachfrage bestimmt die Verfügbarkeit.

Die vorliegenden Untersuchungen zeigen, dass Geldspielgeräte vor allem in sozioökonomisch benachteiligten Regionen zu finden sind. Gerade sozioökonomisch benachteiligte Personen neigen zu einem problematischen Spielverhalten. Es zeigt sich in den empirischen Untersuchungen ein deutlicher Zusammenhang zwischen der Nachfrage und der Verfügbarkeit. Die Nachfrage ist damit ein wesentlicher Bestimmungsfaktor für die Verfügbarkeit.

Im *New Zealand Health* Survey werden neben Gesundheitsangaben auch Angaben zum Glücksspielverhalten erhoben. Es wurde danach gefragt, an welchen Spielformen in den letzten 12-Monaten teilgenommen wurde und ob mehr als geplant ausgegeben bzw. gespielt wurde. Pearce et al. klassifizieren auf Grund dieser Befragungsergebnisse zwei Gruppen von Spielern: nicht problematische und problematische Spieler. Zur Unterscheidung von einer Klassifikation nach dem DSM-IV oder dem SOGS soll hier von einem möglicherweise problematischen

Spielverhalten gesprochen werden. In den regionalen Einheiten, die sozial am meisten benachteiligt sind, liegt die Prävalenzrate eines möglicherweise problematischen Spielverhaltens in Bezug auf Geldspielgeräte im Durchschnitt bei 2,0 % und in den Regionen, die am wenigsten benachteiligt sind, bei 0,6 %.[112] In der Gesamtstichprobe liegt die Prävalenzrate bei 1,7 %.

Die Autoren interessieren sich für die Zusammenhänge zwischen der Entfernung einer Spielstätte, dem sozioökonomischem Status einer Person bzw. einer regionalen Einheit und dem Spielverhalten bzw. der Prävalenz problematischen Spielverhaltens in einer regionalen Einheit. Die Berechnungen erfolgen mit einer logistischen Regressionsanalyse. Die Schätzung der Koeffizienten erfolgt mit der PQL (*penalised quasi-likelihood*) Methode.

Das Spielverhalten und die Entfernung zu einer Spielstätte hängen zusammen: Es besteht ein statistisch signifikanter Zusammenhang zwischen der Nähe zu einem Geldspielgerät und der Wahrscheinlichkeit, in den letzten zwölf Monaten dort gespielt zu haben. Drei Entfernungskategorien werden unterschieden: bis 0,7 Kilometer, 0,7 bis 1,3 Kilometer, 1,3 bis 3,1 Kilometer und mehr als 3,1 Kilometer. Der Zusammenhang ist am größten bei einer Entfernung von 0,7 bis 1,3 Kilometern und nicht mehr vorhanden bei einer Entfernung von mehr als 3,1 Kilometern. Wenn sich ein Geldspielgerät in einer Entfernung von 0,7 bis 1,3 Kilometern zu der Wohnstätte einer Person befindet, ist die Wahrscheinlichkeit, dass diese Person an einem Geldspielgerät gespielt hat, sogar geringfügig höher, als wenn sich dieses in unmittelbarer Nähe, d. h. 0 bis 0,7 Kilometer entfernt, befindet, nimmt dann aber wieder mit der Entfernung ab.

Es besteht auch ein schwach positiver Zusammenhang zwischen der räumlichen Entfernung zu einem Geldspielgerät und der Wahrscheinlichkeit, ein möglicherweise problematisches Spielverhalten zu haben. Wenn die Entfernung zu dem nächsten Geldspielgerät weniger als 1,3 Kilometer beträgt, ist die Wahrscheinlichkeit für ein möglicherweise problematisches Spielverhalten größer, als wenn die Entfernung größer ist. Dabei ist die Wahrscheinlichkeit für ein möglicherweise problematisches Spielverhalten bei einer Entfernung über 700 Meter sogar geringfügig höher als bei einer Entfernung von weniger als 700 Metern. Ab einer Entfernung von 3,1 Kilometern ist der Zusammenhang nicht mehr statistisch signifikant.

---

112 Eigene Berechnungen nach Pearce, J. / Mason, K. / Hiscock, R. / Day, P.: „A National Study of Neighbourhood Access to Gambling Opportunities and Individual Gambling Behavior“. In: *Journal of Epidemiological Community Health* 62, 2008, S. 865, Tabelle 2.

Diese Ergebnisse gelten weitgehend unverändert, ob erstens nur die generellen Angaben, ob zweitens die generellen Angaben und der sozioökonomische Status der Person, oder ob drittens die generellen Angaben, der sozioökonomische Status der Person sowie die sozioökonomische Kategorie der Region oder ob viertens darüber hinaus noch die Klassifikation einer Region entweder als ländlich oder städtisch berücksichtigt werden. Dies deutet darauf hin, dass zusätzlich zu der ethnischen Zugehörigkeit, der Anzahl erwachsener Personen im Haushalt, dem Geschlecht sowie der Altersgruppe die weiteren sozioökonomischen Variablen für die Personen, d. h. Ausbildung, soziale Klasse, der Empfang staatlicher Unterstützung und das Haushaltseinkommen, und für die Region, d. h. Kategorien der sozialen Benachteiligung, das Spielverhalten nur unwesentlich beeinflussen.

Die Untersuchungen von Pearce et al. deuten sowohl auf einen Zusammenhang zwischen Verfügbarkeit, gemessen mit der Entfernung, und dem Konsum, gemessen mit der Spielteilnahme, als auch auf einen Zusammenhang zwischen der Verfügbarkeit und einem möglicherweise problematischen Spielverhalten hin. Dabei werden mehr kovariate Variablen berücksichtigt als in anderen Studien. Diese sehr umfassende Berücksichtigung von kovariaten Variablen ist beispielhaft. Aber auch in dieser Studie wird kein System geschätzt. Dies bedeutet, dass nicht zwischen Angebots- und Nachfragefaktoren unterschieden wird. Es bleibt damit offen, ob die Verfügbarkeit eher die Nachfrage bestimmt oder die Nachfrage eher die Verfügbarkeit.

Nach Aussage von Pearce et al. gibt es keinen Hinweis darauf, dass eine Konzentration der Spielstätten in einer Gegend einen Einfluss auf die Wahrscheinlichkeit eines möglicherweise problematischen Spielverhaltens hat, obwohl ein Einfluss auf die Wahrscheinlichkeit, überhaupt zu spielen, besteht.

Die Studie von Pearce et al. macht deutlich, dass die Anzahl der Geldspielgeräte nur einen sehr ungenauen Maßstab für die physische Verfügbarkeit darstellt. Ein besseres Maß stellt die räumliche Distanz zum nächsten Geldspielgerät dar. Weiterhin wird deutlich, dass es dabei nicht wesentlich ist, ob an einer Spielstätte wenige oder viele Geldspielgeräte vorhanden sind. Die Entfernung zu der nächsten Spielstätte könnte eine Bedeutung für ein möglicherweise problematisches Spielverhalten haben; eine Konzentration von Geldspielgeräten an Spielstätten hingegen nicht.

Die Untersuchung von Pearce et al. nutzt ein geografisches Informationssystem und hat mit den sehr kleinen Regionseinheiten die feinste nur denkbare Auflösung. Während die Untersuchung der *Productivity Commission* mit dem Blick vom Mond zur Erde zu vergleichen ist, d. h. alles sehr weit entfernt und kaum etwas zu erkennen ist, kann die Untersuchung von Pearce et al. mit dem Blick durch ein Mikroskop verglichen werden.

Es liegen einige weitere Studien vor, die sich mit dem Zusammenhang von Entfernung zu einem Geldspielgerät und dem Spielverhalten befasst haben.

Delfabbro[113] verweist auf zwei Studien aus Australien,[114] die gezeigt hätten, dass Menschen, die in der Nähe (im Umkreis von 500 Metern) zu einem Club wohnen – Spielautomaten sind in Australien in Hotels und in Clubs zu finden[115] – mit einer höheren Wahrscheinlichkeit spielen als Menschen, die weiter entfernt wohnen. Dies deutet auf einen Zusammenhang zwischen Verfügbarkeit und Konsum hin.

Eine Studie des Beratungsunternehmens KPMG kommt zu dem Ergebnis, dass die Automatenspieler in Victoria üblicherweise nur 2,5 Kilometer zurücklegen, um an Automaten zu spielen.[116]

Nach Untersuchungen mit der Hilfe eines geografischen Informationssystems von Marshall et al.[117] sind die Ausgaben und die Spielhäufigkeit umso höher, je näher die Spieler an ihrem Club wohnen. Die Berechnungen der Entfernungsgrenzen basieren auf der Schätzung einer Kern-Dichtefunktion mit

---

113 Delfabbro, P.: „Evaluating the Effectiveness of a Limited Reduction in Electronic Gaming Machine Availability on Perceived Gambling Behaviour and Objective Expenditure". In: *International Gambling Studies* 8(2), 2008, S. 151–165.

114 Marshall, D.: „Adelaide's Pokie Geography: Distribution and Expenditure on Electronic Gaming Machines in Adelaide". *South Australian Geographical Journal* 98, 1999, S. 19–29 und Marshall, D. / Baker, R.: „The Evolving Market Structures of Gambling: Case Studies Modelling the Socio-Economic Assignment of Gaming Machines in Melbourne and Sydney". In: *Australian Journal of Gambling Studies* 18, 2002, S. 273–291.

115 Elektronische Geldspielautomaten wurden in Victoria 1992/93 eingeführt. Die Hälfte davon steht in Hotels bzw. Pubs und die andere Hälfte in Clubs. Wenn die Spielautomaten in diesen *Social Clubs* stehen, erhält der Club ein Drittel des Ertrags, ein Drittel der Betreiber der Maschine (von denen es nur zwei gibt), und ein Drittel der Staat Victoria. Wenn der Geldspielautomat in einem Hotel oder Pub steht, erhält das Hotel bzw. der Pub statt einem Drittel nur 25 Prozent und 8,3 Prozent gehen an einen *Community Support Fund*. Vgl. hierzu Pickernell, D.: „Social Clubs and Social Capital: the Effect of Electronic Gaming Machines in Disadvantaged Regions on the Creation or Destruction of Community Resilience". Paper to be presented to the International Research Society for Public Management Conference, Bern, 7–9 April, 2010.

116 KPMG: *Longitudinal Community Impact Study. Victorian Casino and Gambling Authority*, 1999, Melbourne, S. 57.

117 Marshall, D. / McMillen, J. / Niemeyer, S. / Dora, D.: *Gaming Machine Accessability and Use in Suburban Canberra: A Detailed Analysis of the Tuggeranong Valley*, 2004, ANU Centre for Gambling Research: Canberra, S. 112.

den in einem geografischen Informationssystem gespeicherten Daten. Spieler, die weniger als 3,54 Kilometer zu ihrem regulären Club entfernt wohnen, geben mehr aus ($ 1,858 pro Jahr) und spielen häufiger (32mal pro Jahr), als solche, die weiter entfernt wohnen ($ 580 pro Jahr und 22mal pro Jahr). Das Ergebnis fällt anders aus, wenn nur Männer betrachtet werden. Männliche Spieler, die zwischen 2,65 und 3,45 Kilometer entfernt wohnen, geben mehr aus ($ 5,921) als solche, die weniger als 2,65 Kilometer entfernt wohnen ($ 2,135). Auch dies deutet auf einen Zusammenhang zwischen Verfügbarkeit und Konsum hin.

Es ist sehr interessant, dass sowohl die Studie von Pearce et al. als auch die Studie von Marshall et al. unabhängig voneinander zu dem Ergebnis kommen, dass der Zusammenhang zwischen der Entfernung zum nächsten Spielgerät und dem Konsum (Spielteilnahme bzw. Ausgaben) nicht stetig mit steigender Entfernung abnimmt, sondern erst bis zu einer Entfernung von etwa ein bis zwei Kilometern steigt, um dann abzunehmen. Keiner der beiden Studien gibt eine Erklärung hierfür. Ab einer Entfernung von etwa drei Kilometern existiert kein statistisch signifikanter Zusammenhang mehr.

Eine mögliche Erklärung hierfür könnte darin liegen, dass Spieler nicht gern in der Nähe ihrer Wohnung spielen. So weisen auch Pearce et al. darauf hin, dass Spieler nicht zwangsläufig die nächstgelegene Spielstätte aufsuchen. Hier wären eingehende wissenschaftliche Untersuchungen notwendig, da keine öffentlich zugänglichen Untersuchungen vorliegen.

Wenn die räumliche Verfügbarkeit der Spielautomaten abnimmt, sinkt der Konsum und damit möglicherweise auch das problematische und pathologische Spielverhalten. Dies war die Vermutung bei einer Gesetzgebung in South Australia, die im Jahr 2005 die Anzahl der Geräte pro Spielstätte auf 40 Stück begrenzte. Basierend auf einer Empfehlung der entsprechenden Regulierungsbehörde, der *Independent Gambling Authority* (IGA), wurde die Reduktion entsprechend einer Formel durchgeführt: Spielstätten mit 28 oder mehr Geräten wurde die Lizenz für acht Geräte entzogen; bei Spielstätten mit 21 bis 27 Geräten wurde die Anzahl auf 20 reduziert. Hintergedanke war, dass einige größere Spielstätten womöglich Lizenzen von kleineren Spielstätten kaufen und dies die Anzahl kleinerer Spielstätten reduzieren würde. Damit hätte die Bevölkerung weniger Gelegenheit zum Spiel. Allerdings unterschied sich das Gesetz von diesem Vorschlag darin, dass Spielstätten ohne Gewinnabsicht (lizensierte Clubs und einige Hotels) ausgenommen wurden. Letztendlich wurden 2 168 der etwa 15 000 Geräte entfernt, d. h. es fand eine Verringerung der Geräteanzahl um 14,5 % statt.

Delfabbro[118] untersuchte die Wirksamkeit dieser 14,5 %igen Verringerung der Geldspielgeräte.[119] Ganz im Gegensatz zu der *a priori*-Hypothese von Delfabbro sank der Bruttospielertrag (*net gaming revenue*) der Spielstätten, bei denen eine Reduktion der Spielgeräte stattgefunden hatte, nicht, sondern stieg sogar etwas an. Das Ergebnis ist statistisch signifikant. Der Bruttospielertrag pro Spielgerät stieg dementsprechend. Die Anzahl der Spielstätten verringerte sich nur geringfügig. Dies deutet darauf hin, dass diese Maßnahme nicht zu einer Verringerung problematischen Spielverhaltens in der Bevölkerung beigetragen hat.

Die Ergebnisse dieser empirischen Untersuchung widersprechen der Hypothese, dass eine erhöhte Verfügbarkeit zu einem erhöhten Konsum führt. Es werden von dem Autor der Studie zwei mögliche Gründe hierfür angeführt: Erstens könnten in den Spielstätten die Spielautomaten entfernt worden sein, die wenig genutzt bzw. bei den Spielern wenig beliebt waren. Zweitens könnten in dem Zeitraum vermehrt alte Geräte durch neue, attraktivere Geräte ersetzt worden sein. Nach Ansicht von Delfabbro ist die Verringerung der Verfügbarkeit jedoch nach wie vor eine möglicherweise effektive Strategie, um den Konsum und damit die Prävalenz pathologischen Spielverhaltens zu reduzieren. Damit die gewünschte Wirkung eintritt, schlägt Delfabbro vor, einen höheren Prozentsatz der Geräte zu entfernen.

Es dürfte noch weitere Erklärungen geben: Die Verringerung der Anzahl der Spielgeräte hat nicht zu einem geringeren Konsum geführt, da sich die Entfernung zum nächsten Spielgerät nicht verändert hat. Weiterhin fand die Verringerung in einem stark gesättigten Markt statt und hat daher nicht zu einem geringeren Konsum geführt.

Diese Erfahrung lässt die Schlussfolgerungen zu, dass die Wirkung einer Reduktion von Geldspielgeräten auf das Spielverhalten und insbesondere das problematische Spielverhalten von der Politik deutlich überschätzt wurde. Bei einer Übertragung auf deutsche Verhältnisse ist jedoch zu berücksichtigen, dass die Anzahl der Geldspielgeräte pro Kopf der australischen Bevölkerung vergleichsweise sehr hoch ist.

---

118 Delfabbro, P.: „Evaluating the Effectiveness of a Limited Reduction in Electronic Gaming Machine Availability on Perceived Gambling Behaviour and Objective Expenditure". In: *International Gambling Studies* 8(2), 2008, S. 151–165.

119 Delfabbro, P.: „Evaluating the Effectiveness of a Limited Reduction in Electronic Gaming Machine Availability on Perceived Gambling Behaviour and Objective Expenditure". In: *International Gambling Studies* 8(2), 2008, S. 151–165.

ERGEBNISBOX: ERFAHRUNGEN AUS AUSTRALIEN UND NEUSEELAND

Die durchschnittlichen Pro-Kopf-Ausgaben geben die Verfügbarkeit nur sehr verzerrt wieder und sind daher kein geeignetes Maß. Die Anzahl der Geldspielgeräte eignet sich weit besser.

Ein signifikanter Zusammenhang zwischen Verfügbarkeit und Konsum wird gefunden, wenn die Verfügbarkeit mit der Entfernung zum nächsten Geldspielgerät gemessen wird. Dabei ist kausal jedoch nicht geklärt, ob die Verfügbarkeit von der Nachfrage bestimmt wird oder die Nachfrage von der Verfügbarkeit.

Bei einer Entfernung von etwa 1 000 bis 2 000 Metern ist dieser Zusammenhang am stärksten, bei einer geringeren Entfernung weniger deutlich ausgeprägt. Ab einer Entfernung von etwa drei Kilometern gibt es keinen signifikanten Zusammenhang mehr zwischen der Entfernung und dem Spielverhalten.

Die Wirkung einer Reduktion von Geldspielgeräten auf das Spielverhalten und insbesondere das problematische Spielverhalten wurde in Australien von der Politik deutlich überschätzt. Entgegen den Erwartungen hat eine Reduktion der Geldspielgeräte um etwa 15 Prozent nicht zu einer Verringerung der Ausgaben der Spieler insgesamt geführt, sondern nur zu erhöhten Ausgaben pro Geldspielgerät. Die erwünschten Auswirkungen auf die Prävalenz eines problematischen Spielverhaltens dürften vermutlich ausgeblieben sein.

5.2 Kanada

In Kanada waren vor 1993 nur gelegentliche Veranstaltungen von Bingo und Gewinnspielen für wohltätige Zwecke, Pferdewetten auf der Rennbahn sowie Freundschaftswetten erlaubt. Ab dem Jahr 1993 wurden Geldspielgeräte, Casinos, professionelles Bingo, Sportwetten und Buchmacherwetten erlaubt. Bereits im Jahr 1996 gab es Casinos in mehr als der Hälfte der zehn Provinzen.[120] Diese Situation stellt eine einmalige Gelegenheit dar, um die Auswirkung eines Anstiegs in der Verfügbarkeit auf ein problematisches Spielverhalten in der Bevölkerung zu untersuchen.

120 Vgl. Room, R. / Turner, N. / Ialomiteanu, A.: „Community Effects of the Opening of the Niagara Casino". In: *Addiction* 94(10), 1999, S. 1449–1466.

In einer sehr frühen und wenig differenzierten Längsschnittanalyse vergleichen Ladouceur et al.[121] die Prävalenzrate in der Provinz Quebec im Jahr 1989 und im Jahr 1996 miteinander. In diesem Zeitraum stieg die Anzahl der Spielstätten mit legalen Geldspielgeräten von 0 auf 4 242, die Anzahl der legalen Geldspielgeräte, die an einen zentralen Server angebunden sind (*video lottery terminals*), von 0 auf 14 644 und die Anzahl der legalen Casinos von 0 auf 3. Die Anzahl der geschätzten illegalen Einzelplatz-Pokerspielgeräte (*poker video machines*) sank in diesem Zeitraum von 40 000 auf 5 000.

Im Jahr 1989 wurden von Ladouceur et al. 1 002 erwachsene Personen und sieben Jahre später 1 257 erwachsene Personen befragt. Der SOGS wurde als Screening-Instrument benutzt. Die Lebenszeitprävalenz für ein problematisches Spielverhalten blieb mit 2,1 % im Jahr 1989 bzw. 2,4 % im Jahr 1996 weitgehend konstant. Die Lebenszeitprävalenz eines pathologischen Spielverhaltens (fünf oder mehr Punkte nach dem SOGS) hingegen stieg in diesem Zeitraum von 1,2 % auf 2,1 %. Dies werten die Autoren als Bestätigung dafür, dass mit einem Anstieg der Verfügbarkeit an legalen Geldspielgeräten auch die Prävalenz pathologischen Spielverhaltens steigt. Der Einfluss anderer Faktoren, etwa die Entwicklung der illegalen Geldspielgeräte, wird nicht. Bei dieser Untersuchung bleiben viele Fragen offen.

1994 wurde in der Provinz Ontario das erste Casino eröffnet. In den nächsten Jahren folgten drei weitere Casinos, eines davon im Dezember 1996 in der Stadt Niagara Falls. Die Auswirkungen dieser Neueröffnung wurden von Room et al.[122] in einer Längsschnittanalyse untersucht. 1996 und 1997 wurden hierfür Befragungen in Niagara Falls und zum Vergleich 1995 und 1997 in ganz Ontario durchgeführt. Niagara Falls stellt einen Anteil von 0,7 % an der Bevölkerung Ontarios.

Im November und Dezember 1996 wurden 677 Bewohner von Niagara Falls befragt. Diese wurden ein Jahr später, 1997, nachdem das Casino eröffnet hatte, wieder befragt. In die Auswertung für 1997 gingen die 468 Bewohner von Niagara Falls ein, die wiederholt befragt wurden und 608 Bewohner, die 1997 zum ersten Mal befragt wurden. Die Vergleichsstichprobe aus ganz Ontario bestand aus 1 030 erwachsenen Personen, die Anfang 1995 befragt wurden und aus 1 005 Personen, die Ende 1997 neu befragt wurden. Jede Antwort wurde gewichtet, um

---

121 Vgl. Ladouceur, R. / Jacques, C. / Ferland, F. / Giroux, I.: „Prevalence of Problem Gambling: A Replication Study 7 Years Later". In: *Canadian Journal of Psychiatry*, 44, 1999, S. 802–804.

122 Vgl. Room, R. / Turner, N. / Ialomiteanu, A.: „Community Effects of the Opening of the Niagara Casino". In: *Addiction* 94(10), 1999, S. 1449–1466.

eine in Bezug auf die Haushaltsgröße und die Anzahl der Telefone repräsentative Stichprobe zu bekommen.

Die Befragungen aus dem Jahr 1996 ergaben, dass jeweils etwa 86 Prozent aus den Stichproben aus Niagara Falls und Ontario im vergangenen Jahr an einem Spiel teilgenommen hatten. Sowohl in Niagara Falls als auch in gesamt Ontario war dieser Prozentsatz im Jahr 1997 weitestgehend unverändert. Der Prozentsatz der Personen, die im letzten Jahr in einem Casino gespielt hatten, war zwischen 1996 bis 1997 in ganz Ontario angestiegen; in Niagara Falls war diese Entwicklung noch deutlich ausgeprägter. Die durchschnittlichen Ausgaben in den letzten 30 Tagen für Glücksspiel im Casino stiegen im Verlauf dieses Zeitraums in Niagara Falls von 2,26 $ auf 11,12 $ und in Ontario von 6,00 $ auf 14,45 $.

Damit war der Anstieg absolut gesehen in Niagara Falls und in ganz Ontario etwa gleich hoch, relativ gesehen jedoch in Niagara Falls sehr viel höher. Dies deutet darauf hin, dass in Niagara Falls im Vergleich zu gesamt Ontario ein Nachholbedarf bestand.

Um den Zusammenhang zwischen der Neueröffnung des Casinos und der Prävalenz eines problematischen Spielverhaltens zu untersuchen, wurde eine Kurzversion des SOGS mit fünf Fragen verwendet. Wenn zwei oder mehr Fragen positiv beantwortet wurden, entspricht dies fünf oder mehr Punkten in der Originalversion des SOGS.

Für Niagara Falls stieg der Anteil der Stichprobe mit einem problematischen Spielverhalten von 2,2 auf 4,4 %. Für gesamt Ontario lagen nur Ergebnisse für 1997 vor; ein direkter Vergleich war daher nicht möglich. Die durchschnittliche Anzahl von Punkten wurde jedoch verglichen und auf einen statistisch signifikanten Unterschied überprüft: In Niagara Falls stieg die durchschnittliche Punktzahl im betrachteten Zeitraum von 0,131 auf 0,198; in Ontario lag sie 1997 bei 0,140. Damit war die durchschnittliche Punktezahl in Niagara Falls 1996 und in Ontario 1997 signifikant geringer als in Niagara Falls 1997. Neben der Kurzversion des SOGS wurde auch gefragt, ob es nach Ansicht der Befragten in der Familie oder unter Freunden Personen mit einem problematischen Spielverhalten gäbe. Auch hier zeigte sich, dass dieser Indikator mit der Eröffnung des Casinos signifikant anstieg. Diese Ergebnisse sprechen dafür, dass die Neueröffnung des Casinos im Folgejahr zu einem Anstieg in der Einschätzung und Wahrnehmung von problematischem Spielverhalten geführt hat.

In dieser Untersuchung wird nicht zwischen verschiedenen Graden problematischen bzw. pathologischen Spielverhaltens unterschieden. Bei 0,13 bzw. 0,2 Punkten in der Kurzversion – dies entspricht 0,23 bzw. 0,33 Punkten in der Originalversion des SOGS – kann nicht ernsthaft von problematischem oder pathologischem Spielverhalten gesprochen werden. Die Studie deutet aber darauf hin, dass die subjektive Selbsteinschätzung und die Wahrnehmung problematischen Spielverhaltens gestiegen sind. Dies könnte zumindest teilweise, so die Autoren der Studie, auf eine gewisse Sensibilisierung der Bevölkerung zurückzuführen sein.

Govoni et al.[123] untersuchen den Einfluss, den die Eröffnung eines Casinos in Windsor im Mai 1994 auf die Ausgaben der Spieler und die Prävalenz problematischen und pathologischen Spielverhaltens hat. Von September 1993 bis April 1994 wurden 2 682 Personen befragt. Die Ergebnisse wurden mit denjenigen einer Befragung verglichen, die von Mai bis August 1995, also ein Jahr nach Eröffnung des Casinos, stattfand. Als Screening-Instrument wurde der SOGS eingesetzt .Es gab keinen signifikanten Anstieg bei den Ausgaben für Glücksspiel pro Person, obwohl 67 % der Spieler unter den Befragten das Casino bereits besucht hatten. Die Autoren erklären dies damit, dass die Nachfrage nach Glücksspiel in der Region bereits gesättigt sei. Es gab auch keine signifikanten Veränderungen in den Prävalenzraten für problematisches und pathologisches Spielverhalten. Dies könnte als eine Bestätigung der Adaptionsthese gewertet werden.

Aus Kanada liegt eine weitere Längsschnittanalyse vor. Jacques et al.[124] untersuchen die Auswirkungen, die sich durch die Neueröffnung eines Casinos in Hull (Provinz Quebec) ergeben haben. Vor Eröffnung des Casinos wurde im Jahr 1996 eine Gruppe von 810 Personen in Hull befragt. Als Vergleichsgruppe wurden in der Stadt Quebec 798 Personen befragt, da der Unterschied in der Entwicklung in Hull (mit neuem Casino) zu der Entwicklung in Quebec (ohne neues Casino) von Interesse war. Dieselben Personen wurden nach ein, zwei und vier Jahren wieder befragt. Obwohl die Anzahl der befragten Personen abnahm und am Ende noch 203 bzw. 227 Personen betrug, unterschieden sich die Personen, die auch an den Folgebefragungen teilnahmen, in Bezug auf die glücksspielbezogenen Merkmale nicht von den Personen, die nicht mehr erreicht werden konnten. Die Personen wurden in drei Gruppen eingeteilt: Nicht-Spieler, Spieler ohne Probleme und Spieler, die zumindest einen Punkt auf der Skala des SOGS erreichten.

In der ersten Folgebefragung zeigte sich ein Anstieg der Spielhäufigkeit und des maximalen Tagesverlusts (während der vergangenen 12 Monate). Dieser Trend setzte sich aber in den folgenden Jahren nicht fort. Entgegen den

123 Govoni, R. / Frisch, R. / Rupcich, N. / Getty, H.: „First Year Impacts of Casino Gambling in a Community". In: *Journal of Gambling Studies*, 14(4), 1998, S. 347–358.

124 Jacques, C., / Ladouceur, R. / Ferland, F.: „Impact of Availability on Gambling: A Longitudinal Study". In: *Canadian Journal of Psychiatry*, 45, 2000, S. 810–815.

Erwartungen der Autoren stieg die Prävalenzrate riskanten oder problematischen Spielverhaltens in den Jahren nach der Eröffnung des Casinos nicht an. Durch eine Analyse der auf der Skala des SOGS erzielten Punkte wurde auch untersucht, ob möglicherweise die Gruppeneinteilung für dies Ergebnis verantwortlich sein konnte. Dies war jedoch nicht der Fall. Die Autoren kommen zu dem Schluss, dass die Ursachen für ein problematisches Spielverhalten sehr komplex und schwierig zu identifizieren sind. Auch diese Ergebnisse könnten als Bestätigung der Adaptionsthese gewertet werden.

Auch eine weitere Studie aus Quebec kommt zu dem Ergebnis, dass es keine Beziehung zwischen der Nähe zu einem Casino und der Prävalenz problematischen Spielverhaltens gibt. Sevigny et al.[125] untersuchen den Zusammenhang zwischen der Entfernung zu einem der drei Casinos in Quebec und der Prävalenz problematischen Spielverhaltens, zehn Jahre, nachdem das erste Casino in Quebec eröffnet hatte. Alle drei Casinos bieten neben dem klassischen Spiel auch Spielautomaten an. Problematisches bzw. pathologisches Spielverhalten wurde mit dem SOGS gemessen. Die Befragten wurden auch gefragt, ob sie überhaupt in einem Casino spielen sowie nach ihren diesbezüglichen jährlichen Ausgaben. Im Jahr 2002 wurden 8 842 erwachsene Personen in Quebec befragt. Die 12-Monats-Prävalenzrate für pathologisches Spielverhalten betrug 0,8 %. Die Entfernung wurde zwischen der Wohnstätte einer Person (Adresse) und dem nächsten Casino gemessen und in vier Kategorien[126] eingeteilt.

Es zeigt sich, dass es einen Zusammenhang zwischen der Nähe zu einem Casino sowie den Ausgaben und der Spielteilnahme gibt. Ein positiver Zusammenhang zwischen der Nähe zu einem Casino und der Prävalenz pathologischen Spielverhaltens konnte jedoch nicht nachgewiesen werden; im Gegenteil ergab sich sogar ein negativer Zusammenhang. Noch nicht einmal für problematische Spieler (drei bis vier Punkte im SOGS) zeigte sich ein positiver Zusammenhang.

In einem zweiten Schritt wurden nur die 4 922 Personen betrachtet, die im Umkreis von 100 Kilometern zu dem Montrealer Casino wohnen.[127] Es zeigte sich ein positiver Zusammenhang zwischen Nähe und Spielteilnahme, kein Zusammenhang zwischen Nähe und Ausgaben und kein Zusammenhang zwischen

---

125 Vgl. Sevigny, S. / Ladouceur, R. Jacques, C. / Cantinotti, M.: „Links Between Casino Proximity and Gambling Participation, Expenditure and Pathology“. In: *Psychology of Addictive Behaviors*, 22(2), 2008, S. 295–201.

126 0 bis 100 Kilometer, 100,01 bis 200 Kilometer, 200,01 bis 300 Kilometer und 300,01 bis 981 Kilometer.

127 Die Entfernung wurde in fünf Kategorien unterteilt: 0 bis 20 Kilometer, 20 bis 40 Kilometer etc.

Nähe und problematischem oder pathologischem Spielverhalten. Auch diese Untersuchung macht deutlich, dass zwischen den Variablen, mit denen der Konsum gemessen wird (Spielteilnahme oder Ausgaben), zu unterscheiden ist. Weiterhin wird wieder deutlich, dass eine höhere Verfügbarkeit möglicherweise zu einem höheren Konsum führt, damit aber kein Zusammenhang mit einer höheren Prävalenz problematischen Spielverhaltens begründet ist.

Sevigny et al. diskutieren auch die Ergebnisse anderer Studien, die den Zusammenhang zwischen der Nähe zu einem Casino und der Prävalenz problematischen Spielverhaltens empirisch untersuchen. Die Studie von Room et al.[128] wurde bereits ausführlich vorgestellt. Sevigny et al. weisen auch auf eine Studie von Abbott und Volberg[129] aus Neuseeland hin, die herausgefunden haben, dass Personen in der Nähe eines Casinos eher zu problematischem Spielverhalten neigen als Personen, die weiter entfernt wohnen. Auch Gerstein et al.[130] hätten in ihrer Untersuchung herausgefunden, dass Personen, die im Umkreis von 80 Kilometern zu einem Casino wohnen, eher zu einem problematischen Spielverhalten neigen als Personen im Umkreis von 80 bis 400 Kilometern. Die zu diesen früheren Studien widersprüchlichen Ergebnisse der Studie von Jacques et al. und Sevigny et al. werden von diesen als eine Bestätigung der Adaptionsthese gewertet.

Die Auswertung der Untersuchungen aus Kanada deutet darauf hin, dass es möglicherweise kurzfristig einen Zusammenhang zwischen der Neueröffnung eines Casinos und der Prävalenz problematischen bzw. pathologischen Spielverhalten gibt, langfristig jedoch nicht. Dies zeigen alle Untersuchungen, die einen längeren Zeitraum betrachten. Daher ist davon auszugehen, dass die vorliegenden empirischen Untersuchungen zu Spielcasinos die Adaptionsthese stützen. Meist wird davon ausgegangen, dass sich der Einzugsbereich eines Spielcasinos über vergleichsweise weite Entfernungen erstreckt. Es bleibt fraglich, ob sich dieses Ergebnis auf andere Spielstätten übertragen lässt.

---

128 Vgl. Room, R. / Turner, N. / Ialomiteanu, A.: „Community Effects of the Opening of the Niagara Casino“. In: *Addiction* 94(10), 1999, S. 1449–1466.

129 Abbott, M. / Volberg, R.: *Taking the Pulse on Gambling and Problem Gambling in New Zealand. A Report on Phase One of the 1999 National Prevalence Survey*, Wellington, New Zealand: Department of Internal Affairs 2000.

130 Gerstein, D., R. Volberg, M. Toce, H. Harwood, A. Palmer und R. Johnson et al. (1999): Gambling impact und behavior study: Report to the National Gambling Impact Study Commission. Chicago: National Opinion Research Center at the University of Chicago.

ERGEBNISBOX: ERFAHRUNGEN AUS KANADA MIT DER NEUERÖFFNUNG VON SPIELCASINOS

Eine höhere Verfügbarkeit dürfte in der Regel zu höherem Konsum führen. Hier gibt es einen positiven Zusammenhang. Ein höherer Konsum könnte kurzfristig auch zu einer höheren Prävalenz problematischen Spielverhaltens führen.

Nach der Neueröffnung eines Casinos wird in den meisten Studien ein Anstieg der Spielhäufigkeit und teilweise auch der Ausgaben für Glücksspiel nachgewiesen, jedoch nicht in allen. Bei einer längerfristigen Betrachtung geht dieser Anstieg jedoch meist wieder zurück.

In der Regel wird kein Zusammenhang zwischen der Neueröffnung eines Casinos und einer Zunahme problematischen Spielverhaltens gefunden. Wird ein solcher Zusammenhang festgestellt, ist dieser jedoch nicht von Dauer. Dies wird als Bestätigung der Adaptionsthese gewertet.

Rush et al.[131] untersuchen den Einfluss von soziodemografischen Variablen und der Nähe zu einer Spielstätte auf die Prävalenz pathologischen Spielverhaltens mit Hilfe eines geografischen Informationssystems. 2002 wurden in Ontario über eine Bevölkerungsbefragung Daten von 13 184 Personen erhoben. Es wurden nur Casinos und Rennbahnen betrachtet, da dies zum Zeitpunkt der Untersuchung die bedeutendsten Spielstätten für Geldspielgeräte in Ontario waren. Als Screening-Instrument wurde der *Canadian Problem Gambling Index* (CPGI) benutzt.[132] Insgesamt konnten 244 wahrscheinlich problematische Spieler identifiziert werden. Dies entspricht einer Prävalenzrate von etwa 2,0 Prozent und beinhaltet neben pathologischen auch problematische Spieler. Diese Spieler wurden mithilfe ihrer Postleitzahl geografisch lokalisiert und als Punkte auf einer Landkarte abgebildet. Die 28 Spielstätten wurden ebenfalls abgebildet. Die Entfernung zwischen Spieler und Spielstätte wurde über die Luftlinie gemessen.

In einer logistischen Regressionsanalyse zeigte sich, dass problematisches Spielverhalten vor allem mit soziodemografischen Variablen erklärt werden

131 Vgl. Rush, B. / Veldhuizen, S. / Adlaf, E.: Mapping the Prevalence of Problem Gambling and its Association with Treatment Accessibility and Proximity to Gambling Venues. In: *Journal of Gambling Issues*, 20/2007, S. 193–214.

132 In Bezug auf das pathologische Spielverhalten kommen der SOGS und der CPGI für Ontario zu etwa denselben Prävalenzraten in Höhe von 0,8 Prozent (Jahresprävalenz). Wenn moderate Spielprobleme als zwei bis vier Punkte nach dem SOGS bezeichnet werden, kommen auch hier beide Instrumente zu ähnlichen Ergebnissen.

kann. Es besteht eine statistisch signifikante Beziehung zwischen Geschlecht, Berufstätigkeit, Ausbildung, Familienstand, berichtetem Gesundheitszustand und Subtanzgebrauch auf der einen und problematischem Spielverhalten auf der anderen Seite. Männer, Personen mit einer beruflichen Beschäftigung, Personen mit geringer Ausbildung, geschiedene Personen, Personen, die Alkohol- oder Drogenmissbrauch betreiben und Personen, die ihren Gesundheitszustand als weniger gut beschreiben, haben eine statistisch signifikant erhöhte Wahrscheinlichkeit problematischen Spielverhaltens.[133] Auch die Entfernung zur nächsten Spielstätte erweist sich als statistisch signifikant, hat jedoch einen vergleichsweise geringen Einfluss.

Die Autoren untersuchen auch den Zusammenhang zwischen der Verfügbarkeit von Suchthilfeeinrichtungen und der Prävalenz problematischen Spielverhaltens. Sie gehen dabei von der Hypothese aus, dass in Regionen, in denen Suchthilfeeinrichtungen zu finden sind, die Prävalenz problematischen Spielverhaltens geringer ist, da die Einrichtung von Suchthilfeeinrichtungen nicht bedarfsorientiert stattgefunden habe und davon auszugehen sei, dass die Suchthilfeeinrichtungen durch ihre Programme erfolgreich zur universellen Prävention beitragen. Es zeigte sich jedoch kein Zusammenhang zwischen der Nähe einer Suchthilfeeinrichtung und der Prävalenz pathologischen Spielverhaltens.

In der wissenschaftlichen Literatur wird zunehmend realisiert, dass die kausale Beziehung zwischen Verfügbarkeit und problematischem Spielverhalten nicht unidirektional ist. Eine höhere Verfügbarkeit in einer Region ist auch das Ergebnis einer hohen Nachfrage und nicht nur deren Ursache. Eine neuere Untersuchung aus Kanada untersucht mit Hilfe eines geografischen Informationssystems eingehend den Zusammenhang zwischen sozioökonomischem Status und der Verfügbarkeit von Geldspielgeräten. In dieser Untersuchung mit einem gesundheitswissenschaftlichen Hintergrund wird eine ökologische Sichtweise vertreten. Es wird davon ausgegangen, dass die Nachbarschaft generell und nicht nur die Nähe von Geldspielgeräten einen Einfluss auf die Entwicklung von Glücksspielproblemen hat.

---

133 Die PAGE-Studie findet für Deutschland eine deutlich erhöhte Raten eines problematischen Spielverhaltens bei Männern, jüngeren Personen, Personen mit niedrigerem Bildungsstatus, Personen mit Migrationserfahrung oder -hintergrund und Arbeitslosen. Vgl. Pressemeldung der DHS, DG Sucht und des fags vom 16.02.2011: Glücksspielprobleme in Deutschland weit verbreitet –Geldspielautomaten machen am häufigsten süchtig. Ergebnisse des Projektes Pathologisches Glücksspielen und Epidemiologie (PAGE). Berlin.

Diese Untersuchung von Robitaille und Herjean[134] beschränkt sich auf Montreal, eine Millionenstadt in Quebec. Auch in dieser Untersuchung findet ein geografisches Informationssystem seine Anwendung. 2007 gibt es in Quebec 13 516 Spielgeräte in 3 122 Spielstätten. Dies entspricht 1,9 Spielgeräten pro 1 000 Einwohner. Montreal hat 4 115 Spielgeräte und 886 Spielstätten. Dies entspricht 2,2 Spielgeräten pro 1 000 Einwohner. In Deutschland kommen 2,7 Spielgeräte auf 1 000 Einwohner;[135] von daher ist eine gute Vergleichbarkeit gegeben. Die Lebenszeit-Prävalenzrate für problematisches Spielverhalten liegt in Montreal bei 2,7 %; in Deutschland bei 2,3 %[136], was ebenfalls für eine gute Vergleichbarkeit spricht.

Robitaille und Herjean untersuchten, ob es eine signifikante Beziehung zwischen der Verfügbarkeit von Geldspielgeräten und der Vulnerabilität, d. h. der Verwundbarkeit der Bevölkerung, in einer Region gibt.

Die Untersuchungen aus Australien, Kanada, den USA und anderen Ländern, insbesondere auch aus Deutschland, deuten darauf hin, dass bestimmte Bevölkerungsgruppen ein erhöhtes Risiko für problematisches Spielverhalten aufweisen: Männer, Personen mit einer geringen Ausbildung, Personen mit Migrationshintergrund und ethnische Minoritäten, Personen im Alter von weniger als etwa 35 Jahren, allein stehende Personen sowie Personen mit geringerem Einkommen.

Robitaille und Herjean verwenden einen Vulnerabilitätsindex, der für London entwickelt wurde. Dieser Index basiert auf den vorliegenden Erkenntnissen zu einem erhöhten Risiko bestimmter Bevölkerungsgruppen und soll dazu dienen, die sozialen Folgen der Neueröffnung einer Spielstätte (im Fall von London eines Spielcasinos) abzuschätzen.

Die Verfügbarkeit wird über die Nähe zu einer Spielstätte gemessen. Zur Messung wird nicht die Luftlinie verwendet, sondern die fußläufige Entfernung, da davon ausgegangen wird, dass Spieler die Spielstätte in der Regel zu Fuß aufsuchen. Die durchschnittliche Entfernung zur nächsten Spielstätte beträgt 8,96

---

134 Vgl. Robitaille, E. / Herjean, P.: „An Analysis of the Accessibility of Video Lottery Terminals. The Case of Montreal". In: *International Journal of Health Geographics*, 7(2) 2008, S. 1–5.

135 Bei 220 000 Spielgeräten und einer Bevölkerung von 81 Millionen.

136 Für Deutschland wurde problematisches Spielverhalten über drei oder mehr Punkte im SOGS festgestellt. Vgl. Pressemeldung der Deutschen Hauptstelle für Suchtfragen e.V., der Deutschen Gesellschaft für Suchtforschung und Suchttherapie e.V. und des Fachverbandes Glücksspielsucht e.V.: *Glücksspielprobleme in Deutschland weit verbreitet -Geldspielautomaten machen am häufigsten süchtig. Ergebnisse des Projektes Pathologisches Glücksspielen und Epidemiologie (PAGE).* Berlin, 16.02.2011.

Minuten. 1 045 Spielstätten wurden geografisch lokalisiert. 247 dieser Spielstätten besitzen mehr als zwei Lizenzen. Einige Spielstätten besitzen 10 Lizenzen, was bedeutet, dass bis zu 50 Spielgeräte aufgestellt werden können. Es werden 4 496 geografische Einheiten unterschieden, von denen jeweils sozioökonomische Angaben aus dem Zensus vorliegen. Diese Einheiten haben zwischen 400 und 700 Einwohner. Die Entfernung zwischen den Einheiten wird vom Zentrum einer Einheit gemessen. Die Vulnerabilität einer geografischen Einheit wird an Hand der Zensus-Daten ermittelt (Anteil von Männern im Alter zwischen 19 und 44 Jahren, Anteil alleinstehender Personen, Anteil der über 20-Jährigen ohne Berechtigung zum Hochschulstudium, durchschnittliches Haushaltseinkommen).

In der Untersuchung von Robitaille und Herjean zeigt sich ein statistisch signifikanter Zusammenhang zwischen der Verfügbarkeit, gemessen mit der Entfernung, und der Vulnerabilität einer geografischen Einheit. Die Verfügbarkeit ist statistisch signifikant korreliert mit dem Anteil der Personen über 20 Jahre, die keine Berechtigung zum Hochschulstudium haben, dem Anteil alleinstehender Personen, dem Anteil von Männern im Alter zwischen 19 und 44 Jahren, und dem durchschnittliche Haushaltseinkommen (z. B.: je höher der Anteil von Personen ohne Hochschulberechtigung in einer geografischen Einheit ist, desto geringer ist die Entfernung zu einer Spielstätte, aber je geringer das Einkommen, desto geringer die Entfernung). Auch sind diese Variablen miteinander hoch korreliert.

Als Schlussfolgerung kommen die Autoren zu dem Ergebnis, dass eine Beziehung zwischen dem sozioökonomischen Status einer Region und der Verfügbarkeit von Spielgräten besteht. Je geringer der sozioökonomische Status einer Region, desto größer ist die Verfügbarkeit von Spielgeräten.

ERGEBNISBOX: BESTIMMT DIE NACHFRAGE DAS ANGEBOT ODER DAS ANGEBOT DIE NACHFRAGE?

Die frühen Untersuchungen zum Zusammenhang zwischen der Verfügbarkeit und einem problematischen Spielverhalten gehen davon aus, dass die Verfügbarkeit den Konsum, d. h. die Nachfrage, bestimmt. Weiterhin wird davon ausgegangen, dass ein höherer Konsum in einer Bevölkerung auch zu einem Anstieg in der Prävalenz eines problematischen oder pathologischen Spielverhaltens führt. Ergebnisse, die einen Zusammenhang zwischen Verfügbarkeit und problematischem Spielverhalten zeigen, werden als Bestätigung dieser These gewertet. Es wird davon ausgegangen, dass das Angebot die Nachfrage bestimmt.

Neuere Untersuchungen zeigen, dass die Verfügbarkeit in den Regionen hoch ist, in denen auch der Anteil von Personen hoch ist, die auf Grund der sozioökonomischen Merkmale eine höhere Wahrscheinlichkeit für die Entwicklung ein problematischen oder pathologischen Spielverhaltens aufweisen.

In den neueren Untersuchungen wird daher nicht mehr davon ausgegangen, dass die Verfügbarkeit die Nachfrage bestimmt. Es wird nur untersucht, ob es einen Zusammenhang zwischen Verfügbarkeit und problematischem Spielverhalten gibt. Es wird nicht mehr behauptet, dass dieser Zusammenhang unidirektional ist, also die höhere Verfügbarkeit die Ursache für eine höhere Prävalenz des problematischen Spielverhaltens ist. Im Gegenteil zeigen die neueren Untersuchungen sehr deutlich, dass die Verfügbarkeit gerade dort hoch ist, wo ein hohes Nachfragepotential besteht, die Nachfrage also eher das Angebot bestimmt.

5.3 Vereinigte Staaten von Amerika

Die Vereinigten Staaten von Amerika (USA) unterscheiden sich ganz erheblich von Deutschland. Geldspielgeräte sind fast nur in Casinos zu finden; Spielhallen gibt es nicht. Mögliche Spielstätten sind Casinos auf Indianerreservaten und anderen Gebieten, Landeplätze von Casinoschiffen (*riverboat casinos*), Kartenspielzimmer (*card rooms*), Rennbahnen für Hunde- und Pferderennen und Pelota-Spielplätze.[137] Auch sind die Regelungen für das Glücksspiel in den einzelnen Bundesstaaten sehr unterschiedlich.

Eine der ersten und häufig zitierten Studien, die auf Grund von empirischen Untersuchungen bzgl. der Prävalenz pathologischen Spielverhaltens zu verschiedenen Zeitpunkten auf einen Zusammenhang zwischen Verfügbarkeit und pathologischem Spielverhalten schließt, stammt vom *National Research Council*. Darin werden Untersuchungen zur Prävalenz pathologischen Spielverhaltens in den einzelnen amerikanischen Bundesstaaten zusammengestellt. Diese Untersuchungen stammen von verschiedenen Autoren und verwenden verschiedene Umfragemethoden und Messinstrumente. In der Regel sind es jedoch telefonische Interviews und der SOGS wird als Messinstrument verwendet. Aus den 33 vorliegenden Untersuchungen wählte der *National Research Council* 12 aus,

137 Vgl. Welte, J. / Wieczorek, W. / Barnes, G. / Tidwell, M.-C. / Hoffmann, J.: „The Relationship of Ecological and Geographic Factors to Gambling Behavior and Pathology". In: *Journal of Gambling Studies*, 20(4), 2004, S. 405–423.

wobei sich jeweils zwei auf einen Bundestaat, aber auf unterschiedliche Zeitpunkte beziehen.

In Connecticut stieg die Lebenszeitprävalenz für problematisches Spielverhalten von 1991 bis 1996 von 3,6 auf 4,2 %, für pathologisches Spielverhalten sank sie von 2,7 auf 1,2 %. In diesem Zeitraum erhielten Indianer in Connecticut die Erlaubnis, Glücksspiele anzubieten, und das gewaltige *Fooxwoods Casino* mit 4 000 Geldspielgeräten wurde eröffnet. Der Stichprobenumfang lag bei 1 000 bzw. 932 erwachsenen Personen.

In Iowa stieg die Lebenszeitprävalenz für problematisches Spielverhalten zwischen 1988 und 1995 von 1,6 auf 3,5 % und die für pathologisches Spielverhalten von 0,1 auf 1,9 %. Im Untersuchungszeitraum wurden die *Riverboat Casinos* eröffnet und Geldspielgeräte auf den Rennbahnen erlaubt. Der Stichprobenumfang lag bei 750 bzw. 1 500 erwachsenen Personen.

In Minnesota verdoppelte sich die Lebenszeitprävalenz problematischen Spielverhaltens im Zeitraum von 1990 bis 1994 von 1,6 auf 3,2 %; die Lebenszeitprävalenz pathologischen Spielverhaltens stieg von 0,9 auf 1,2 %. In diesem Zeitraum wurde den Indianern in Minnesota das Angebot von Glücksspielen gestattet. Der Stichprobenumfang betrug 1 251 bzw. 1 028 Erwachsene.

Im Zeitraum von 1986 bis 1996 stieg in New York die Lebenszeitprävalenz problematischen Spielverhaltens von 2,8 auf 4,7 % und pathologischen Spielverhaltens von 1,4 auf 2,6 %. Während dieser Zeit wurden keinen neuen Spielformen zugelassen. Der Stichprobenumfang betrug 1 000 bzw. 1 829 Erwachsene.

In South Dakota sank die Lebenszeitprävalenz problematischen Spielverhaltens zwischen 1991 und 1993 von 1,8 auf 1,4 % und die pathologischen Spielverhaltens von 1,0 auf 0,9 %. In diesem Zeitraum wurden keine neuen Spielformen zugelassen. Der Stichprobenumfang betrug 1 560 bzw. 1 707 erwachsene Personen. Für South Dakota wurden auch die Jahresprävalenzen problematischen bzw. pathologischen Spielverhaltens ausgewiesen: Diese sanken von 0,8 auf 0,7 % bzw. von 0,6 auf 0,5 %.

In Texas stieg die Lebenszeitprävalenz problematischen Spielverhaltens zwischen 1992 und 1995 von 3,5 auf 3,6 % und die pathologischen Spielverhaltens von 1,3 auf 1,8 %. In diesem Zeitraum wurde in Texas eine staatliche Lotterie zugelassen. Der Stichprobenumfang betrug 6 308 bzw. 7 015 erwachsene Personen. Die Jahresprävalenzen problematischen bzw. pathologischen Spielverhaltens stiegen von 1,7 auf 2,2 % bzw. blieben mit 0,8 % konstant. Zusätzlich wurde die Jahresprävalenz für die Gruppe der Spieler ausgewiesen: Diese sank für problematisches bzw. pathologisches Spielverhalten von 3,5 auf 3,2 % bzw. von 1,6 auf 1,2 %.

In Connecticut ist die Lebenszeitprävalenz problematischen und pathologischen Spielverhaltens trotz Einführung neuer Spielformen gesunken. In Iowa und in Minnesota ist ein deutlicher Anstieg zu beobachten. Dies gilt auch für New York, obwohl dort keine neuen Spielformen zugelassen wurden. In New York gibt es indianische Casinos, jedoch ohne Geldspielgeräte. Es bleibt offen, ob die Verfügbarkeit in New York während des vergleichsweise langen Zeitraums (10 Jahre) zugenommen hat, oder ob es sich um einen generellen Trend handelt. Im Fall von South Dakota liegen nur zwei Jahre zwischen den Untersuchungen und es haben keine wesentlichen Änderungen stattgefunden. Das Beispiel von Texas könnte als Hinweis darauf genommen werden, dass es durch die Einführung einer Lotterie zu einer Substitution von gefährlichen Formen des Glücksspiels durch diese vergleichbar ungefährliche Form kommt, mit den dementsprechenden Verringerungen der Prävalenz problematischen bzw. pathologischen Spielverhaltens. Hierfür spricht die vergleichsweise starke Verringerung in der Jahresprävalenz.

Die Autoren der Studie des *National Research Council* führen an, dass ein Vergleich auf Grund unterschiedlicher Rücklaufquoten, unterschiedlicher Stichprobenziehungen und anderer Faktoren in ihrer Aussagekraft begrenzt ist. Eine Überprüfung der statistischen Signifikanz fehlt.

Andere Untersuchungen kommen zu anderen Ergebnissen. So weisen LaPlante et al.[138] darauf hin, dass bei einem linearen Zusammenhang zwischen Verfügbarkeit und problematischem bzw. pathologischem Spielverhalten zu erwarten wäre, dass in Nevada, wo auch Las Vegas liegt, die Prävalenzrate problematischen oder pathologischen Spielverhaltens achtmal höher liegen müsste als in anderen Staaten. Dies ist jedoch nicht der Fall. Im Gegenteil: Je nach verwendetem Messinstrument hat Nevada sogar eine geringere Prävalenzrate als andere Staaten. Hierauf weist Shaffer hin.[139] Auch basiert die Argumentation von LaPlante nicht auf wissenschaftlicher Argumentation, sondern auf einer anekdotischen Evidenz.

Untersuchungen, die mit anekdotischer Evidenz argumentieren, halten heutigen wissenschaftlichen Standards nicht stand und sind zur Bestätigung oder Widerlegung der Hypothese, dass die Einführung neuer Spielformen zu einer

138 LaPlante, D. / Shaffer, H.: „Understanding the Influence of Gambling Opportunities: Expanding Exposure Models to Include Adaption". In: *American Journal of Orthopsychiatry*, 77(4), 2007, S. 616–623.

139 Shaffer, H.: „From Disabling to Enabling the Public Interest: Natural Transition from Gambling Exposure to Adaption and Self-Regulation". In: *Addiction*, 100, 2005, S. 1227–1229.

Zunahme problematischen bzw. pathologischen Spielverhaltens führe, ungeeignet.

Etwas differenzierter gehen Welte et al.[140] vor. Sie untersuchen den Zusammenhang zwischen Nähe und Verfügbarkeit auf der einen Seite und der Teilnahme an Glücksspielen und problematischem Spielverhalten auf der anderen Seite.

Zwischen August 1999 und Oktober 2000 wurden in den US. 2 638 Telefoninterviews geführt. Der sozioökonomische Status wurde mit dem Familieneinkommen, der Anzahl der Ausbildungsjahre und dem Prestige der Berufstätigkeit[141] gemessen. Die Spielhäufigkeit wurde über 15 Fragen ermittelt, die sich jeweils auf eine Form des Glücksspiels bezogen (Lotterien, Sportwetten, Rubbellose etc.). Die Antworten wurden aufsummiert, um das Glücksspielverhalten für alle Glücksspielformen zu erhalten. Problematisches Spielverhalten wurde in Anlehnung an DSM-IV als 12-Monats-Prävalenz gemessen. Zwei Prozent der Befragten erfüllten mindestens fünf der 10 Kriterien und galten damit als pathologische Spieler. Als problematisch wurden Spieler betrachtet, die drei oder vier Kriterien erfüllten.

Die Adressen der Befragten und die Orte der Spielstätten wurden geografisch kodiert. Die Adressen wurden den im Zensus ermittelten *Block Groups*[142] zugeordnet. Die entsprechenden Zensus-Daten wurden den Angaben der *Block Groups* zuaddiert. Für jede *Block Group* wurde festgestellt, ob es sich um eine urbane *Block Group* (2 500 oder mehr Einwohner) handelte. Die Entfernungsdaten bestanden aus Angaben zur Anzahl von Spielstätten im Umkreis von 10 Meilen sowie der Entfernung zur nächsten Spielstätte. Diese Angaben wurden per Luftlinie bestimmt.

Um den sozioökonomischen Status der Nachbarschaft zu ermitteln, wurden folgende Variablen verwendet: Prozentsatz der Haushalte, die öffentliche Zuwendungen erhalten, Prozentsatz der Familien mit weiblichem Familienoberhaupt, Prozentsatz arbeitsloser Erwachsener und Prozentsatz der Personen, die unter der Armutsgrenze der jeweiligen *Block Group* leben. Aus diesen Prozentsätzen wurde ein ungewichteter Mittelwert gebildet.

Die Legalität der verschiedenen Spielformen in einem Bundesstaat wurde an Hand der Webseite von Nelson Rose (http://www.gamblingandthelaw.com)

---

140 Vgl. Welte, J. / Wieczorek, W. / Barnes, C. / Tidwell, M.-C. / Hoffmann, J.: „The Relationship of Ecological and Geographic Factors to Gambling Behavior and Pathology“. In: *Journal of Gambling Studies*, 20(4), 2004, S. 405–423.

141 Es wird leider nicht deutlich, wie dieses Prestige gemessen wurde.

142 Nach Angaben des *U.S. Census Bureau* umfasst eine *Block Group* in der Regel 600 und 3 000 Personen. Vgl. hierzu *U.S. Census Bureau*.

erfasst. Die Freizügigkeit der Regelungen in einem Bundesstaat wurde mit der Anzahl der Spielformen (Lotterien, Bingo, Hunderennen, Pferderennen, Kartenspielräume, gemeinnützige Casinos, indianische Casinos, andere Casinos), die in dem Bundestaat erlaubt sind, gemessen.

Mit diesen Daten wurden drei unterschiedliche, zum Teil logistische, Regressionen gerechnet. Geklärt werden sollte erstens, ob eine Person im vergangenen Jahr an einem Glücksspiel teilgenommen hat, zweitens ob diese Person ein problematisches Spielverhalten aufweist und drittens die Häufigkeit, mit der im letzten Jahr gespielt wurde. Bei den Regressionen wurde hierarchisch vorgegangen: Zuerst wurden alle Variablen in die Berechnungen einbezogen; anschließend wurden Variablen, die sich als statistisch nicht signifikant erwiesen, nach und nach eliminiert.

Bei der logistischen Regression, in der die abhängige Variable „Spielteilnahme im vergangenen Jahr“ auf die anderen Variablen regressiert wurde, blieben als statistisch signifikante Variablen lediglich die Hautfarbe (schwarz / nicht schwarz) der Person, die Anzahl der legalen Glücksspielformen im jeweiligen Staat und der sozioökonomische Status der Person übrig. Nur zwischen diesen Variablen und der Spielteilnahme besteht ein statistisch signifikanter Zusammenhang. Dagegen besteht kein statistisch signifikanter Zusammenhang zwischen der Spielteilnahme und der Anzahl der Spielstätten im Umkreis von 10 Meilen bzw. der Anzahl der Casinos im Umkreis von 10 Meilen oder der Entfernung zur nächsten Spielstätte. Auch der sozioökonomische Status der *Block Group*, d. h. der Nachbarschaft, ist statistisch nicht signifikant.

Bei der logistischen Regression, in der die abhängige Variable, ob eine Person ein problematisches Spielverhalten aufweist oder nicht, auf die anderen Variablen regressiert wurde, besteht nur ein statistisch signifikanter Zusammenhang mit dem sozioökonomischen Status der *Block Group*, d. h. der Nachbarschaft, der Zugehörigkeit zur hispanischen Bevölkerung und dem sozioökonomischen Status der Person. Es besteht kein Zusammenhang mit der Anzahl der legalen Spielformen.

In einer linearen Regression wurde die abhängige Variable Spielhäufigkeit auf die anderen Variablen regressiert. Hier erwiesen sich die Hautfarbe (schwarz / nicht schwarz), der sozioökonomische Status der Block Group, *d. h. der Nachbarschaft*, und die Anzahl der legalen Spielformen als signifikant.

Während die Spielteilnahme und die Spielhäufigkeit von der Anzahl der erlaubten Glücksspielformen abhängen, gilt dies nicht für das problematische Spielverhalten.

Das Bestimmtheitsmaß der linearen Regression für die Spielhäufigkeit liegt bei 0,022; das Bestimmtsheitsmaß von Cox und Snell für die logistischen Regressionen bei 0,029 (Spielteilnahme) bzw. 0,13 (problematisches Spielverhalten). Dies bedeutet, dass mit den Modellen nur 2,2 bzw. 2,9 oder 13 % erklärt werden können. Am besten kann mit den Variablen noch das problematische Spielverhalten erklärt werden.

Die Untersuchungen von Welte et al. zeigen, dass es möglicherweise einen Zusammenhang zwischen der Spielteilnahme bzw. der Spielhäufigkeit und der Anzahl der legalen Spielformen gibt. Jedoch lässt sich kein Zusammenhang zwischen problematischem Spielverhalten auf der einen und der Anzahl legaler Spielformen oder der räumlichen Verfügbarkeit auf der anderen Seite nachweisen. Das sehr geringe Bestimmtheitsmaß verdeutlicht zudem, dass von den drei Modellen nur dasjenige zur Erklärung des problematischen Spielverhaltens geeignet ist.

Die Studie von Welte et al. ist sehr viel differenzierter als die des *National Research Council*. In letzterer wird ein Trend in der Prävalenz pathologischen Spielverhaltens und eine zunehmende Liberalisierung in einzelnen Bundesstaaten als Beleg für einen Zusammenhang zwischen problematischem Spielverhalten und Verfügbarkeit angeführt. Die vergleichsweise differenzierte Analyse von Welte et al. hingegen zeigt, dass es einen solchen Zusammenhang nicht gibt.

Weiterhin zeigen Welte et al., dass der sozioökonomische Status der Person und der Nachbarschaft, in der diese Person lebt, die Prävalenz problematischen Spielverhaltens beeinflusst.

In Missouri können sich Besucher von Spielcasinos freiwillig sperren lassen.[143] LaBrie et al.[144] untersuchen den Zusammenhang zwischen der Verfügbarkeit eines Spielcasinos und der Anzahl von Personen, die sich haben sperren lassen, anhand der Sperrliste der *Missouri Gaming Commission*.

In diese Sperrliste haben sich von 1997 bis 2003 5 125 Personen eintragen lassen. Missouri lässt sich in sechs gesundheitspolitische Planungsregionen bzw. nach dem Zensus in 114 Bezirke und St. Louis unterteilen. Jede gesperrte Person wurde an Hand der jeweiligen Postleitzahl einem bestimmten Bezirk zugeordnet. In Zusammenarbeit mit dem *Center for Substance Abuse Treatment Needs Assessment* wurde ein Index konstruiert, der den Bedarf an Behandlungsmöglichkeiten für Alkoholiker misst. Dieser Index wurde als Maß für die Vulnerabilität des

143 Vgl. dazu auch Kapitel 1.

144 Vgl. LaBrie, R. / Nelson, S. / LaPlante D. / Peller, A. / Caro, G. / Shaffer, H.: „Missouri Casino Self-Excluders: Distribution across Time and Space". In: *Journal of Gambling Studies*, 23, 2007, S. 231–243.

betreffenden Bezirks herangezogen. Für jeden Bezirk wurde zudem der Anteil der gesperrten Personen pro 100 000 erwachsenen Personen berechnet, wobei 33 der 115 Bezirke keine Sperrungen aufwiesen. Die Verfügbarkeit wurde mit der Entfernung zum nächsten der insgesamt elf Spielcasinos in Missouri gemessen.

Die grafische Darstellung auf einer Landkarte zeigt einen Zusammenhang zwischen dem Standort eines Casinos und der Anzahl gesperrter Spieler. Bezirke mit der höchsten Dichte an Spielcasinos, wie der Bezirk St. Charles in St. Louis, weisen auch die höchste Rate gesperrter Spieler auf.

Die Autoren gehen von einem Zusammenhang zwischen der Anzahl gesperrter Spieler und der Verfügbarkeit aus. In einer Regression wird die Anzahl der gesperrten Spieler auf die Verfügbarkeit sowie auf die Vulnerabilität im entsprechenden Bezirk regressiert. Es wird nicht dargelegt, ob die Bezirke ohne Sperrungen in die Berechnungen mit einbezogen wurden. Weder die Anzahl der Beobachtungen wird genannt noch die Schätzgleichung spezifiziert. Ebensowenig weisen die Autoren die Regressionskoeffizienten aus – nur das Bestimmtheitsmaß – noch andere Prüfgrößen, die eine Beurteilung der Güte der Schätzung ermöglichen würden (bspw. der Durbin-Watson Koeffizient). Das Bestimmtheitsmaß liegt bei 0,51, d. h. der Anteil der erklärten an der Gesamtvarianz beträgt etwa 50 %, wobei die Verfügbarkeit und die Vulnerabilität am meisten zur Erklärung beitragen. Dieses vergleichsweise hohe Bestimmtheitsmaß dürfte darauf zurückzuführen sein, dass die Bezirke, in denen weder gesperrte Spieler noch Casinos zu finden waren, als Beobachtungen in die klassischen linearen Regressionsberechnungen mit eingingen. Damit sind aber die Voraussetzungen dieser Methode nicht mehr erfüllt, insbesondere die Annahmen über die Verteilung der Störgrößen.

Durch die Entwicklungen der Anzahl der Eintragungen über die Zeit und in den gesundheitspolitischen Planungsregionen sehen sich die Autoren in der von ihnen propagierten Adaptionsthese bestätigt.

Diese Studie weist erhebliche methodische Schwächen auf. Sie geht auch nicht weiter auf den Zusammenhang zwischen der Entfernung zu einem Casino und der Anzahl der jeweils gesperrten Spieler ein. Es ist nicht nachvollziehbar, warum die Autoren eine konstante Anzahl von Neueintragungen pro Jahr als Bestätigung der Adaptionsthese werten.

ERGEBNISBOX: VON EINER ANEKDOTE ZU EINER WISSENSCHAFTLICHEN ANALYSE

Diese beiden Studien für die Vereinigten Staaten zeigen deutlich die methodische Entwicklung, die die „Verfügbarkeitsforschung" in den letzten Jahren genommen hat.

In den frühen Studien baut die Argumentation auf anekdotische Evidenz auf. Es werden keine statistischen Analysen durchgeführt. In den neueren Studien hingegen wird Wert auf statistische Analysen gelegt.

In den früheren Studien ist der Grad der Auflösung sehr gering. Die Untersuchungseinheit sind Bundesstaten oder Provinzen. Neuere Untersuchungen sind detaillierter; der Grad der Auflösung ist höher. Dies wird durch die Anwendung von geografischen Informationssystemen erleichtert.

Im Fall der Vereinigen Staaten kommen die differenzierteren statistischen Analysen zu anderen Schlüssen als die anekdotische Argumentation.

5.4 Norwegen

In Norwegen fanden 2007 entscheidende Veränderungen statt:[145] Seit dem 1. Juli 2007 sind Spielgeräte (mit Ausnahme von Bingo-Spielgeräten) untersagt, was es ermöglicht, die Auswirkungen dieses vollständigen Verbots zu untersuchen. Praktisch über Nacht wurde die Verfügbarkeit erheblich eingeschränkt. Die noch verbleibenden Bingo-Spielgeräte waren nicht sehr zahlreich (1 800 Stück) und nur etwa 0,3 % der Bevölkerung spielten an ihnen. Bereits zum 1. Juli 2006 war die Annahme von Geldscheinen an Spielgeräten untersagt worden; ab dem 1. Januar 2007 galten Sperrzeiten für Geldspielgeräte von 12 Uhr nachts bis 6 Uhr.

Lund vom *Norwegian Institute of Alcohol and Drug Research* hat Personen, die in den letzten 12 Monaten an einem Geldspielgerät gespielt hatten, vor und nach diesen Änderungen befragt (Mai bzw. November 2007). Es handelt sich um eine Panel-Befragung, d. h. es wurden jeweils dieselben Personen befragt. In der ersten Welle wurden 1 702 Personen befragt, nur 1 293 Personen nahmen auch an der zweiten Welle teil (so genanntes Panelsterben).

145 Vgl. Lund, I.: „Gambling Behaviour and the Prevalence of Gambling Problems in Adult EGM Gamblers When EGMs are Banned. A Natural Experiment". In: *Journal of Gambling Studies* 25, 2009, S. 215–225.

Anstelle eines längeren Fragebogens (DSM-IV oder SOGS) wurde der Lie-Bet Fragebogen[146] verwendet. Es wurde auch eine Frage zum *Chasing*-Verhalten[147] gestellt. Alle Fragen bezogen sich auf die letzten drei Monate. Auf Grund ihres Spielverhaltens wurden die Spieler in zwei Gruppen eingeteilt: Spieler, die in der ersten Befragung angaben, in den letzten drei Monaten häufig an Geldspielautomaten gespielt zu haben, wurden als häufige, die andere Gruppe als weniger häufige Spieler gekennzeichnet. Personen, die eine der drei Fragen (zu Lügen, Wetten oder *Chasing)* positiv beantwortet hatten, werden von der Autorin als riskante Spieler bezeichnet. Personen, die sowohl die Frage nach den Lügen als auch nach den Wetten bejaht hatten, werden als problematische Spieler bezeichnet.

Beim Vergleich der Ergebnisse der ersten Befragungswelle mit denen der zweiten Welle zeigt sich, dass die Prävalenz der problematischen Spieler statistisch signifikant von 1 auf 0,4 % gefallen ist. Die Prävalenz der riskanten Spieler ist von 4,9 auf 3,7 % gefallen; diese Änderung ist jedoch statistisch nicht signifikant. Dies gilt auch für die Änderung bei der Frage zum Wetten: Hier ist die Prävalenz von 3,0 auf 2,54 % gefallen. Bei den Fragen zum Lügen und zum *Chasing* hingegen ergeben sich statistisch signifikante Änderungen von 1,5 auf 0,8 % bzw. von 3,5 auf 1,9 %.

Die Entfernung der Geldspielgeräte führte auch zu einer signifikanten Reduktion der Spielhäufigkeit insgesamt und über alle Personen, auch bei anderen Formen des Glücksspiels. Der Rückgang der Spielhäufigkeit war bei allen Spielformen (außer Bingo-Spielgeräten) signifikant, mit Ausnahme von Online-Spielen, bei denen die Teilnahme zunahm. Dieser Anstieg ist jedoch in erster Linie auf Internet-Lotterien zurückzuführen, nicht auf Geldspielgeräte im Internet. Wenn verschiedene Gruppen von Spielern unterschieden werden, zeigt sich ein signifikanter Anstieg des Internet-Spiels bei häufigen Spielern, nicht aber bei riskanten Spielern. Der Anstieg bei den häufigen Spielern ist vor allem auf einen signifikanten Anstieg bei den Pferdewetten im Internet zurückzuführen.

Diese Studie sollte verdeutlichen, dass die vollständige Entfernung der Geldspielgeräte in Norwegen zu einer Verringerung der Spielteilnahme und der Spielhäufigkeit geführt hat. Dies gilt auch für häufige und riskante Spieler. Die Autorin sieht dies als Bestätigung dafür, dass eine Einschränkung der Verfügbarkeit auch zu einer Einschränkung der Spielteilnahme und der Spielhäufigkeit von hoch involvierten, d. h. häufigen und riskanten Spielern, führt.

146 Vgl. Kapitel 4.4.

147 Das *Chasing*-Verhalten bezeichnet das Hinterherjagen von Verlusten, vgl. Kapitel 4.2.

Auf den ersten Blick scheinen diese Ergebnisse eine deutliche Sprache zu sprechen. Diese Aussage relativiert sich jedoch, wenn die absoluten Zahlen und das Panelsterben näher betrachtet werden.

Der Anteil problematischer Spieler liegt in der ersten Welle bei 1 % und der Anteil riskanter Spieler bei 4,9 %. Bei den genannten Prävalenzraten bedeutet dies, dass von den 1 293 Spielern der ersten Befragungswelle etwa 13 als problematische und 63 als riskante Spieler einzuordnen sind.

Der Anteil der problematischen Spieler in der zweiten Welle liegt bei 0,4 % und der Anteil der riskanten Spieler bei 3,7 %. Bei den genannten Prävalenzraten bedeutet dies, dass von den 1 293 Spielern in der ersten Befragungswelle etwa 5 als problematische und 47 als riskante Spieler einzuordnen sind.

Gerade die problematischen und die riskanten Spieler der ersten Befragungswelle haben nicht an der zweiten Befragungswelle teilgenommen. Das Panelsterben bei den Spielern insgesamt betrug 24 %. Dies bedeutet, dass 24 % aller 1 702 Personen, die in der ersten Welle befragt wurden, nicht an der zweiten Welle einnahmen. Von den problematischen Spielern der ersten Welle nahmen jedoch 50 % nicht an der zweiten Welle teil und von den riskanten Spielern 34,5 %. Dies bedeutet, dass unter allen 1 702 Befragten der ersten Welle 26 problematische Spieler waren. Von diesen 26 problematischen Spielern nahmen nur 13 an der zweiten Befragungswelle teil. Die Zahl der problematischen Spieler reduzierte sich für die 1 293 Spieler, die an beiden Befragungswellen teilnahmen, von 12 auf fünf problematische Spieler. Wenn die problematischen Spieler der ersten Welle nicht an der zweiten Befragungswelle teilnehmen, ist ein Rückgang des Anteils der problematischen Spieler zwangsläufig. Dies wird von der Autorin bei der Überprüfung der statistischen Signifikanz nicht berücksichtigt.

Eine weitere Einschränkung sieht die Autorin darin, dass zusätzlich zu der Entfernung der Geldspielgeräte andere Entwicklungen stattgefunden haben, die das Spielverhalten beeinflussen. Hier wäre vor allem die Berichterstattung in den Medien zu nennen, die insbesondere die negativen Aspekte des Spielens an den Geldspielgeräten betont hat.

Weiterhin weist die Autorin darauf hin, dass es sich hier möglicherweise um eine kurzfristige Entwicklung handelt und die Spieler nach einigen Monaten wieder anfangen könnten, häufiger zu spielen. Es sei allerdings nicht möglich, die langfristigen Entwicklungen genauer zu untersuchen, da Geldspielgeräte im Herbst 2008 in Norwegen wieder verfügbar wurden.

Es bleibt fraglich, warum trotz fehlender Substitution durch andere Spielformen und einer vollständigen Entfernung aller Geldspielgeräte die Prävalenz problematischen und riskanten Spielverhaltens in den letzten drei Monaten nicht deutlicher zurückgegangen ist, wie es aufgrund von Untersuchungen zu einer Selbstsperre anzunehmen gewesen wäre;[148] insbesondere da die Spielteilnahme riskanter Spieler an Geldspielgeräten von 91 % vor Entfernung der Geldspielgeräte auf 19 % nach Entfernung der Geldspielgeräte gesunken ist. Bei einem linearen Zusammenhang zwischen Spielhäufigkeit und problematischem Spielverhalten wäre auch ein Rückgang des riskanten Spielverhaltens auf weniger als ein Viertel zu erwarten gewesen. Hierauf weist die Autorin jedoch nicht hin.

Diese Studie ist von erheblichen Mängeln in der methodischen Vorgehensweise gekennzeichnet. Es wird nicht geklärt, warum trotz eines Rückgangs der Spielteilnahme an Geldspielgeräten auf ein Viertel des vorigen Volumens das riskante Spielverhalten kaum gesunken ist.

ERGEBNISBOX: ERFAHRUNGEN IN NORWEGEN MIT DER VOLLSTÄNDIGEN ENTFERNUNG VON GELDSPIELGERÄTEN

Die Entfernung sämtlicher Geldspielgeräte führt zu einer Reduktion der Spielhäufigkeit insgesamt; es wurde jedoch vermehrt an Online-Angeboten teilgenommen.

Der Rückgang der Prävalenz problematischen bzw. riskanten Spielverhaltens entspricht nicht den Erwartungen.

5.5 Schweiz

In der Schweiz haben im Jahr 2002 entscheidende Änderungen stattgefunden. Auf Grund einer neuen Glücksspielgesetzgebung wurden 19 Casinos mit etwa 244 Spieltischen und etwa 3 250 Geldspielgeräten neu eröffnet. Gleichzeitig wurden mehr als 12 000 Geldspielgeräte an öffentlich zugänglichen Stellen, wie Kaffees und Gaststätten, entfernt.[149] Bandolfi et al. vergleichen die Prävalenzraten problematischen und pathologischen Spielverhaltens vor und nach diesen Änderungen.

1998 betrug die Lebenszeit-Prävalenz für pathologisches Spielverhalten 0,8 % und die Lebenszeit-Prävalenz für problematisches Spielverhalten 2,2 %. Die 12-Monats-Prävalenz für pathologisches Spielverhalten betrug im selben Jahr 0,2 % und die 12-Monats-Prävalenz für problematisches Spielverhalten 1,0 %.

148 Vgl. Kapitel 8.2.

149 Vgl. Bandolfi, G. / Jermann, F. / Ferrero, F. / Zullino, D. / Osiek, C.: „Prevalence of Pathological Gambling in Switzerland after the Opening of Casinos and the Introduction of New Preventive Legislation." In: *Acta Psychiatria Scandinavia*, 117, 2008, S. 236–239.

2005, also drei Jahre nach den Änderungen, wurden die Prävalenzraten erneut erhoben. Es zeigte sich kein Unterschied.

Häfeli[150] vergleicht das Glücksspielangebot und die Prävalenz problematischen und pathologischen Spielverhaltens in der Schweiz für den Zeitraum von 1989 bis 2011 und kommt zu dem Ergebnis, dass sich das Glücksspielangebot und die Konsummenge um ein Vielfaches erhöht haben. Die parallel dazu erhobenen Daten bezüglich Prävalenzen problematischen oder pathologischen Spielverhaltenes und die Inanspruchnahme von Glücksspielberatungen hingegen zeigen weitgehend stabile Größenordnungen.

Im betrachteten Zeitraum hat eine Reihe von Änderungen stattgefunden: Die Anzahl der Geldspielgeräte wurde reduziert; die durchschnittliche Entfernung zur nächsten Spielstätte stieg an. Weiterhin wurden Casinospiele eingeführt. Die Schweizer Spielcasinos zeichnen sich durch eine Reihe von präventiven Spielerschutzmaßnahmen aus, die es bei den öffentlichen Spielstätten nicht gab. Es lässt sich nicht sagen, welche Maßnahmen die Prävalenz pathologischen Spielverhaltens beeinflussen und in welchem Umfang.

Das Beispiel der Schweiz zeigt, dass Änderungen in der Verfügbarkeit auf Grund gesetzlicher Regelungen auch immer mit anderen Änderungen einhergehen und es in diesem Fall kaum möglich ist, den Einfluss einzelner Maßnahmen getrennt zu bewerten.

ERGEBNISBOX: ERFAHRUNGEN MIT DER ENTFERNUNG ALLER GELDSPIELGERÄTE IN DER SCHWEIZ

Beim vollständigen Abbau aller Geldspielgeräte wäre zu erwarten gewesen, dass sich das problematische und riskante Spielverhalten aufgrund der fehlenden Verfügbarkeit deutlich reduziert.

Die Erfahrungen aus der Schweiz machen deutlich, dass eine abrupte Änderung in der Verfügbarkeit auch immer mit anderen Änderungen einhergeht, die es sehr schwer machen, den Einfluss der Änderung in der Verfügbarkeit isoliert von anderen Veränderungen zu messen.

150 Vgl. Häfeli, J.: *Glücksspielangebot und Problemlast in der Bevölkerung – Schwerpunkt Schweiz im Vergleich mit Deutschland und Österreich, Entwicklung der Jahre 1998 bis 2011.* Gutachten im Auftrag der AWI Automaten-Wirtschaftsverbände-Info GmbH. Verlag der Universitätsdruckerei H. Schmidt: Mainz 2014.

5.6 Schlussfolgerungen

Auf den ersten Blick ist ein kausaler Zusammenhang zwischen Verfügbarkeit und Konsumausgaben sehr plausibel. Je mehr Geldspielgeräte es in einer Region gibt, umso häufiger dürfte auch gespielt werden und umso höher dürften auch die Pro-Kopf-Ausgaben ausfallen. Selbst dieser doch sehr plausible Zusammenhang wird nicht in allen vorliegenden Studien bestätigt.

Auch ein kausaler Zusammenhang zwischen Konsum und problematischem Spielverhalten ist auf den ersten Blick sehr plausibel. Dieser wird bei einer näheren Analyse jedoch in Frage gestellt.

Generell lässt sich festhalten, dass, je mehr zusätzliche Faktoren berücksichtigt werden, umso geringer der Zusammenhang zwischen Verfügbarkeit und problematischem Spielverhalten ausfällt.

ERGEBNISBOX: ZUSAMMENHANG ZWISCHEN VERFÜGBARKEIT UND SUCHT BEIM AUTOMATENSPIEL

Die vorliegenden Untersuchungen machen deutlich, dass die Ausgaben und die Spielhäufigkeit kein geeignetes Maß für die Verfügbarkeit darstellen. Weiterhin gilt, dass die Anzahl der Geldspielgeräte weniger gut als Maß für die Verfügbarkeit geeignet ist als die Entfernung zum nächsten Geldspielgerät.

Wenn zwischen der Entfernung zu einer Spielstätte und der räumlichen Konzentration von Spielstätten unterschieden wird, besteht ein schwach positiver Zusammenhang zwischen der räumlichen Entfernung zu einer Spielstätte und problematischem Spielverhalten. Es gibt jedoch keinen Hinweis darauf, dass eine Konzentration von Spielstätten in einer Gegend einen Einfluss auf die Wahrscheinlichkeit problematischen Spielverhaltens hat.

Je kleinräumiger die Betrachtung wird, umso deutlicher zeigt sich, dass nicht die Anzahl der Geldspielgeräte, sondern die Entfernung zum nächsten Geldspielgerät für das Spielverhalten relevant ist.

Die vorliegenden Untersuchungen zum Zusammenhang zwischen räumlicher Entfernung und problematischem Spielverhalten deuten darauf hin, dass dieser von der Entfernung abhängt. Wenn eine Spielstätte in einer Entfernung von wenigen Kilometern zur Wohnstätte liegt, besteht möglicherweise ein Zusammenhang. Dieser verschwindet jedoch bei einer Entfernung von mehr als drei bis fünf Kilometern. Ganz generell dürfte nicht die Entfernung von der Wohnstätte, sondern die Zugriffsnähe, z. B. auf dem Weg zur Arbeit oder zum Einkaufen etc., relevant sein. Neuere Studien betonen die sozioökonomischen

Bedingungen in den Regionen. Diese erweisen sich als weitaus wichtiger als die Verfügbarkeit. Die Studien machen deutlich, dass eine vergleichsweise hohe Prävalenz problematischen Spielverhaltens in einer Region maßgeblich von den sozioökonomischen Lebensverhältnissen abhängt und weniger von der Verfügbarkeit. Insbesondere die Studien mit gesundheitswissenschaftlichem Hintergrund betonen diesen Aspekt. In den neueren Studien wird daher nicht mehr die Hypothese vertreten, dass es einen kausalen Zusammenhang zwischen Verfügbarkeit und Konsum und zwischen Konsum und problematischem Spielverhalten gibt.

Der Zusammenhang zwischen Verfügbarkeit und problematischem Spielverhalten verläuft nicht unidirektional, d. h. von der Verfügbarkeit in Richtung auf das problematische Spielverhalten, sondern auch vom problematischen Spielverhalten auf die Verfügbarkeit, d. h. bidirektional. In neueren Untersuchungen wird daher nur noch von einem Zusammenhang gesprochen und nicht mehr von einer Kausalität.

Die vorliegenden Studien machen deutlich, dass zwischen einem statistisch signifikanten und einem kausalen Zusammenhang zu unterscheiden ist. Zwar gibt es in der Regel einen Zusammenhang zwischen der Höhe der durchschnittlichen Pro-Kopf-Ausgaben, d. h. dem Konsum, und dem Anteil problematischer oder pathologischer Spieler in der Bevölkerung, doch ist dieser Zusammenhang mathematisch und nicht kausal bedingt, wie die Simulationsberechnungen der *Productivity Commission* eindrucksvoll zeigen.

In früheren Studien dienen grafische Darstellungen, die anekdotische Evidenz oder ganz einfache statistische Analysen dazu, um zu „beweisen", dass es einen kausalen Zusammenhang gibt. In neueren Studien hingegen, in denen dieser Zusammenhang nicht nur univariat, sondern multivariat, d. h. unter Berücksichtigung anderer Faktoren, untersucht wird, wird deutlich, dass der Zusammenhang um einiges geringer ausfällt als auf Grund einfacher univariater Analysen vermutet.

Je differenzierter die Vorgehensweise bei der Analyse ist, umso deutlicher wird, dass andere Faktoren, wie die soziodemografischen Merkmale der Personen, einen stärkeren Einfluss auf die Prävalenz problematischen bzw. pathologischen Spielverhalten haben als die Verfügbarkeit.

Dies ist eigentlich nicht weiter verwunderlich, da in der Literatur, die die Risikofaktoren für ein problematisches Spielverhalten untersucht, eine Reihe von prädisponierenden Faktoren betont wird (Alter, Geschlecht, kognitive Irrtümer, sensorische Eigenschaften, Belohnungsmechanismen, komorbide

Erkrankungen, kriminelle Handlungen), während die Verfügbarkeit nicht zu den gut belegten Risikofaktoren zu zählen ist.[151]

Auch hat das Drei-Faktoren-Modell bereits gezeigt, dass die Verfügbarkeit einen vergleichsweise geringen Einfluss auf die Entwicklung pathologischen Spielverhaltens haben dürfte.

Die australischen und norwegischen Erfahrungen mit der Einschränkung der Verfügbarkeit zeigen, dass der Erfolg solcher Maßnahmen generell deutlich überschätzt wird. Eine Reduktion der Anzahl der Geldspielgeräte um etwa 15 % hatte in Australien keine Auswirkungen auf die Prävalenz problematischen Spielverhaltens. Ein vollständiger Abbau aller Geldspielgeräte in Norwegen hatte selbst kurzfristig unerwartet geringe Auswirkungen. Auch dies spricht dafür, dass der kausale Einfluss der Verfügbarkeit auf das problematische Spielverhalten sehr gering ausfallen dürfte.

Ein sehr ausführlicher Überblick über vorliegende Studien ist bei Vasiliadis et al.[152] zu finden.

Es liegt keine einzige Studie vor, die einen ökonomischen Ansatz verfolgt. Der Konsum ist immer das Ergebnis von Angebot und Nachfrage. In der Ökonomie wird deutlich zwischen dem Marktergebnis, d. h. der Verfügbarkeit, und den Faktoren, die dieses Marktergebnis verursachen, also Angebot und Nachfrage, unterschieden. Alle vorliegenden Untersuchungen trennen nicht deutlich genug zwischen diesen Faktoren. Der Zusammenhang zwischen Verfügbarkeit und Spielverhalten ist nicht uni-, sondern bidirektional.

151 Vgl. hierzu ausführlich Johansson, A. / Grant, J. / Kim, S. / Odlaug, B. / Götestam/ K.: „Risk Factors for Problematic Gambling: A Critical Literature Review". In: *Journal of Gambling Studies*, 25, 2009, S. 67–92.

152 Vasiliadis, S. / Jackson, A.C. / Christensen, D. / Francis, K.: „Physical Accessibility of Gaming Opportunity and its Relationship to Gaming Involvement and Problem Gambling: a Systematic Review". In: *Journal of Gambling Issues*, 28, 2013, 1–46.

Wenn unterstellt wird, dass die Verfügbarkeit einen Einfluss auf das Spielverhalten, d. h. auf die Nachfrage hat, aber nicht gleichzeitig berücksichtigt wird, dass die Nachfrage auch die Verfügbarkeit bestimmt, so wird der bidirektionale Zusammenhang als unidirektionaler Zusammenhang interpretiert. Es werden nur Eingleichungsmodelle geschätzt und nicht Mehrgleichungsmodelle.[153] Die geschätzten Gleichungen enthalten in der Regel eine Reihe von Einflussgrößen, die der Nachfrageseite zuzuordnen sind. Mit der Verfügbarkeit kommt in dieser Gleichung jedoch eine Variable vor, die das Ergebnis von Angebot und Nachfrage ist. Dies bedeutet, dass der Einfluss dieser Variablen, der geschätzt wird, sowohl den Einfluss auf der Nachfrageseite als auch den Einfluss auf der Angebotsseite beinhaltet. Dies führt dazu, dass der Einfluss der Verfügbarkeit auf die Prävalenz eines problematischen bzw. pathologischen Spielverhaltens überschätzt wird.

Aus diesem Grund ist davon auszugehen, dass alle vorliegenden Studien, auch Studien, die die sozioökonomischen Variablen berücksichtigen, den Zusammenhang systematisch überschätzen. Um nicht nur zu untersuchen, ob es einen Zusammenhang zwischen Verfügbarkeit und problematischem Spielverhalten gibt, sondern diesen kausal zu bestimmen, wäre die Schätzung solcher Angebots-Nachfrage-Systeme notwendig. Dem Autor ist keine Untersuchung bekannt, in der dieser Ansatz verfolgt wird. Hier besteht Forschungsbedarf.

153 Dies dürfte damit zu erklären sein, dass die vorliegenden Untersuchungen von Wissenschaftlern aus den Bereichen Psychologie oder Gesundheitswissenschaften (*Public Health*) stammen. In diesen Disziplinen besteht zwar eine gewisse Kenntnis von und Ausbildung in varianz- bzw. regressionsanalytischen Ansätzen, jedoch nur als Eingleichungsmodelle. Die Ökonometrie hat ihren Ursprung in den ökonomischen Wissenschaften, genauer gesagt, in der Agrarökonomie, und wird von Ökonomen zur empirischen Forschung genutzt. Hier werden bspw. einzelne Märkte untersucht. Auf Märkten ist es von Bedeutung, zwischen Angebot und Nachfrage zu unterscheiden. In der Ökonometrie wurde dementsprechend die Schätzung von Mehrgleichungssystemen vorangetrieben. Auch die Berücksichtigung von nur scheinbaren Zusammenhängen stellt für Ökonometriker eine zentrale Herausforderung dar.

6. Empirische Untersuchungen zu Sperrzeiten

Neben der geografischen gibt es auch eine zeitliche Verfügbarkeit. Spielhallengesetze sehen neben der Mindestabstandregelung zwischen Spielhallen und dem Verbot von Mehrfachkonzessionen auch die Einführung bzw. Ausdehnung von Sperrzeiten vor. Hierzu liegen nur wenige empirische Untersuchungen vor.

6.1 Australien

In den Bundesstaaten bzw. Territorien Australiens bestehen unterschiedliche Vorschriften zu den Sperrzeiten. In der Regel richten sich die Öffnungszeiten für die Clubs, Hotels und Casinos jedoch nach den Zeiten, in denen Alkohol ausgegeben werden darf.

Im Bundesstaat New South Wales gab es vor 2002 keine Sperrzeiten für Geldspielgeräte. Sie durften rund um die Uhr in Spielstätten (Clubs, Hotels und Casinos) bespielt werden. Im April 2002 wurde von sechs bis neun Uhr eine Sperrzeit eingeführt; ab Mai 2003 wurde diese auf vier bis zehn Uhr ausgedehnt. Allerdings konnten Spielstätten hiervon Ausnahmen beantragen.[154]

Das *Centre of Gambling Research*[155] berichtet von einer Studie von AC Nielsen/ACGR aus dem Jahr 2003. In New South Wales wurden Problemspieler sowie ihre Familien und Freunde u. a. auch zu den veränderten Sperrzeiten befragt. Die Befragten waren der Meinung, dass die Einführung von Sperrzeiten keine effektive Maßnahme zur Reduzierung des durch das Glücksspiel verursachten Schadens (*harm reduction*) darstellt. Problematische Spieler waren der Ansicht, dass diese Maßnahme theoretisch eine mögliche Maßnahme zur Schadensminderung darstellt. Es wurden auch 45 Hilfeeinrichtungen befragt. Nur 24 % dieser Einrichtungen gaben an, dass unter ihren Klienten Personen waren, die in der Zeit von sechs bis neun Uhr gespielt hatten; 66 % glaubten, dass dies bei ihren Klienten nicht der Fall war. Diese Hilfeeinrichtungen sahen die Ausdehnung der Sperrzeiten als einen Schritt in die richtige Richtung, waren jedoch der Auffassung, dass diese Maßnahme wenig effektiv sei, solange die Sperrzeiten sich auf eine Zeit beschränken, in der Spieler in der Regel kaum spielen. Nach einer

154 Vgl. Centre for Gambling Research: *Review of the ACT Government's Harm Minimization Measures*. ACT Gambling and Racing Commission, 2005, S. 38.

155 Centre for Gambling Research: *Review of the ACT Government's Harm Minimization Measures*. ACT Gambling and Racing Commission, 2005, S. 38.

Anhörung und einer eingehenden Analyse kam die betreffende Aufsichtsbehörde (*Independent Pricing and Regulatory Tribunal*) zu dem Ergebnis, dass es keine Hinweise für die Effektivität einer dreistündigen Sperrzeit gibt.

6.2 Kanada

Untersuchungen[156] in der kanadischen Provinz Nova Scotia hatten gezeigt, dass gerade in der Zeit von Mitternacht bis zum Öffnungsschluss überproportional viele problematische Spieler in den Spielstätten anzutreffen waren. Dies führte dazu, dass mit dem 1. Juli 2005 eine Sperrzeit eingeführt wurde: Ab Mitternacht müssen alle Geldspielgeräte abgestellt werden, ganz gleich wann die Lokalität, in der sich die Spielgeräte befinden, schließt.

Es wurden 545 Spieler, die in dem letzten Jahr an Geldspielgeräten (*video lottery terminals*) gespielt haben, befragt.[157] Von diesen spielten vor der Einführung der Sperrzeiten 12 % (n=65) zumindest einmal im Monat nach Mitternacht, 12 % zumindest einmal im Jahr nach Mitternacht und 76 % noch seltener nach Mitternacht. Von den Spielern mit einem problematischen Spielverhalten (n=60) nach dem *Canadian Problem Gambling Index* (CPGI)[158] spielten 43 % vor der Einführung der Sperrzeit auch nach Mitternacht, bei den riskanten Spielern (n=170) waren es etwa 15 % und bei den nicht problematischen Spielern (n=316) nur 4 %. Nach Mitternacht machten problematische Spieler mit 40 % fast die Hälfte aller Spieler aus. Dies führte zur Einführung der Sperrzeiten.

Nach dieser Maßnahme gaben 5 % der 545 befragten Spieler an, dass sich ihre Ausgaben auf Grund der Einführung der Sperrzeit reduziert hätten, bei 95 % waren diese unverändert und kein Spieler berichtete über gestiegene Ausgaben. Von den 65 Spielern, die zumindest einmal im Monat nach Mitternacht spielten, hatten 26 % ihre Ausgaben reduziert und bei 74 % hat keine Veränderung stattgefunden. Dies bedeutet, dass nach der Maßnahme tatsächlich weniger gespielt und nicht nur auf andere Zeiten ausgewichen wurde.

Von besonderem Interesse ist die Frage, wie die problematischen Spieler längerfristig auf die Ausdehnung der Sperrzeiten reagieren. 18 % der problematischen und nur 2 % der nicht problematischen Spieler hatten ihre Ausgaben reduziert. Es bleibt fraglich, ob es sich hier nur um kurz- oder um langfristige Veränderungen im Verhalten problematischer Spieler handelt.

---

156 Vgl. Nova Scotia Gaming Corporation: *VLT Time Change Findings Report* 2005.

157 Vgl. Nova Scotia Gaming Corporation: *VLT Time Change Findings Report* 2005.

158 Vgl. ausführlich zu dem CPGI Canadian Centre on Substance Abuse.

ERGEBNISBOX: VERLÄNGERUNG DER SPERRZEITEN

Die Untersuchungen zeigen, dass es entscheidend ist, in welchem Umfang und auf welche Zeiten eine Verlängerung der Sperrzeiten erfolgt. Nach den Spielhallengesetzen ist eine Sperrzeit von drei bis elf Uhr vorgesehen. Ob diese Maßnahme erfolgreich ist, hängt von dem bisherigen Spielverhalten der problematischen und pathologischen Spieler ab.

Um Sperrzeiten aus suchtpräventiver Sicht zu beurteilen, müssten Untersuchungen zur Kundenstruktur und zum Spielverhalten zu verschiedenen Zeiten und an verschiedenen Spielstätten vorliegen, was für Deutschland nicht der Fall ist.

6.3 Schlussfolgerungen

Die Auswirkungen der Verlängerung der Sperrzeiten lassen sich nicht vorhersagen. Längere Sperrzeiten werden damit begründet, dass „die Spielerin oder der Spieler, insbesondere auch die oder der Spielsüchtige, einen Schlussstrich unter das Tagesgeschehen ziehen und die Möglichkeit zur Erholung nutzen" sollen. „Nur eine Stunde Sperrzeit vermag dies nicht zu erreichen."

Eine Verlängerung der Sperrzeiten könnte dann eine effektive Maßnahme zur Prävention problematischen oder pathologischen Spielverhaltens darstellen, wenn sich hierdurch das Verhalten dieser Spieler ändert. Es liegen für Deutschland keine Untersuchungen vor, die einen Einblick in die Spielerstruktur in Spielhallen zu unterschiedlichen Tageszeiten geben.

Wenn der Anteil problematischer und pathologischer Spieler in der Zeit zwischen drei und elf Uhr besonders hoch ist, könnte diese Maßnahme eine gewisse Wirkung zeigen. Die ist jedoch nur eine notwendige Bedingung für eine mögliche Effektivität dieser Maßnahme.

Wenn es auf Grund der Verlängerung der Sperrzeiten nur zu einer zeitlichen Verschiebung im Spielverhalten problematischer und pathologischer Spieler kommt oder auf andere Angebote ausgewichen wird – z. B. durch eine Verlagerung des Spielgeschehens in Gaststätten oder Imbissbuden mit anderen Öffnungszeiten – ist eine Verlängerung der Sperrzeiten wirkungslos. Kommt es zu einer Verlagerung in illegale Spielstätten oder das Internet, wären die Sperrzeiten wahrscheinlich sogar kontraproduktiv. Nur in dem Maß, in dem keine zeitliche oder räumliche Verlagerung des Spielens stattfindet, kann die Maßnahme eine präventive Wirkung erzielen.

Das Argument, dass eine Stunde nicht ausreichen würde, um für einen gewissen Abstand zu sorgen, scheint weit hergeholt und dürfte die Spielwirklichkeit problematischer oder pathologischer Spieler nicht treffen.

Die Verlängerung der Sperrzeiten gilt wochentags und am Wochenende. Hier könnte es sinnvoll sein, zu unterscheiden. Bei einem Ansatz der Schadensminderung (*harm reduction*) könnte eine nächtliche Sperrzeit damit begründet werden, dass diese die Teilhabe problematischer und pathologischer Spieler am beruflichen (und familiären) Leben erleichtern würde. Unter diesem Aspekt wäre auch zwischen der Sperrzeit wochentags und am Wochenende zu differenzieren.

Zu einer Bewertung dieser Maßnahmen fehlen Informationen über die Zusammensetzung der Kunden einer Spielhalle (unproblematische und problematische Spieler) zu verschiedenen Tages- und Nachtzeiten. Auch ist davon auszugehen, dass sich die Zusammensetzung an unterschiedlichen Spielstätten unterscheidet und sich bspw. an einem Flughafen anders gestaltet als in einem Einkaufsviertel. Daher gilt auch hier – analog zur Einschränkung der Verfügbarkeit – dass eine global einheitliche Steuerung im Vergleich zu einer regional angepassten Steuerung den unterschiedlichen Verhältnissen weniger gerecht werden kann und damit weniger effektiv ist.

ERGEBNISBOX: EFFEKTIVITÄT VON SPERRZEITEN

Bei den Sperrzeiten handelt es sich wieder um ein Instrument der Globalsteuerung. Auch hier wäre eine Feinsteuerung vorzuziehen, da sich die Verhältnisse in einzelnen Gegenden und im Verlauf einer Woche stark voneinander unterscheiden. Es wäre sinnvoll, dass diese Feinsteuerung durch die örtlichen Ordnungsbehörden erfolgt, die in einem Spielhallengesetz ausdrücklich hierzu ermächtigt werden könnten.

Generell dürfte eine Verringerung der zeitlichen Verfügbarkeit eher der Suchtprävention dienen als eine Verringerung der räumlichen Verfügbarkeit. Eine nächtliche Sperrzeit könnte damit begründet werden, dass dies die Teilhabe problematischer und pathologischer Spieler am beruflichen und familiären Leben erleichtern würde.

In dem Maß, in dem die Sperrzeiten für Spielhallen dazu führen, dass die Spieler auf Gaststätten, Imbissbuden, das Internet oder illegale Spielangebote ausweichen, verlieren sie an suchtpräventiver Wirkung.

7. Identitätskontrollen

Ein System zur Identitätskontrolle sollte sicherstellen, dass nur volljährige Personen spielen. Zudem sollte es Spielern ermöglichen, sich sperren zu lassen. Identitätskontrollen sind über Einlasskontrollen oder technische Vorrichtungen an Geldspielgeräten möglich. Nach deutscher Rechtsprechung sind Identitätskontrollen unumgänglich, wenn Anbieter eine Sperrdatei bzw. –liste führen. Nur so können Schadensersatzforderungen abgewehrt werden.[159] Gleichzeitig sind sie eine wichtige Maßnahme für den Jugendschutz und schränken die soziale Verfügbarkeit ein.

Bei Spielbanken finden Identitätskontrollen über Einlasskontrollen statt. Ein Zugang erfolgt nur, wenn sich ein Spieler mit dem Personalausweis oder einem anderen amtlichen Lichtbildausweis ausgewiesen hat. Gesperrte Spieler erhalten keinen Zutritt. Es erfolgt ein Abgleich mit der spielformen- und anbieter-übergreifenden Sperrdatei.

Gesperrte Spieler dürfen an Sportwetten und Lotterien, die häufiger als zweimal pro Woche veranstaltet werden, nicht teilnehmen. „Die Durchsetzung dieses Verbots ist durch Kontrolle des Ausweises oder eine vergleichbare Identitätskontrolle und Abgleich mit der Sperrdatei zu gewährleisten."[160] Eine Identitätskontrolle muss, um der Zielsetzung des Glücksspielstaatsvertrags zu genügen, in hohem Maß zuverlässig sein. Mittels eines Ausweises, der über kein Lichtbild verfügt, kann eine wirksame Identitätskontrolle nicht durchgeführt werden.[161]

Bei Angeboten im Internet ist in jedem Fall (bei allen Formen des Glücksspiels) der Ausschluss minderjähriger oder gesperrter Spieler durch Identifizierung und Authentifizierung zu gewährleisten.[162]

In Spielhallen kann der Jugendschutz entweder durch eine Identitätskontrolle solcher Spieler, bei denen Zweifel über das Alter bestehen, oder jedes Spielers über Vorlage des Personalausweises oder eines anderen amtlichen Ausweises mit Lichtbild und Geburtsdatum sichergestellt werden.

---

159 Vgl. ausführlich Kapitel 8.

160 Vgl. GlüStV § 21 Absatz 3 und § 22 Absatz 3.

161 Vgl. Urteil des Oberlandesgericht Köln vom 08.10.2010, Az.: 6 W 142/10. Die Annahme der Sportwetten lediglich unter Vorlage der WestLotto Basis-Karte verstieß gegen § 21 Abs. 3 Satz 2 GlüStV.

162 Vgl. GlüStV § 4 Absatz 5.

Bei Geldspielgeräten in Gaststätten dürfte eine Kontrolle aller Spieler durch den Gastwirt kaum umzusetzen sein. Eine Identitätskontrolle solcher Spieler, bei denen Zweifel über das Alter besteht, ist hingegen leichter möglich. Hier könnte die Schulung des Personals unterstützend wirken. Bei Zigarettenautomaten gibt es technische Sicherungsmaßnahmen, die den Jugendschutz sicherstellen. Diese könnten auch für Geldspielgeräte in Gaststätten eingeführt werden und das Aufsichtspersonal entlasten.

Eine Alternative zu dieser Form der technischen Sicherungsmaßnahmen wäre eine personenungebundene Spielerkarte. Eine Freischaltkarte für Automaten könnte dem Gast vom Gaststättenpersonal ausgegeben werden. Im Zuge der Vergabe ist eine Überprüfung des Alters möglich. In der neuen Spielverordnung ist vorgesehen, dass für Bauartzulassungen ab dem 10. Februar 2016 diese neu zugelassenen Geldspielgeräte nur noch mit einem personenungebundenen Identifikationsmittel betrieben werden dürfen.

Eine Sperrdatei bzw. -liste ist nur über eine Identitätskontrolle mit Vorlage eines Personalausweises oder eines anderen amtlichen Dokuments mit Lichtbild umzusetzen. Es liegt im Interesse der Anbieter, die Identitätskontrolle möglichst genau durchzuführen, um Schadensersatzforderungen abwehren zu können. Eine Eingangskontrolle wie in Spielbanken ist zwar für Spielhallen denkbar, dürfte in Gaststätten und Imbissbuden jedoch kaum umzusetzen sein.

Für Geldspielgeräte in Gaststätten ist ein Anschluss an eine Sperrdatei oder -liste kaum denkbar. Auch eine Verpflichtung des Spielers, sich vor Nutzung eines Geldspielgerätes auszuweisen und ein Abgleich mit der Sperrdatei durch das Bedienungspersonal dürfte nicht einfach umzusetzen sein. Ein Anschluss der Geldspielgeräte in Gaststätten und Imbissbuden an die spielformen- und anbieter-übergreifende Sperrdatei könnte nur durch die Kombination einer personengebundenen Spielerkarte mit einer zentralen Vernetzung der Geldspielgeräte umgesetzt werden.

Die Spielerkarte kann ausschließlich die Funktion der Identitätskontrolle erfüllen, praktisch als technische Sicherungsmaßnahme, ähnlich der Geldkarte, dem Personalausweis oder dem Führerschein bei Zigarettenautomaten. Damit wären auch diese Dokumente ausreichend und eine personifizierte Spielerkarte überflüssig.

Die personifizierte Spielerkarte kann darüber hinaus jedoch noch weitere Funktionen erfüllen. Damit ein Spieler sich anbieter- bzw. spielformen-übergreifend sperren lassen kann, ist entweder eine Vernetzung der Anbieter notwendig oder eine personifizierte Spielerkarte, die von einer öffentlichen Einrichtung ausgegeben bzw. eingezogen wird.

In einigen Ländern, bspw. in Österreich, sind alle Geldspielgeräte an einen zentralen staatlichen Server angeschlossen. Durch diese *Video-Lottery-Terminals* wird sichergestellt, dass keine nicht zugelassenen Geldspielgeräte genutzt und die Abgaben korrekt erhoben werden. Wird dies von einer personifizierten Spielerkarte (*Player Card*) begleitet, kann der Spieler die Zeitdauer einer Sperre bzw. die Begrenzung der Einsatzhöhen bindend festlegen.

Eine Alternative hierzu wäre die Einführung einer (personifizierten) Spielerkarte, auf der die relevanten Daten gespeichert sind (*Smart Card*). Bei einer Spielersperre müsste die *Smart Card* vom Spieler abgegeben werden. Wenn dieser die *Smart Card* behalten oder eine zweite *Smart Card* bekommen könnte, wäre eine Umgehung der Spielersperre leicht möglich.

Für die Umsetzung einer freiwilligen anbieter- und spielformen-übergreifenden Sperre ist eine entsprechende Vernetzung notwendig. Dies könnte für Spielhallen durch Einlasskontrollen und den Abgleich mit der Sperrdatei bzw. -liste erfolgen. Für Geldspielgeräte in Gaststätten könnte die Einführung einer Sperrdatei bei einer Vernetzung der Geldspielgeräte mit einem zentralen Server, auf dem die Sperrdatei geführt wird, umgesetzt werden. Eine personengebundene Spielerkarte dürfte die einfachste Lösung darstellen, um eine anbieter- und spielformen-übergreifende Sperrmöglichkeit zu etablieren. Es wäre denkbar, diese mit der Erkennung des individuellen Fingerabdrucks zu koppeln. So könnte verhindert werden, dass die personengebundene Spielerkarte an andere Personen weitergegeben wird.

In anderen Ländern bzw. Regionen bestehen seit einigen Jahren Erfahrungen mit einer solchen personifizierten Spielerkarte.[163]

Im Jahr 2009 führte die kanadische Provinz Nova Scotia verpflichtend eine Spielerkarte für Geldspielgeräte (*video lottery terminals*) ein. In Schweden ist die Spielerkarte für die Teilnahme am Online-Spiel vorgeschrieben; für Lotterien und Bingo ist sie freiwillig. In Norwegen ist eine Spielerkarte für Geldspielgeräte (*video lottery terminals*) und Online-Spiele gesetzlich vorgeschrieben und für Lotterien freiwillig. In Australien gibt es Spielerkartensysteme in einer Reihe von Staaten (z. B. Victoria, Queensland, South Australia und New South Wales).

Typischerweise bieten Spielerkarten folgende Möglichkeiten:

---

163 Vgl. hierzu und zum Folgenden: Responsible Gambling Council, Centre for the Advancement of Best Practices: *Insight 2009 – Play Information and Management System* 2009.

- Aufzeichnung und Abruf des Spielverlaufs (Zeitdauer des Spielens und entsprechende Ausgaben),
- Aufzeichnung und Abruf der aktuellen Spielsitzung (Zeitdauer des Spiels und entsprechende Ausgaben),
- Setzen von Limits (für die Spieldauer und die Ausgaben),
- Sperrzeit (freiwillige Spielersperre für eine begrenzte und selbst gewählte Zeitdauer),
- Risikobewertung (eine Bewertung der Gefährdung des Spielers bzgl. des pathologischen Spielverhaltens basierend auf dem tatsächlichen Spielverhalten).

Sind die Geldspielgeräte an einen zentralen Rechner angeschlossen (*video lottery terminals*), ist die Einführung und Umsetzung einer personifizierten Spielerkarte vergleichsweise einfach. Die Angaben zu den einzelnen Spielern können entweder im Zentralrechner oder direkt auf der Karte gespeichert werden.

Wenn die Geldspielgeräte nicht miteinander vernetzt sind, ist nur eine Speicherung der Informationen auf der Spielerkarte möglich. Eine freiwillige Spielersperre mit Anschluss an eine zentrale Sperrdatei ohne Vernetzung der Geldspielgeräte ist nur durch Einlasskontrollen wirkungsvoll umzusetzen.

Eine Spielerkarte bietet nicht nur dem Spieler die Möglichkeit, das Spielverhalten aufzuzeichnen und zu kontrollieren, sondern erlaubt es auch den Betreibern von Geldspielgeräten, den Spieler und sein Spielverhalten zu verfolgen. Die Möglichkeit der Manipulation der Spielergebnisse für einen Spieler auf der Basis seines Spielverlaufs durch den Anbieter (*player tracking*) ist zu verhindern.

Eine mögliche Nutzung der Karte als Zahlungsmittel wäre ebenfalls, je nach Form der Ausgestaltung, mehr oder weniger problematisch.

7.1 Personenkontrollen für den Jugendschutz

Die neurobiologische Forschung hat die Volksweisheit: „Was Hänschen nicht lernt, lernt Hans nimmermehr" in vielfacher Hinsicht bestätigt.[164] Auf problematisches Spielverhalten angewendet könnte diese Volksweisheit lauten: „Schlechte Gewohnheiten, die Hänschen lernt, verlernt Hans nimmer mehr."

Im Jahr 2002 befragten Hurrelmann et al.[165] 5 100 Schülerinnen und Schüler unterschiedlicher Schultypen in Nordrhein-Westfalen zu ihrem Glücksspielkonsum.

---

164 Vgl. generell zum Lernen Spitzer, M.: *Lernen. Gehirnforschung und Schule des Lebens*. Spektrum Verlag: Heidelberg 2002 und speziell hierzu S. 241.

165 Vgl. Hurrelmann, K. / Schmidt, L. / Kähnert, H.: *Konsum von Glücksspielen bei Kindern und Jugendlichen – Verbreitung und Prävention*. Universität Bielefeld 2003.

Von den Jugendlichen gaben 16,9 % der Gesamtstichprobe bzw. 16,7 % der unter 18-jährigen an, in ihrem Leben an Geldspielautomaten gespielt zu haben. In den letzten 12 Monaten haben insgesamt 7,4 %, d. h. 372 der 5 100 Befragten, am Automatenspiel teilgenommen. Etwa ein Viertel hiervon lassen sich als regelmäßige Spieler (wöchentlich bis täglich) klassifizieren. Als Orte des Automatenspiels wurde von 40,9 % die Imbissstube, von 39,5 % die Gaststätte, von 30,4 % die Spielhalle und von 30,4 % die Kirmes genannt. Es folgen Spielcasinos mit 21,1 %, Schiffe mit 15,7 %, Eisdielen mit 11,2 %, Supermärkte mit 6,9 % und Wettannahmestellen mit 5,8 % der Nennungen (Mehrfachnennungen möglich).

Meyer und Hayer[166] befragten von 2002 bis 2004 die Klienten der Suchthilfeeinrichtungen in Nordrhein-Westfalen. Von den 489 Befragten mit pathologischem Spielverhalten wurde von 79 % die Geldspielautomaten als problembehaftete Glücksspielform erlebt. Von diesen pathologischen Spielern hatten 39 % bereits als Minderjährige Erstkontakt mit Geldspielautomaten.

Zu einem ähnlichen Ergebnis kommen Becker et al.[167] Von den 105 im Jahr 2010 befragten Klienten der baden-württembergischen Suchthilfeeinrichtungen gaben 79 % Geldspielautomaten als erste Spielform an. 45,2 % der 73 Klienten, die sich an ihr erstes Glücksspielerlebnis erinnern konnten, gaben an, dabei unter 18 Jahren alt gewesen zu sein.

Von Müller et al.[168] wurden 3 957 Schüler aller Schultypen (Hauptschule bis Gymnasium) in Rheinland-Pfalz in der Altersgruppe zwischen 12 und 18 Jahren zu ihrem Spielverhalten befragt. Von diesen Jugendlichen haben bereits 64,3 % an einem Glücksspiel teilgenommen; 41,2 % innerhalb des letzten Jahres.

Auf Grund einer repräsentativen Befragung der Bevölkerung in Deutschland im Alter von 16 bis 65 Jahren kommt die Bundeszentrale für gesundheitliche Aufklärung[169] für 2009 zu dem Ergebnis, dass 87,1 % der Bevölkerung bereits

166 Vgl. Meyer, G. / Hayer, T.: *Das Gefährdungspotenzial von Lotterien und Sportwetten. Eine Untersuchung an Spielern aus Versorgungseinrichtungen.* Ministerium für Arbeit, Gesundheit und Soziales des Landes Nordrhein-Westfalen: Düsseldorf 2005.

167 Becker, T., / El Abdellaoui, N. / Tsarouha, M. / Wöhr, A.: *Entwicklung eines pathologischen Spielverhaltens* 2011.

168 Vgl. Müller, K.W. / Dreier, M. / Duven, E. / Giralt, S. / Beutel, M.E. / Wölfling, K.: *Abschlussbericht zur Studie „Problematisches und pathologisches Internet- und Glücksspielverhalten bei Kindern und Jugendlichen in Rheinland-Pfalz" an das Ministerium für Soziales, Arbeit, Gesundheit und Demografie Rheinland-Pfalz*, 2011, S. 36.

169 Vgl. Bundeszentrale für gesundheitliche Aufklärung: *Glücksspielverhalten in Deutschland 2007 und 2009. Ergebnisse aus zwei repräsentativen Bevölkerungsbefragungen.* Ergebnisbericht Januar 2010.

an einem Glücksspiel teilgenommen haben; 53,8 % in dem letzten Jahr. Damit liegt die Glücksspielteilnahme der Jugendlichen im letzten Jahr nur 12,6 Prozentpunkte oder 24 % niedriger als die der Gesamtbevölkerung.

Am häufigsten werden von Jugendlichen die Spielformen Kartenspiele, Rubbellose, Geldspielautomaten und Würfelspiele genutzt. Die 12-Monats-Nutzungsprävalenz liegt bei Kartenspielen bei 24 %, bei Rubbellosen bei 16 %, bei Geldspielautomaten bei 14 % und bei Würfelspielen bei 13 %.[170] Der bevorzugte Ort der Spielteilnahme war die Gaststätte: Etwa 30 % der jugendlichen Spieler gehen dem Glücksspiel vor allem dort nach. Es folgen mit etwa 17 % die Spielhalle und ebenfalls mit etwa 17 % das Internet. An dritter Stelle liegt die Imbissbude mit etwa 14 %. Es folgen die Wettannahmestelle mit etwa 13 % und das Spielcasino mit etwa 12 %.[171]

Diese Untersuchungen belegen eindrucksvoll, wie wichtig eine Verbesserung des Jugendschutzes ist, insbesondere in Gaststätten und Imbissbuden.

7.2 Identitätskontrollen zur Verringerung der sozialen Verfügbarkeit

Bei den Dimensionen der Verfügbarkeit wurde zwischen der physischen, der sozialen und der kognitiven Verfügbarkeit unterschieden.[172]

Identitäts- bzw. Einlasskontrollen verringern nicht nur die physische Verfügbarkeit für gesperrte Spieler, sondern sind ebenfalls Maßnahmen zur Verringerung der sozialen Verfügbarkeit. Diese Kontrollen können, je nach Ausgestaltung, vom Besucher als Schwelle bzw. Hindernis empfunden werden, eine Spielhalle aufzusuchen.

In Spielhallen ist die Identitätskontrolle aller Spieler als Einlasskontrolle schwieriger umzusetzen als bei Spielbanken, da Spielhallen mit Mehrfachkonzessionen auch mehrere Eingänge haben.

---

170 Vgl. Müller, K.W. / Dreier, M. / Duven, E. / Giralt, S. / Beutel, M.E. / Wölfling, K.: *Abschlussbericht zur Studie „Problematisches und pathologisches Internet- und Glücksspielverhalten bei Kindern und Jugendlichen in Rheinland-Pfalz" an das Ministerium für Soziales, Arbeit, Gesundheit und Demografie Rheinland-Pfalz*, 2011, S. 30.

171 Vgl. Müller, K.W. / Dreier, M. / Duven, E. / Giralt, S. / Beutel, M.E. / Wölfling, K.: *Abschlussbericht zur Studie „Problematisches und pathologisches Internet- und Glücksspielverhalten bei Kindern und Jugendlichen in Rheinland-Pfalz" an das Ministerium für Soziales, Arbeit, Gesundheit und Demografie Rheinland-Pfalz*, 2011, S. 36.

172 Vgl. Kapitel 4.2.

In Gaststätten ist eine Identitätskontrolle nur über eine technische Vorrichtung am Geldspielgerät wirkungsvoll umzusetzen. Dem Jugendschutz könnte durch eine technische Vorrichtung, etwa der geplanten personenungebundenen Spielerkarte, gedient werden. Für eine anbieter- und spielformen-übergreifende Sperrdatei hingegen wären andere Maßnahmen notwendig.

ERGEBNISBOX: IDENTITÄTSKONTROLLEN

Identitätskontrollen erfüllen drei Zwecke.

Ohne Identitätskontrollen ist eine freiwillige Selbstsperre nach deutscher Rechtsprechung kaum denkbar.

Identitätskontrollen verringern die soziale Verfügbarkeit.

Das aus suchtpräventiver Sicht wichtigste Argument ist jedoch, dass ein effektiver Jugendschutz ohne Identitätskontrollen kaum möglich ist.

In Gaststätten und Imbissbuden lässt der Jugendschutz zu wünschen übrig. Fast die Hälfte aller Jugendlichen nimmt an Glücksspielen teil; wiederum etwa die Hälfte spielt an Geldspielgeräten in Gaststätten und Imbissbuden. Hier besteht dringender Handlungsbedarf. Die geplante Einführung einer personenungebundenen Spielerkarte könnte zur Verbesserung des Jugendschutzes beitragen.

Eine personifizierte Spielerkarte pro Spieler, bspw. ein Ausweis, macht es möglich, dass Zeit- bzw. Ausgabenlimits vom Spieler selbst gesetzt werden und sich dieser temporär sperren lassen kann. Denkbar wäre auch eine landesweit gültige Spielerkarte nach dem Vorbild der Lotteriegesellschaften. Die beste Lösung wäre sicherlich eine bundesweite spielformen- und anbieterübergreifende personengebundene Spielerkarte.

7.3 Schlussfolgerungen

Identitätskontrollen dürften eine wirksame Maßnahme zur Verringerung der Verfügbarkeit darstellen, insbesondere für den Jugendschutz. Die vorliegenden empirischen Untersuchungen bestätigen eindrucksvoll, dass der Jugendschutz insbesondere in Gaststätten und Imbissbuden nicht ausreichend gewährleistet ist. Daher wäre es vordringlich, diesbezügliche Maßnahmen zu ergreifen. Geplant ist die Einführung einer personenungebundenen Spielerkarte. Diese wird vom Personal ausgeben; in Zweifelsfällen ist eine Überprüfung des Alters möglich. Eine Freischaltung des Geldspielgeräts ist nur mit Karte möglich.

Damit eine Spielerkarte auch wirkungsvoll die Funktion einer Spielersperre umsetzen kann, bietet sich eine einzige personifizierte Spielerkarte pro Spieler an, wie sie bereits in anderen Ländern eingesetzt wird.

Es wäre nicht kohärent, wenn bei den Geldspielgeräten in Spielhallen eine Identitätskontrolle (und die Möglichkeit der Selbstsperre) besteht, nicht jedoch bei denselben Spielgeräten in Gaststätten und Imbissbuden. Es gibt hier mehrere Möglichkeiten: Entweder wird in der Spielverordnung ein deutlicher Unterschied in den technischen Merkmalen zwischen den Geräten in Gaststätten und Imbissbuden und den Geräten in Spielhallen gemacht – bspw. indem die Vorschläge des Fachbeirats zur technischen Ausgestaltung von Geldspielgeräten für die Geldspielgeräte in Gaststätten und Imbissbuden umgesetzt werden[173] – oder es werden andere Maßnahmen ergriffen, um den Jugendschutz bei Geldspielgeräten in Gaststätten und Imbissbuden sicherzustellen.

Erfahrungen aus anderen Ländern zeigen, dass eine einzige personifizierte Spielerkarte pro Spieler am besten geeignet ist, um die Funktionen der Selbstsperre und der Risikobewertung umzusetzen. Denkbar wäre auch eine Spielerkarte für ein Bundesland, etwa nach dem Vorbild der Spielerkarte der Lotteriegesellschaften. Hier wäre eine eingehende Auswertung der Erfahrungen aus anderen Ländern sinnvoll.

173 Beschluss Nr. 1/2008 des Fachbeirats nach § 10 Abs. 1 Satz 2 GlüStV vom 12. März 2008 zur Verminderung der von Geldspielgeräten ausgehenden Gefahren.

8. Spielersperre

In diesem Kapitel wird zuerst die Bedeutung der Spielersperre als Instrument der Schadensminderung dargestellt. Anschließend wird auf die vorliegenden empirischen Untersuchungen zur Wirksamkeit der Spielersperre als Maßnahme zur Prävention pathologischen Spielverhaltens eingegangen.

8.1 Bedeutung der Spielersperre

Im angelsächsischen Sprachraum sind unterschiedliche Ausgestaltungen der Spielersperre zu finden. Meyer und Hayer[174] weisen darauf hin, dass der Zeitraum der Sperre in diesen Ländern von sechs Monaten bis hin zur Lebenszeit reicht. Die Strafandrohung geht von der Beschlagnahmung von Gewinnen (Illinois, USA) über Strafgelder (New South Wales, Australien) bis zur Inhaftierung (Missouri, USA) des Spielers. In Manitoba (Kanada) müssen Spieler nach Aufhebung der Spielersperre ein Seminar zum verantwortungsbewussten Umgang mit Glücksspielen besuchen. In Australien, Kanada und den Vereinigten Staaten gibt es keine Einlass- bzw. Identitätskontrollen bei Spielcasinos. In einigen Bundesstaaten sind Selbstsperren möglich, ohne dass Zugangskontrollen vorgesehen sind.[175]

Die ersten Programme zu Selbstsperre im angelsächsischen Bereich kommen aus Kanada. Alle kanadischen Provinzen mit Ausnahme von Quebec haben Sperrprogramme, welche für die gesamte Provinz gelten. Die meisten australischen Bundesstaaten und Territorien haben ein universelles Sperrprogramm und einige amerikanische Bundesstaaten (z. B. Missouri) ein Sperrprogramm für den jeweiligen Bundesstaat. In den USA ist auch möglich, sich bei allen Mitgliedern der *American Gaming Association* sperren zu lassen. In den Niederlanden, Frankreich, Polen, Schweden, der Schweiz und Südafrika gibt es landesweite Sperrprogramme.[176]

---

174 Vgl. hierzu Meyer, G. / Hayer, T.: „Die Spielersperre des Glücksspielers – Eine Bestandsaufnahme". In: *Sucht*, 53(3) 2007, S. 160–168.

175 Einen umfassenden Überblick zur Situation in anderen Ländern und zum Stand der Forschung geben Meyer, G. / Hayer, T.: *Die Effektivität der Spielersperre als Maßnahme des Spielerschutzes: Eine empirische Untersuchung von gesperrten Spielern*. Peter Lang Verlag: Frankfurt 2011.

176 Nowatzki, N. / Williams, R.: „Casino Self-Exclusion Programmes: A Review of the Issues". In: *International Gambling Studies*, Vol. 2, 2002 S. 3–25, zitiert nach Nelson,

In Österreich wurde bereits mit der Gründung der österreichischen Spielbanken im Jahr 1934 eine Spielersperre angeboten. In Deutschland besteht die Option der Spielersperre im Spielbankenbereich seit Wiederaufnahme des Spielbetriebs nach dem 2. Weltkrieg. Der bundesweite Datenaustausch begann im Jahr 1981.[177]

Nach vorliegenden Schätzungen zur Nutzung der Selbstsperre ist davon auszugehen, dass in Kanada zwischen 0,4 und 1,5 % und im australischen Bundesstaat Viktoria 2,5 bis 3,5 % der pathologischen Spieler von dieser Möglichkeit Gebrauch machen.[178]

In Deutschland wird nach der PAGE-Studie[179] die Jahresprävalenz pathologischer Spieler für die Gesamtgruppe der 14- bis 64-Jährigen auf 0,35 % und die problematischer Spieler auf 0,31 % geschätzt. Bei einer Bevölkerungszahl von 53 879 Millionen Bundesbürgern im Alter von 15 bis 65 Jahren (im Jahr 2009)[180] sind dies etwa 189 000 pathologische und 167 000 problematische Spieler (insgesamt 356 000) in der deutschen Bevölkerung in dieser Altergruppe. Im Jahr 2009 haben sich rund 9 500 Glücksspieler in ambulante und 1 307 in stationäre Behandlung begeben,[181] d. h. insgesamt 10 807 Personen. Es haben sich demzufolge 5,7 % der pathologischen Spieler (oder drei Prozent der pathologischen und problematischen Spieler) in Behandlung begeben.

Die Sperrdatenbank nach dem Glücksspieländerungsstaatsvertrag enthielt Ende 2013 insgesamt 27 334 Sperrsätze; davon entfielen 1 259 Sperren auf den Lotterie- und 26 075 auf den Spielbankenbereich.[182] Da Ende 2013 noch keine Lizenzen für Sportwetten erteilt waren, gibt es aus diesem Bereich keine Sperren.

S. / Kleschinsky, J. / LaBrie, R. / Kaplan, S. / Shaffer, H.: „One Decade of Self Exclusion: Missouri Casino Self Excluders Four to Ten Years after Enrollment". In: *Journal of Gambling Studies*, Vol. 26, 2010, S. 129–144.

177 Vgl. Meyer, G. / Hayer, T.: *Die Effektivität der Spielersperre als Maßnahme des Spielerschutzes: Eine empirische Untersuchung von gesperrten Spielern*. Peter Lang Verlag: Frankfurt 2011, S. 26.

178 Vgl. hierzu Meyer, G. / Hayer, T.: „Die Spielersperre des Glücksspielers – Eine Bestandsaufnahme". In: *Sucht*, 53(3), 2007, S. 160–168.

179 Endbericht: Pathologisches Glücksspielen und Epidemiologie (PAGE): Entstehung, Komorbidität, Remission und Behandlung, Greifswald und Lübeck, 29. März 2011; S. 6.

180 Vgl. Statistisches Bundesamt Deutschland: Bevölkerung.

181 Vgl. Meyer, G.: Glücksspiel – Zahlen und Fakten. In: Deutsche Hauptstelle für Suchtfragen (DHS): *Jahrbuch Sucht 2011*, Neuland Verlag: Geesthacht 2011, S. 117–119.

182 Meyer, G.: Glücksspiel – Zahlen und Fakten. In: Deutsche Hauptstelle für Suchtfragen (DHS): *Jahrbuch Sucht 2015*, Neuland Verlag: Geesthacht 2015, S. 153.

Mit Einführung der landesweiten Sperrdatei für Spielhallen in Hessen ist es nun möglich, sich für sämtliche hessische Spielhallen sperren zu lassen. Mitte Februar 2015 waren rund 8 000 Sperreinträge im System gespeichert.[183]

8.2 Empirische Untersuchungen zur Selbstsperre

Eine der frühesten empirischen Studien stammt von Ladouceur et al.[184] aus dem Jahr 2000. In der kanadischen Provinz Quebec bieten drei staatliche Casinos ein Programm zur Selbstsperre an. Es wird ein Foto des Spielers angefertigt, der sich sperren lassen will. Das Aufsichtspersonal wird in der Identifizierung von gesperrten Spielern geschult. Wenn ein gesperrter Spieler im Casino spielt und vom Aufsichtspersonal erkannt wird, wird er aufgefordert, das Casino zu verlassen. Die Dauer der Selbstsperre reicht von sechs Monaten bis fünf Jahren.

Ladouceur et al. befragten die Teilnehmer dieses Programms unmittelbar nachdem das Foto gemacht wurde. Es wurden die soziodemografischen Angaben der Spieler erfasst, mit dem SOGS wurde der Grad problematischen Spielverhaltens erfragt, die Spielgewohnheiten wurden erfasst und nach der Bewertung des Programms zur Selbstsperre und eventuellen Erfahrung mit Selbstsperren gefragt. Insgesamt nahmen 220 Personen an der Befragung teil.

Von den Befragten waren 95 % pathologische Spieler (fünf oder mehr Punkte im SOGS); weitere fünf Prozent waren problematische Spieler (drei oder vier Punkte im SOGS). Die mittlere Punktzahl lag bei 9,87. Es handelte sich bei den Teilnehmern an dem Programm also um eher schwere Fälle pathologischen Spielverhaltens. Die meisten Teilnehmer (74 %) hatten sich selbst zu einer Selbstsperre entschlossen; Partner, Eltern, Kinder, Verwandte und Freunde gaben in den verbleibenden Fällen den Anstoß. 76 % hatten zum ersten Mal an einer Selbstsperre teilgenommen. Die meisten Befragten (66 %) entschieden sich für eine Dauer der Selbstsperre von einem Jahr oder weniger. Auch die Teilnehmer, die sich nicht zum ersten Mal haben sperren lassen, fanden diese Maßnahme positiv. Nur vier Prozent waren unzufrieden, in der Regel weil sie bei früheren Versuchen zusätzliche Hilfe erwartet hatten.

---

183 Vgl. Kleine Anfrage der Abg. Löher (SPD) vom 04.02.2015 betreffend Registrierung von Spielsüchtigen mittels der Datei Oasis und Antwort des Ministers des Innern und für Sport. Hessischer Landtag, 19. Wahlperiode, Drucksache 19/1567 vom 23.04.2015.

184 Ladouceur, R. / Jacques, C. / Giroux, I. / Ferland, F. / Leblond, J. „Analysis of a Casino's Self-Exclusion Program". In: *Journal of Gambling Studies*, 16(4), 2000, S. 453–460.

Die generellen Anmerkungen der Befragten zu dem Programm lassen sich in vier Gruppen einteilen. Erstens wurde die mangelnde Kontrolle durch das Aufsichtspersonal kritisiert. Zweitens hätten sich die Spieler gewünscht, dass sie bereits früher auf das Programm aufmerksam gemacht worden wären. Drittens wurde therapeutische Unterstützung gewünscht. Viertens wurde die Möglichkeit einer Verlängerung der Selbstsperre auch auf dem Postweg gewünscht.

Von den 53 Personen, die bereits an einer Selbstsperre teilgenommen hatten, berichteten 36 %, dass sie in der Zeit der Selbstsperre ein Casino aufgesucht hätten und 30 % berichteten, dass sie während der Selbstsperre an keiner einzigen Form eines Glücksspiel eilgenommen hätten. Die Mehrzahl der Befragten (83 %) hatte vor der Selbstsperre erfolglose Versuche unternommen, mit dem Spieler aufzuhören. Obwohl 49 % angaben, darüber nachgedacht zu haben, sich um therapeutische Hilfe zu bemühen, hatten nur 10 % tatsächlich einen Therapeuten aufgesucht.

Nach Ladouceur et al. ist der Erfolg einer Selbstsperre mit 30 % sehr viel höher als andere Maßnahmen, etwa die Teilnahme an einer Spielerselbsthilfegruppe (Erfolgsrate: acht Prozent). Weiterhin sollte zusammen mit einer Selbstsperre auch therapeutische Hilfe angeboten werden. Bei einer Selbstsperre handelt es sich um ein niedrigschwelliges Angebot, welches eher angenommen wird, als dass um therapeutische Hilfe nachgesucht wird.

Die Teilnahme an den Befragungen war freiwillig. Dies schränkt die Möglichkeit der Übertragung der Ergebnisse ein.

In einer weiteren Studie von Ladouceur et al. aus dem Jahr 2007 erfolgt eine Panelbefragung, in der auch die langfristigen Auswirkungen einer Spielersperre untersucht werden. In dieser Studie werden Teilnehmer an einer Selbstsperre über einen Zeitraum von zwei Jahren nach Beginn der Selbstsperre befragt. Es handelt sich hierbei wieder um die Teilnehmer an dem Programm der drei staatlichen Casinos in Quebec (Kanada).

Die mögliche Dauer der Selbstsperre reicht in dieser Untersuchung von sechs Monaten bis zwei Jahren. Die Teilnehmer wurden insgesamt fünf Mal alle sechs Monate über einen Zeitraum von zwei Jahren befragt. Die Teilnehmer wurden in drei Gruppen entsprechend der jeweils gewählten Dauer der Selbstsperre eingeteilt: sechs Monate, zwölf Monate und 24 Monate. Die Teilnehmer wurden von erfahrenen Psychologen oder Studierenden, die bereits einen Abschluss erlangt hatten, befragt.

Alle 161 Teilnehmer nahmen zum ersten Mal an einer Selbstsperre teil. Ein Drittel der Teilnehmer (33,3 %) wählte eine Sperrdauer von sechs Monaten, fast die Hälfte (45,9 %) eine Sperrdauer von einem Jahr und der Rest (20,8 %)

eine Sperrdauer von zwei Jahren. Für 74,5 % der Teilnehmer waren finanzielle Probleme ausschlaggebend für den Entschluss zur Selbstsperre. Die wichtigsten Spielformen waren Geldspielgeräte (60,9 %), Black Jack (16,8 %) und Roulette (9,9 %). Als Motiv für das Spielen nannten fast 70 % die Möglichkeit, Geld zu gewinnen. 88,8 (73,1) % der Teilnehmer waren nach den SOGS- (DSM-IV-)Kriterien pathologische Spieler, 6,8 % waren nach den SOGS-Kriterien problematische Spieler und 4,3 % hatten nach den SOGS-Kriterien keine Spielprobleme.

Von den Teilnehmern berichten 81,4 % von einem sehr starken Zwang zum Spielen, und 65,4 % gehen davon aus, dass sie wenig oder keine Kontrolle über ihr Spielverhalten haben.

Für die Panelbefragung standen 117 Teilnehmer zur Verfügung. Der Zwang zum Spielen nahm während der Spielersperre statistisch signifikant ab und die wahrgenommene Kontrolle des eigenen Spielverhaltens verbesserte sich statistisch signifikant. Die Punkte nach den SOGS- und den DSM-IV-Kriterien reduzierten sich signifikant. Diese Verbesserungen traten bereits nach sechs Monaten auf und bleiben über zwei Jahre weitgehend unverändert. In der Befragung nach sechs Monaten gaben 40,5 % (Gruppe mit einer Dauer der Sperre von sechs Monaten), 42,3 % (Gruppe mit einer Dauer der Sperre von zwölf Monaten) und 22,2 % (Gruppe mit einer Dauer der Sperre zwei Jahren) an, trotz der Sperre in den vergangenen sechs Monaten ein Casino besucht zu haben.

Die Selbstsperre in Quebec wurde nicht durch Hinweise auf Therapiemöglichkeiten oder therapeutische Unterstützung begleitet. Dies hätten sich jedoch einige der gesperrten Spieler gewünscht.

Im Montrealer Casino fand im November 2005 eine entsprechende Verbesserung des Programms zur Selbstsperre statt. Auf diesen Aspekt konzentriert sich die Studie von Tremblay et al.[185]

Die Verbesserung besteht darin, dass die gesperrten Spieler die Möglichkeit erhalten, zu Beginn der Selbstsperre einen Selbstsperre-Berater zu konsultieren. Die Teilnahme ist freiwillig. Die Mehrheit der gesperrten Spieler (70 %) entschied sich für dieses zusätzliche Angebot.

Als Berater tritt ein vom Casino unabhängiger Psychologe auf, der auch an einem anderen Ort lokalisiert ist. Während eines ersten Beratungsgesprächs direkt nach Einleiten der Selbstsperre erhält der gesperrte Spieler Feedback in Bezug auf sein Spielverhalten und Hinweise auf weitere Hilfemöglichkeiten (Selbsthilfegruppen, Suchthilfeeinrichtungen, Schuldenberatung etc.). Der gesperrte

---

185 Vgl. Tremblay, N. / Boutin, C. / Ladouceur, R.: „Improved Self-exclusion Program: Preliminary Results". In: *Journal of Gambling Studies*, Vol. 24, 2008, 505–518.

Spieler kann während der gesamten Sperrzeit monatlich telefonische Unterstützung durch den Selbstsperre-Berater erhalten. Dies ist jedoch nicht als eine therapeutische Hilfe gedacht. Am Ende der Sperrzeit besteht die Verpflichtung zu einem Treffen mit dem Berater. In diesem Treffen wird die Situation des gesperrten Spielers evaluiert und der Spieler wird über die Wahrscheinlichkeiten bei Glücksspielen und verantwortliches Spielen informiert. Wenn notwendig, erfolgt ein Hinweis auf weitere Hilfesmöglichkeiten. Bei dem zusätzlichen Programm muss der Spieler an diesem Treffen teilnehmen, um die Sperre beenden zu können.

Etwa die Hälfte der gesperrten Spieler (40 %) schrieb sich für eine Teilnahme an der freiwilligen ersten Sitzung ein. Es kamen jedoch nur 15 % aus dieser Gruppe tatsächlich zum Beratungsgespräch. Dies sind jedoch immer noch mehr als die 10 %, die sich nach der Untersuchung von Ladouceur et al. jemals an einen Therapeuten gewandt hatten. Das Angebot wird von den Autoren daher als Erfolg gewertet.

Etwa ein Viertel der Personen, die an beiden Beratungsgesprächen teilnahmen, wollten sich um therapeutische Hilfe außerhalb des zusätzlichen Angebots bemühen. Die Mehrheit wollte jedoch das monatliche Gespräch mit dem Spielersperre-Berater beibehalten. Nach Ansicht der Autoren ist dies ein deutlicher Hinweis, dass der Spielersperre-Berater nicht nur ein Weg zu weiteren Hilfsangeboten ist, sondern für sich ein vollständiges Angebot darstellt.

Eine vertiefende Analyse zeigte, dass etwa die Hälfte der Teilnehmer am zusätzlichen Programm, die nicht zum ersten Beratungsgespräch kamen, das Angebot nicht richtig verstanden hatte. Dies führen die Autoren darauf zurück, dass die Spieler zu dem Zeitpunkt, an dem sie den Sperrvertrag unterzeichneten, das Procedere möglichst schnell hinter sich bringen wollen und zu aufgeregt waren, um das Angebot richtig zu verstehen. Sie schlagen daher vor, dass die Kontaktaufnahme mit dem Selbstsperre-Berater erst einige Zeit später erfolgen sollte.

Am Ende der Sperrzeit kamen etwa zwei Drittel der Teilnehmer am zusätzlichen Angebot zu dem Beratungsgespräch. Nur wenige Spieler verlängerten ihre Sperrdauer während dieses Treffens. Ein Drittel kam nicht zum Gespräch und wählte damit die Option der automatischen Verlängerung der Sperrdauer.

Diese Untersuchung macht deutlich, dass die Effektivität der freiwilligen Spielersperre durch begleitende freiwillige Maßnahmen verbessert werden kann.[186]

---

186 Vgl. weiterführend zur effektiven Ausgestaltung von Programmen zur Spielersperre: Responsible Gambling Council: *From Enforcement to Assistance. Evolving Best Practices in Self-Exclusion*. Discussion Paper, March 2008.

In Missouri, USA, gibt es ein freiwilliges Sperrprogramm für den gesamten Bundesstaat. Mit ihrer Teilnahme bestätigt die Person, dass sie eine Störung des Spielverhaltens hat, sie wird in eine Liste der im Casino unerwünschten Personen eingetragen und gibt eine Versicherung ab, dass sie in einer bestimmten Region für eine gewisse Zeitdauer (oft der Rest des Lebens) diesen Spielstätten fernbleibt. Dieses Programm verpflichtet die Casinos, gesperrte Personen aus den Mailinglisten zu entfernen und Mechanismen zu implementieren, um diese, wenn sie sich nicht an das Versprechen halten, zu identifizieren und für das unbefugte Betreten zu belangen. Dieses Vergehen wird in das Vorstrafenregister (*public record*) eingetragen.

Auf eine Studie aus Missouri zur Selbstsperre[187], die sich vor allem mit dem Zusammenhang zwischen Verfügbarkeit und der Rate der gesperrten Personen in der Bevölkerung befasst, ist bereits in Kapitel 5.3 eingegangen worden. Es liegt eine weitere Studie zur Selbstsperre für ein Casino in Missouri vor,[188] in der ein längerer Zeitraum betrachtet wurde als in der kanadischen Panelbefragung. 113 Personen, die sich von 1997 bis 2003 haben sperren lassen, wurden 2007 befragt. Die Dauer der Selbstsperre ist lebenslänglich.

Damit liegt neben den Studien von Ladouceur et al. eine dritte Studie vor, die die Entwicklung gesperrter Spieler nach dem Sperrvorgang untersucht.

Die Ergebnisse von Ladouceur et al. werden weitestgehend bestätigt. Von den Befragten waren vor Eintragung in die Selbstsperre 78,8 % pathologische Spieler (fünf oder mehr Punkte im SOGS), 8,8 % problematische Spieler (drei oder vier Punkte im SOGS) und der Rest hatte entweder wenige (ein bis zwei Punkte in dem SOGS) oder keine Probleme. Bei diesen Angaben ist zu berücksichtigen, dass die Befragten nicht zum Zeitpunkt der Selbstsperre befragt wurden, sondern retrospektiv zum Zeitraum von sechs Monaten vor Eintragung der Selbstsperre. Diese lag zum Zeitpunkt der Befragung jedoch bereits zwischen 3,8 und 10,5 Jahren zurück (mit einem Mittelwert von 6,1 Jahren).

Die Angaben für die Zeit vor der Sperre wurden mit den Angaben zum Spielverhalten in den sechs Monaten vor der Befragung verglichen. Nur 15,0 % erfüllten, bezogen auf die vergangenen sechs Monate, die SOGS-Kriterien für pathologisches Spielverhalten, 4,4 % für problematisches Spielverhalten und der

---

187 Vgl. LaBrie, R. / Nelson, S. / LaPlante D. / Peller, A. / Caro, G. / Shaffer, H.: „Missouri Casino Self-Excluders: Distribution across Time and Space". In: *Journal of Gambling Studies*, 23, 2007, S. 231–243.

188 Nelson, S. / Kleschinsky, J. / LaBrie, R. / Kaplan, S. / Shaffer, H.: „One Decade of Self Exclusion: Missouri Casino Self Excluders Four to Ten Years after Enrollment". In: *Journal of Gambling Studies*, Vol. 26, 2010, S. 129–144.

Rest hatte entweder wenige oder keine Probleme. Der Rückgang im pathologischen bzw. problematischen Spielverhalten war statistisch signifikant.

Es konnten zwei Gruppen unterschieden werden: Die Befragten, die in den letzten sechs Monaten vor der Befragung trotz der Selbstsperre gespielt hatten und diejenigen, bei denen dies nicht der Fall war. Die beiden Gruppen unterschieden sich im Grad der Problematik nach dem SOGS vor der Spielsperre nicht (signifikant) voneinander. In der Gruppe (46 Personen), die in den letzten sechs Monaten nicht gespielt hatte, betrug der Anteil der Befragten, die keine Probleme hatte, 100 %. In der anderen Gruppe (68 Personen) ist der Anteil pathologischer Spieler von 78,8 auf 25,0 % gesunken und der Anteil von Spielern ohne Probleme von 4,4 auf 47,1 % gestiegen, obwohl keine Abstinenz vorlag. Selbst bei Spielern, die trotz der Sperre gespielt hatten, ist eine deutliche Verbesserung der Spielproblematik zu beobachten. Diese Verbesserungen waren für alle Befragten und gesondert auch für die beiden Gruppen der Befragten statistisch signifikant.

Nach der Selbstsperre hatten 13 % überhaupt nicht mehr gespielt, 40 % hatten in den letzten sechs Monaten vor der Befragung nicht gespielt. Die große Mehrheit von 81 % hatte trotz der Selbstsperre noch irgendwann gespielt, in der Regel in Casinos außerhalb von Missouri, zum Teil aber auch in den Casinos, für die die Selbstsperre galt. Kein einziger der Befragten hat nach eigenen Angaben mehr als vor der Selbstsperre gespielt. Der Anteil der Personen, die therapeutische Hilfe in Anspruch nahmen, stieg nach der Sperre von 15 auf 34 %.

Auch die Untersuchung von Nower und Blaszcynski[189] basiert auf den Daten der Sperrliste in Missouri. Sie befragten 2 670 Spieler, die sich zwischen 2001 und 2003 haben sperren lassen. Diese Untersuchung konzentriert sich jedoch auf den Genderaspekt. Von den gesperrten Spielern waren 51,1 % männlichen und 48,4 % weiblichen Geschlechts. Die Frauen spielten im Durchschnitt seit neun und die Männer seit 13 Jahren. 58,9 % der Frauen und 40,0 % der Männer hatten ihre Spielerkarriere an Geldspielgeräten begonnen. In den letzten sechs Monaten vor der Spielersperre waren Geldspielgeräte für 61,6 % der Frauen und 46,9 % der Männer die beliebteste Glücksspielform. Der wichtigste Grund, sich sperren zu lassen, war bei Frauen (54,5 %) und Männern (48,5 %) der Wunsch, wieder Kontrolle über das eigene Spielverhalten zu erlangen.

189 Vgl. Nower, L. / Blaszcynski, A.: „Characteristics and Gender Differences among Self-Excluded Casino Problem Gamblers: Missouri Data“. In: *Journal of Gambling Studies*, 22(1), 2006, S. 81–99.

Meyer und Hayer[190] berichten über eine Studie von Steinberg und Velardo[191], in der 235 Spieler befragt wurden. Alle Spieler hatten im Mohegan-Sun-Casino in Connecticut (USA) eine Selbstsperre erwirkt. Nach Aussage der beiden Autoren bestätigt diese Studie die Ergebnisse von Ladouceur et al.

Die Studien aus Kanada und den USA zeigen, dass trotz einer Identifikation durch geschultes Personal ein bedeutender Prozentsatz der gesperrten Spieler weiterhin ein Spielcasino aufgesucht hat. Eines der Hautprobleme des kanadischen und amerikanischen Systems ist die fehlende Eingangskontrolle. Auf Grund der deutschen Rechtsprechung ist kaum damit zu rechnen, dass ein gesperrter Spieler Zugang zu deutschen Spielcasinos erhält.

In Deutschland bestehen bisher nur Erfahrungen mit einer bundesweiten und spielformen-übergreifenden Sperrdatei, die jedoch bisher nicht wissenschaftlich untersucht wurde. Es gibt keine Erfahrungen mit einer Sperrliste. Diese ermöglicht es dem Spieler, sich für bestimmte Spielformen, etwa Geldspielgeräte, und bestimmte Spielorte, bspw. die Spielhalle bzw. Spielhallen, sperren zu lassen.

Wenn ein Spieler wählen könnte, auf welche Spielformen, Spielorte und welchen Zeitraum sich die Sperrung erstreckt, könnte dies seinen Bedürfnissen am besten entsprechen. Es bleibt abzuwarten, ob und wie das System einer Sperrliste von Spielern angenommen wird.

Nach Meyer und Hayer[192] muss offen bleiben, welche Variablen auf der individuellen Ebene des Spielers den Erfolg oder Misserfolg einer Spielsperre maßgeblich bedingen. Neben der Schwere des pathologischen Spielverhaltens und dem Vorhandensein komorbider Störungen dürfte auch die individuelle Veränderungsmotivation den Erfolg beeinflussen.

Obwohl sich ein Programm zur Spielersperre schon für sich genommen als präventive Maßnahme eignet, dürfte der Erfolg auch von der flankierenden Inanspruchnahme von Hilfeangeboten abhängen. So sehen Blaszcynski et al.[193] die Selbstsperre als Eingang zur therapeutischen Behandlung. Sie fordern hier eine Weiterentwicklung. Die Selbstsperre sollte sich von einer eher strafbetonten

---

190 Vgl. hierzu Meyer, G. / Hayer, T.: „Die Spielersperre des Glücksspielers – Eine Bestandsaufnahme". In: *Sucht*, 53(3) 2007, S. 160–168.

191 Steinberg, M. A. / Velardo, W.: „Ongoing Evaluation of a Self-Exclusion Program". Paper presented at the 12th International Conference on Gambling and Risk Taking, Vancouver (Canada), May 26–30, 2003.

192 Vgl. hierzu Meyer, G. / Hayer, T.: „Die Spielersperre des Glücksspielers – Eine Bestandsaufnahme". In: *Sucht*, 53(3) 2007, S. 160–168.

193 Blaszczynski, A. / Ladouceur, R. / Nower, L.: *Self-Exclusion: A Gateway To Treatment.* Australian Gaming Council, 2004.

Maßnahme zu einem Programm entwickeln, welches individuellen Ansprüchen und Bedürfnissen gerecht wird.

Es ist sinnvoll, die Selbstsperre als eigene Maßnahme in einem umfassenden Programm zum Spielerschutz einzuordnen. Das Beispiel des Selbstsperre-Beraters zeigt, dass viele Spieler zwar Unterstützung wünschen, aber davor zurückschrecken, therapeutische Hilfe aufzusuchen. Hier könnte ein Selbstsperre-Berater eine wichtige Funktion erfüllen.

Die Untersuchung von Cunningham et al.[194] macht deutlich, dass sich Spieler mit problematischem oder pathologischem Spielverhalten unterschiedliche Formen der Hilfe wünschen. Diese können sich von einem Telefonanruf, in dem das Spielverhalten besprochen wird, über eine Broschüre, in der ein Test zur Bewertung des eigenen Spielverhaltens zu finden ist, bis zu einer Computer- oder Internetbefragung, in der das eigene Spielverhalten mit demjenigen der Bevölkerung bzw. bestimmter Gruppen, bspw. pathologischer Spieler, die sich in Therapie begeben haben, verglichen wird, erstrecken und verschiedene Formen kombinieren. Hierauf wird im Rahmen dieses Buches nicht näher eingegangen.

Neben Erfahrungen aus Casinos liegen auch solche aus dem Bereich des Internet vor. Es gibt eine Reihe von Glücksspielanbietern. Nur bei einem der 30 untersuchten Anbieter besteht die Möglichkeit, sich sperren zu lassen.[195] Andererseits ist der Wechsel zu einem anderen Anbieter vergleichsweise einfach.

Für eine Selbstsperre existieren prinzipiell zwei extreme Konzepte: eine bundesweite Sperrdatei, die alle Spielformen mit hohem Suchtgefährdungspotential umfasst, oder eine Sperrliste, die sich nur auf einzelne Spielhallen bezieht. Eine spielformen-übergreifende Sperrdatei bei allen legalen Anbietern hätte den Vorteil, dass es für einen Spieler schwieriger ist, die Selbstsperre zu umgehen. Auf der anderen Seite könnte die Teilnahme an einer Selbstsperre, die sich nur auf eine Spielhalle bezieht, von einem Spieler eher akzeptiert werden als eine umfassende Sperre.

Der staatliche Anbieter *Svenska Spel* bietet seit März 2006 Internet-Poker an. Auf Wunsch können die Spieler an Maßnahmen für verantwortungsbewusstes Spielen teilnehmen. Neben der Teilnahme an einer Pokerschule ist es möglich, das eigene Spielverhalten zu analysieren, durch das Setzen von Limits das Spielverhalten zu kontrollieren, an einem Selbsttest auf problematisches oder

194 Cunningham, J. / Hodgins, D. / Toneatto, T.: „Problem Gamblers' Interest in Self-Help Services". In: *Psychiatric Services*, 59(6), 2008. S. 695–696.

195 Vgl. ausführlich Griffiths, M. / Wood, R. / Parke, J.: „Social Responsibility Tools on Online Gambling: A Survey of Attitudes and Behavior among Internet Gamblers". In: *CyberPsychology and Behavior*, 12(4), 2009, S. 413–421.

pathologisches Spielverhalten teilzunehmen und sich sperren zu lassen. In einer Online-Befragung von Jonsson[196] wurden 1 031 von 2 575 aktiven Teilnehmern am Internet-Angebot von Svenska Spel zufällig ausgewählt. Von diesen gaben 5,4 % an, schon einmal von der Selbstsperre Gebrauch gemacht zu haben. Von diesen wiederum haben 30 % während der Selbstsperre bei einem anderen Anbieter Poker im Internet gespielt. 45 % der 1 031 Befragten hatten sich Limits gesetzt und 16 % den Selbsttest durchgeführt.

Auch Griffiths et al.[197] untersuchten die von Svenska Spel angebotenen Maßnahmen. Sie befragten 2 348 Spieler. 56 % hatten sich Limits für die Ausgaben gesetzt, 40 % nutzten den Selbsttest und 17 % die Selbstsperre.

ERGEBNISBOX: SPIELERSPERRE

Im Kanada und den USA wird die Möglichkeit, sich für das Casinospiel in einer Region sperren zu lassen, in der Regel von Personen mit hochgradig pathologischem Spielverhalten in Anspruch genommen.

Eine Sperre für Online-Spiele wird auch von Spielern in Anspruch genommen, die eher problematisches als pathologisches Spielverhalten aufweisen.

Obwohl eine Sperre bei einem Anbieter im Internet leicht umgangen werden kann, macht die Mehrzahl der gesperrten Spieler von dieser Umgehungsmöglichkeit keinen Gebrauch.

Die Selbstsperre richtet sich, im Gegensatz zu anderen Maßnahmen, mit denen die Verfügbarkeit eingeschränkt werden soll, gezielt auf gefährdete Spieler. Sie ist allein dadurch sehr wirkungsvoll.

Die vorliegenden Untersuchungen zeigen, dass eine Spielersperre zu den effektivsten Maßnahmen des Spielerschutzes zu rechnen ist.

Die Effektivität einer Spielersperre kann durch die Einbettung in ein Sozialkonzept noch deutlich verbessert werden. So wäre ein Spielersperre-Berater sinnvoll.

---

196 Vgl. hierzu Jonsson, J.: „Responsible Gaming und Gambling Problems among 300 Swedish Internet Poker Players“. Paper presented at the 7th European Conference on Gambling Studies and Policy Issues, Nova Gorica, Slovenien 2007 und Hayer, T. / Meyer, G.: „Internet Self-Exclusion: Characteristics of Self Excluded Gamblers and Preliminary Evidence for Its Effectiveness“. In: *International Journal of Mental Health Addiction* Vol. 9, 2011, S. 298.

197 Vgl. ausführlich Griffiths, M. / Wood, R. / Parke, J.: „Social Responsibility Tools on Online Gambling: A Survey of Attitudes and Behavior among Internet Gamblers“. In: *CyberPsychology and Behavior*, 12(4), 2009, S. 413–421.

Die Spielersperre ist eine freiwillige Maßnahme und daher auch mit dem Verständnis des pathologischen Spielers als (zumindest zeitweise) voll verantwortlichem Individuum vereinbar. Die Sperre basiert auf der Annahme, dass der einzelne Spieler in erster Linie die Verantwortung für sein Verhalten trägt.

Personen mit pathologischem Spielverhalten zeichnen sich in der Regel dadurch aus, dass es ihnen schwer fällt, ihr Spielverhalten zu kontrollieren. Die Spielersperre ist eine Form der Selbstbindung und unterstützt damit den Versuch, die Kontrolle über das eigene Spielverhalten wiederzuerlangen und dem Zwang zum Spielen Grenzen zu setzen.

Die Spielersperre ist eine Möglichkeit der Prävention bzw. der Schadensminderung pathologischen Spielverhaltens, die in dieser Form bei einer Abhängigkeit von Alkohol oder Tabak nicht zu verwirklichen ist.

9. Voraussichtliche Auswirkungen der Mindestabstandsregel

Geldspielgeräte sind nur in bestimmten Lokalitäten zu finden: insbesondere in Spielhallen, Gaststätten und Imbissen. Dies wird durch die Spielverordnung bestimmt.[198] Auf die Vorgaben der Spielverordnung wird im ersten Abschnitt dieses Kapitels eingegangen.

Geldspielgeräte sind nicht in jeder Gegend einer Stadt zu finden. Spielhallen sind vor allem in Innenstädten angesiedelt und nicht in Wohngebieten. Dies hat seine Ursachen in den baurechtlichen Regulierungen, genauer gesagt, im Baugesetzbuch und der Baunutzungsverordnung. Auf diese baurechtlichen Aspekte wird im zweiten Abschnitt eingegangen. Die kommunalen Steuerungsmöglichkeiten der Standorte von Spielhallen werden dabei diskutiert.

In einem dritten Abschnitt wird dann empirisch untersucht, welche Auswirkungen die Mindestabstandsregel und das Verbot der Mehrfachspielhallen auf die Verfügbarkeit von Spielhallen haben könnten. Dies erfolgt an dem Beispiel von Baden-Württemberg und für die Städte Heidelberg, Karlsruhe, Mannheim, Pforzheim, Reutlingen, Stuttgart und Ulm. Zuerst werden die jetzigen Standorte von Spielhallen in diesen Städten vorgestellt. Anschließend wird berechnet, wie viel Prozent der Spielhallen auf Grund der Mindestabstandsregel schließen müssten. Die Kommunen, die die glückspielrechtlichen Genehmigungen für den Betrieb einer Spielhalle ab Mitte 2017 erteilen, werden vermutlich auf geographische Informationssysteme zurückgreifen, wie sie in der Raumplanung verwendet werden. Die Berechnungen im dritten Abschnitt verwenden zur Berechnung der Auswirkungen der Mindestabstandsregel ein derartiges geographisches Informationssystem.

Die Mindestabstandsregel wirft nicht nur eine Reihe von rechtlichen Problemen auf, sondern vor allem auch Probleme in der praktischen Umsetzung, die sich sehr deutlich bei den Berechnungen gezeigt haben. Auf die Probleme bei der Umsetzung der Mindestabstandregel wird in einem vierten Abschnitt eingegangen.

198 Vgl. genau § 1 Spielverordnung in der Fassung der Bekanntmachung vom 27. Januar 2006 (BGBl. I S. 280), die zuletzt durch Artikel 1 der Verordnung vom 08.12.2014 (BGBl. I S. 2003) geändert worden ist.

Für den Betrieb einer Spielhalle sind drei Arten von Erlaubnissen notwendig:

1. Die gewerberechtliche Erlaubnis gemäß § 33c Abs. 1 und 2 Gewerbeordnung (GewO) umfasst die Bestimmungen für die Aufstellung von Geldgewinnspielgeräten. Die Gewährung einer Aufstellerlaubnis ist insbesondere an die Person des Gewerbetreibenden gebunden, kann aber auch mit Auflagen auch im Hinblick auf den Aufstellungsort versehen werden. Die Erlaubnis bezieht sich dabei auf die Tätigkeit des gewerbsmäßigen Aufstellens von Spielgeräten als solche und nicht auf die Aufstellung einzelner Geräte.

Neben dieser allgemeinen Aufstellerlaubnis bedarf es nach § 33c Abs. 3 GewO zusätzlich noch einer Geeignetheitsbestätigung des Aufstellungsortes.

Basierend auf der Verordnungsermächtigung der §§ 33f und g GewO, deren Zielstellung die „Eindämmung der Betätigung des Spieltriebs" sowie der Schutz von Spielern, Jugendlichen und der Allgemeinheit ist, wurde die Spielverordnung (SpielV) erlassen. Die SpielV konkretisiert die Vorgaben der Gewerbeordnung zu Geldspielgeräten u. a. in Spielhallen und enthält bspw. Angaben zu zulässigen und nicht zulässigen Aufstellungsorten und Mindestabständen zwischen den Geldspielgeräten, aber auch zu Bauart und Zulassung der Geräte. Die Spielgeräte müssen über eine Bauartzulassung bzw. Unbedenklichkeitsbescheinigung gemäß § 33 e GewO verfügen.

2. Spielhallen werden baurechtlich zu den Vergnügungsstätten subsummiert; eine baurechtliche Erlaubnis der entsprechenden Kommune ist somit erforderlich.

Nach der Baunutzungsverordnung ist die Errichtung von Vergnügungsstätten nur in Kerngebieten grundsätzlich zulässig. Das Kerngebiet ist in den meisten Städten mit der Innenstadt identisch. In reinen Wohngebieten, in allgemeinen Wohngebieten und in Industriegebieten sind Vergnügungsstätten unzulässig.

3. Weiterhin sieht die Gewerbeordnung in § 33i vor, dass, wer gewerbsmäßig eine Spielhalle betreibt, der Erlaubnis der zuständigen Behörde bedarf. Diese Erlaubnis nach § 33i GewO tritt kumulativ zu den nach § 33c GewO erforderlichen Erlaubnissen (Aufstellerlaubnis und Geeignetheitsbestätigung) und der baurechtlichen Erlaubnis hinzu.

Diese gewerberechtliche Erlaubnis nach § 33i GewO läuft spätestens zum 30. Juni 2017 aus und ist durch eine glücksspielrechtliche Erlaubnis zu ersetzen. Der Glücksspieländerungsstaatsvertrag sieht in § 25 vor:

> (1) Zwischen Spielhallen ist ein Mindestabstand einzuhalten (Verbot von Mehrfachkonzessionen). Das Nähere regeln die Ausführungsbestimmungen der Länder.
>
> (2) Die Erteilung einer Erlaubnis für eine Spielhalle, die in einem baulichen Verbund mit weiteren Spielhallen steht, insbesondere in einem gemeinsamen Gebäude oder Gebäudekomplex untergebracht ist, ist ausgeschlossen.

(3) Die Länder können die Anzahl der in einer Gemeinde zu erteilenden Erlaubnisse begrenzen.

Diese Vorgaben wurden in den Landesglücksspielgesetzen bzw. Spielhallengesetzen dahingehend konkretisiert, dass der jeweilige Mindestabstand festgelegt wurde. Die glücksspielrechtliche Erlaubnis setzt die Einhaltung des Mindestabstands zu einer anderen Spielhalle voraus, der sich je nach Bundesland voneinander unterscheidet.[199] In Baden-Württemberg beträgt dieser Mindestabstand 500 Meter und Mehrfachspielhallen sind untersagt.

9.1 Vorgaben der Spielverordnung

Nach der Spielverordnung (SpielV) darf, so § 1 Abs. 1, ein Spielgerät, bei dem der Gewinn in Geld besteht (Geldspielgerät), nur aufgestellt werden

- in Räumen von Schank- oder Speisewirtschaften, in denen Getränke oder zubereitete Speisen zum Verzehr an Ort und Stelle verabreicht werden, oder in Beherbergungsbetrieben,
- in Spielhallen oder ähnlichen Unternehmen oder
- in Wettannahmestellen der konzessionierten Buchmacher, es sei denn, in der Wettannahmestelle werden Sportwetten vermittelt.

In Spielhallen oder ähnlichen Unternehmen darf je 12 Quadratmeter Grundfläche höchstens ein Geld- oder Warenspielgerät aufgestellt werden; die Gesamtzahl darf jedoch zwölf Geräte nicht übersteigen (§ 3 Abs. 2 SpielV). Daraus berechnet sich eine maximale Fläche je Spielhalle von 144 Quadratmetern.

Bei den sogenannten Mehrfachspielhallen sind mehrere Spielhallen in einem Gebäudekomplex benachbart. Dies ist aber nur über mehrere Konzessionen möglich, da die Spielverordnung die maximale Anzahl der Geräte auf 12 Stück begrenzt. Nach einer Entscheidung des Bundesverwaltungsgericht vom 09.10.1984 (1 C 21/83) sind Mehrfachspielhallen unter bestimmten Bedingungen zulässig. Das Gericht stellte fest, dass die Erlaubnispflicht nach 33i GewO nicht voraussetzt, dass eine Spielhalle die Merkmale eines Betriebes aufweist. „Will jemand das Spielhallengewerbe in mehreren voneinander unabhängigen Betriebsstätten betreiben, so ist ihm auf seinen Antrag – das Fehlen von Versagungsgründen unterstellt – für jede Betriebsstätte eine gesonderte Erlaubnis zu erteilen."[200] Bei benachbarten Spielstätten ist auschlaggebend, ob die Betriebsstätten räumlich

199 Vgl. Kapitel 2.1.
200 Leitsatz 2 zum Urteil des Bundesverwaltungsgerichts vom 09.10.1984 (1 C 21/83).

so getrennt sind, dass bei natürlicher Betrachtungsweise die Sonderung der einzelnen Spielstätten optisch in Erscheinung tritt und die Betriebsfähigkeit jeder Betriebsstätte nicht durch Schließung der anderen Betriebsstätte beeinträchtigt wird. In der Regel erfordert dies getrennte Eingänge für jede Betriebsstätte, d. h. für jede Konzession, und eine eigene Toilettenanlage.

In Schankwirtschaften, Speisewirtschaften, Beherbergungsbetrieben und Wettannahmestellen der konzessionierten Buchmacher dürfen höchstens drei Geld- oder Warenspielgeräte aufgestellt werden (§ 3 Abs. 1 SpielV). Mit dem 10. November 2019 wird die Zahl auf zwei Geräte reduziert.[201]

Entsprechend der Spielverordnung sind Geldspielgeräte in Spielhallen und Gaststätten oder auch in Imbissbuden zu finden.

Die Mindestabstandsregel gilt nur für Spielhallen, nicht jedoch für Gaststätten und Imbisse. Da Geldspielgeräte sowohl in Spielhallen als auch Gaststätten und Imbissen zu finden sind, wird eine einseitige Regulierung der Spielhallen zu einer Ausweichbewegung in Richtung Gaststätten und Imbisse führen. Es ist daher zu erwarten, dass mit einer sinkenden Anzahl von Geldspielgeräten in Spielhallen die Anzahl der Geldspielgeräte in Gaststätten und Imbissbuden steigen wird. Neben dieser Ausweichbewegung in andere Lokalitäten wird es vermutlich auch eine Ausweichbewegung in Richtung Internet geben.[202]

Die Glücksspielgeräte, die in Spielbanken zu finden sind, unterliegen nicht den Vorgaben der Spielverordnung. Es ist prinzipiell denkbar, dass es auch hier Ausweichbewegungen geben wird.

ERGEBNISBOX: AUFSTELLUNG VON GELDSPIELGERÄTEN

Für die Aufstellung von Geldspielgeräten sind eine gewerberechtliche Erlaubnis, eine baurechtliche Erlaubnis und ab 1. Juli 2017 auch eine glücksspielrechtliche Erlaubnis notwendig.

Auf Grund der gewerberechtlichen Erlaubnis sind Geldspielgeräte vor allem in Spielhallen, Gaststätten und Imbissen zu finden. Auf Grund der baurechtlichen Erlaubnis sind Spielhallen vor allem in Innenstädten zu finden.

---

201 Vgl. Sechste Verordnung zur Änderung der Spielverordnung vom 04.11.2014, in: *Bundesgesetzblatt* Teil I, Nr. 50, 10.11.2014, S. 1678–1682.

202 Aus wissenschaftlicher Sicht lassen sich derzeit noch keine Aussagen darüber treffen, welchen Umfang diese Ausweichbewegungen tatsächlich haben werden. Hier wären weitere wissenschaftliche Untersuchungen notwendig.

In Spielhallen dürfen maximal 12 Geldspielgeräte und in Gaststätten und Imbissbuden maximal drei Geldspielgeräte aufgestellt werden.

Ab 1. Juli 2017 ist die Mindestabstandsregel zwischen Spielhallen einzuhalten und Mehrfachspielhallen sind untersagt.

Die Mindestabstandsregel gilt nur für Spielhallen, nicht jedoch für Gaststätten und Imbisse. Es ist daher zu erwarten, dass mit einer sinkenden Anzahl von Geldspielgeräten in Spielhallen die Anzahl der Geldspielgeräte in Gaststätten und Imbissbuden steigen wird. Auch das Internet wird weiterhin als Spielort an Bedeutung gewinnen.

9.2 Kommunale Steuerungsmöglichkeiten

Die Kommunen (Städte und Gemeinden) haben verschiedene Möglichkeiten der Steuerung der Ansiedlung von Spielhallen.

Sie setzen die Höhe der Vergnügungssteuer fest. Mit Beschluss vom 4. Februar 2009 hat das Bundesverfassungsgericht entschieden, dass eine Besteuerung nach Stückzahl und Aufstellungsort der Automaten den Verfassungsgrundsätzen widerspricht.[203] Die Kommunen, die von einer Pauschalbeteuerung zu einer Besteuerung des Kasseninhalts übergegangen sind, erheben einen Satz von in der Regel 10 bis 15 % vom Kasseninhalt. In Bayern wird keine Vergnügungssteuer auf Geldspielgeräte erhoben.[204]

Auch durch das Bauordnungsrecht mit den Anforderungen an Stellplätze und durch das Gewerberecht mit der Überprüfung der Anforderungen der Spielverordnung können Kommunen einen Einfluss auf Spielhallen nehmen.

Insbesondere kann eine Kommune jedoch durch die Aufstellung von Bauleitplänen einen Einfluss auf die Ansiedlung von Vergnügungsstätten ausüben.

Für die Aufstellung von Bauleitplänen sind nach dem Baugesetzbuch (BauGB) die Kommunen zuständig.[205] Bei der Bauleitplanung müssen die Kommunen Ziele der Raumordnung in Raumordnungsplänen beachten, sowie öffentliche

203 Vgl. BVerfG, 1 BvL 8/05 vom 04.02.2009.

204 Vgl. Peren, F. / Clemen, R. / Terlau, W.: *Die volkswirtschaftlichen Auswirkungen der Vergnügungssteuer auf Unterhaltungsautomaten mit und ohne Gewinnmöglichkeit. Gutachten für Verband der Deutschen Automatenindustrie e.V.*, Deutscher Automaten-Großhandels-Verband e.V., Bundesverband Automatenunternehmer e.V. und Forum für Automatenunternehmer in Europa e.V., 22. April 2011.

205 Vgl. § 2.2 des Baugesetzbuchs in der Fassung der Bekanntmachung vom 23.09.2004 (BGBl. I S. 2414), das durch Artikel 118 der Verordnung vom 31.09.2015 (BGBl. I S. 1474) geändert wurde.

und private Belange berücksichtigen. Bauleitpläne sind der Flächennutzungsplan (vorbereitender Bauleitplan) und der Bebauungsplan (verbindlicher Bauleitplan).

Im Geltungsbereich eines Bebauungsplans, der allein oder gemeinsam mit sonstigen baurechtlichen Vorschriften mindestens Festsetzungen über die Art und das Maß der baulichen Nutzung, die überbaubaren Grundstücksflächen und die örtlichen Verkehrsflächen enthält, ist ein Vorhaben zulässig, wenn es diesen Festsetzungen nicht widerspricht.[206]

Die Aufstellung von Bebauungsplänen dient der Feinsteuerung der räumlichen Planung. Hierbei sind die Baunutzungsverordnung und das Baugesetzbuch zu beachten. Bei der Aufstellung der Bauleitpläne sind nach dem Baugesetzbuch insbesondere unter anderem die „Schaffung und Erhaltung sozial stabiler Bewohnerstrukturen" zu beachten.[207] Im Bebauungsplan können die für die Bebauung vorgesehenen Flächen nach Art ihrer baulichen Nutzung (Baugebiete) dargestellt werden. Die Baunutzungsverordnung[208] (BauNVO) unterscheidet hier verschiedene Gebietstypen (vgl. Tabelle 3).

Neben den Gebietstypen unterscheidet die BauNVO zwischen Gebäudearten, wie Wohngebäude, Läden und Gaststätten, Tankstellen, Handwerksbetriebe, Gewerbe, Hotels und Pensionen, Verwaltungsgebäude, Geschäfts- und Bürogebäude, Parkhäuser, Lagerhäuser, Industriebetriebe und Vergnügungsstätten.

Nach Fickert und Fieseler ist Vergnügungsstätten eigen, d. h. sie typisierend, dass sie meistens erhebliche (Lärm-)Belästigung der Funktion „Wohnen" bewirken.[209] Unter Vergnügungsstätten sind gewerbliche Nutzungsarten zu verstehen,[210] die sich in unterschiedlicher Ausprägung (wie Amüsierbetriebe,

---

206 Vgl. § 30.2 BauGB.

207 Vgl. § 1,6 Nr. 2 des Baugesetzbuch in der Fassung der Bekanntmachung vom 23.09.2004 (BGBl. I S. 2414), das zuletzt durch Artikel 1 des Gesetzes vom 22.07.2011 (BGBl. I S. 1509) geändert wurde.

208 Baunutzungsverordnung in der Fassung der Bekanntmachung vom 23.01.1990 (BGBl. I S. 132), die zuletzt durch Artikel 2 des Gesetzes vom 11.06.2013 (BGBl. I S. 1548) geändert worden ist.

209 Vgl. Fickert, H.C. / Fieseler H.: *Baunutzungsverordnung. Kommentar unter besonderer Berücksichtigung des deutschen und gemeinschaftlichen Umweltschutzes,* 2014, S. 570 (§ 4a, 22.2).

210 Streitig ist gegenwärtig bei Wettbüros die Abgrenzung zu einem Ladengeschäft vergleichbar einer Lotto-Toto-Annahmestelle. In den meisten Wettbüros ist neben der Einreichung der Wette (Sport- oder Pferdewette) und deren Auszahlung auch die Geselligkeit ein wichtiger Bestandteil. Die Besucher treffen sich dort, um sich auszutauschen. Die Räume sind oft mit bequemen Stühlen und Bildschirmen ausgestattet. Wenn ein Wettbüro über Aufenthaltsqualitäten verfügt, wird es bauplanungsrechtlich

Diskotheken, Spielhallen) unter Ansprache (oder Ausnutzung) des Sexual-, Spiel- und/oder Geselligkeitstriebs einer bestimmten gewinnbringenden Freizeitunterhaltung widmen.[211]

Das Baurecht unterscheidet nicht zwischen den verschiedenen Unterarten der Vergnügungsstätten (Nachtlokale jeglicher Art einschließlich Peep-Shows und Sex-Shops mit Videokabinen, Diskotheken, Spiel- und Automatenhallen, Spielcasinos und Internetcafes, Wettbüros sowie Swinger-Clubs).[212] Spielhallen werden den Vergnügungsstätten zugerechnet. Gaststätten zählen nicht zu den Vergnügungsstätten.[213]

Erst durch die Rechtsprechung sind spezielle Regelungen für einzelne Formen von Vergnügungsstätten, z. B. für Spielhallen und Wettbüros, entstanden.

In den meisten Kommunen gibt es sowohl Gebiete, für die ein Bebauungsplans aufgestellt wurde, als auch solche Gebiete, für die es keinen oder keinen gültigen Bebauungsplan gibt.

Bei Gebieten mit Bebauungsplan wurde die Zulässigkeit der Vergnügungsstätten bereits durch die Festsetzung eines Baugebiets nach der Baunutzungsverordnung vorgegeben.

Wenn der Baubauungsplan in einer nicht-öffentlichen Sitzung des Stadt- oder Gemeinderates aufgestellt wurde, ist er nicht gültig.

In älteren Bebauungsplänen findet sich zumeist nur eine zeichnerische Festsetzung.

Im unbeplanten Innenbereich ist ein Vorhaben gem. § 34 Abs. 1 S. 1 BauGB zulässig, wenn es sich nach Art und Maß der baulichen Nutzung, der Bauweise und der Grundstücksfläche, die überbaut werden soll, in die eigene Art der näheren Umgebung einfügt und die Erschließung gesichert ist. Entspricht die Eigenart der näheren Umgebung einem der Baugebiete, die in der Baunutzungsverordnung

---

als Vergnügungsstätte angesehen. Wenn eine Wettannahmestelle nicht über Sitzgelegenheiten und Bildschirme verfügt, an denen die Wetten live mit verfolgt werden können, handelt es sich nicht um eine Vergnügungsstätte, sondern um einen Gewerbebetrieb.

211 Vgl. Fickert, H.C. / Fieseler H.: *Baunutzungsverordnung. Kommentar unter besonderer Berücksichtigung des deutschen und gemeinschaftlichen Umweltschutzes,* 2014, S. 568 (§ 4a, 22).

212 Vgl. Fickert, H.C. / Fieseler H.: *Baunutzungsverordnung. Kommentar unter besonderer Berücksichtigung des deutschen und gemeinschaftlichen Umweltschutzes,* 2014, S. 570 (§ 4a, 22.2).

213 Vgl. Acocella, D.: *Vergnügungsstättenkonzeption* für die *Stadt Konstanz*, Lörrach, 20.04.2015, S. 5 f.

bezeichnet sind, so beurteilt sich gemäß § 34 Abs. 2 BauGB die Zulässigkeit des Vorhabens nach seiner Art allein danach, ob es nach der Baunutzungsverordnung in dem Baugebiet allgemein zulässig wäre.[214]

Die BauNVO definiert in den § 2 ff. unterschiedliche Gebietstypen. Von Bedeutung sind für Vergnügungsstätten die in Tabelle 3 aufgeführten Gebietstypen.[215]

Tabelle 3: Zulässigkeit von Spielhallen nach Baugebiet

Baugebiet nach BauNVO	**nicht kerngebietstypisch**	**kerngebietstypisch**
Kleinsiedlung (§ 2)		
Reines Wohngebiet (§ 3)		
Allgemeines Wohngebiet (§ 4)		
Besonderes Wohngebiet (§ 4a)	ausnahmsweise zulässig	
Dorfgebiet (§ 5)	ausnahmsweise zulässig	
Mischgebiet (§ 6) (Wohnumfeld)	ausnahmsweise zulässig	
Mischgebiet (§ 6) (gewerblich geprägt)	zulässig	
Kerngebiet (§ 7)	zulässig	zulässig
Gewerbegebiet (§ 8)	ausnahmsweise zulässig	ausnahmsweise zulässig
Industriegebiet (§ 9)		

Quelle: verändert nach Acocella, D.: *Vergnügungsstättenkonzeption für die Landeshauptstadt Stuttgart. Gutachten zur Steuerung von Vergnügungsstätten*, Dortmund/Lörrach 2012, S. 14.

In den Kleinsiedlungsgebieten nach § 2 BauNVO gibt es vorwiegend Wohngebäude mit Nutzgärten und landwirtschaftlichem Nebenerwerb. Vergnügungsstätten sind hier, auch als Ausnahmen, nicht zulässig. Da es sich hier um einen auslaufenden Gebietstyp handelt, fordern vielerorts die Grundstückseigentümer neue Bebauungspläne, um das Gebiet nachverdichten zu können.[216]

---

214 Heinze, F.: *Bauplanungsrechtliche Steuerungsinstrumente bei der Ansiedlung von Spielhallen in Städten und Gemeinden*, S. 2 f. Manuskript. http://www.automatenwirtschaft.de/downloads/Dr_%20F_Heinze_zum _Baurecht.pdf.

215 Vgl. ausführlich zu dem folgenden Kress, K.: *Baurechtliche Instrumente zur Kontrolle der weiteren Ausbreitung von Glücksspiel in Kommunen*. Bachelorarbeit an der Hochschule für öffentliche Verwaltung und Finanzen Ludwigsburg, 2013.

216 Vgl. Kress, K.: *Baurechtliche Instrumente zur Kontrolle der weiteren Ausbreitung von Glücksspiel in Kommunen*. Bachelorarbeit an der Hochschule für öffentliche Verwaltung und Finanzen Ludwigsburg, 2013, S. 12.

Das reine Wohngebiet dient, wie der Name bereits sagt, dem Wohnen und zeichnet sich durch eine besondere Wohnruhe aus. Vergnügungsstätten sind hier nicht zulässig.

Bei dem allgemeinen Wohngebiet muss die Wohnnutzung überwiegen. Anders als bei dem reinen Wohngebiet sind aber zahlreiche weitere Nutzungen und Anlagen zulässig, wenn sie sich mit dem Wohnzweck gut vereinbaren. Vergnügungsstätten sind im allgemeinen Wohngebiet seit der Änderung der Baunutzungsverordnung im Jahr 1990 nicht mehr, auch nicht ausnahmsweise, zulässig.

Das besondere Wohngebiet wurde erst mit der Änderung der BauNVO im Jahr 1977 eingeführt. Das Gebiet dient, wie auch das allgemeine Wohngebiet, vorwiegend dem Wohnen, weist aber eine besondere Eigenart auf. Durch die Ansiedlung vieler Dienstleistung- und Gewerbebetriebe wurde im Zeitablauf die Wohnnutzung verdrängt. Diese Gebietsart kann nur für Gebiete mit schon bestehender Bebauung festgesetzt werden. Es soll erreicht werden, dass die Wohnnutzung wieder zunimmt. Nicht-kerngebietstypische Vergnügungsstätten sind ausnahmsweise zulässig.

Das Dorfgebiet kennzeichnet sich durch die Zulässigkeit von land- und forstwirtschaftlichen Betrieben und nicht wesentlich störenden Gewerbe- und Handwerksbetreiben neben dem Wohnen aus. Vor der Neuerung der BauNVO im Jahr 1990 waren nicht kerngebietstypische Vergnügungsstätten hier allgemein zulässig. Mit der Neuregelung sind sie nur noch ausnahmsweise zulässig.

Das Mischgebiet nach § 6 BauNVO dient dem Wohnen und der Unterbringung von Gewerbebetrieben, die das Wohnen nicht wesentlich stören. Das Mischgebiet kann, je nachdem, wie die allgemein zulässigen Nutzungen miteinander kombiniert sind, unterschiedliche Prägungen haben. In eher gewerblich geprägten Bereichen des Mischgebiets sind die nicht kerngebietstypischen Vergnügungsstätten allgemein zulässig. In eher durch Wohnnutzung geprägten Bereichen können nicht kerngebietstypische Vergnügungsstätten ausnahmsweise zugelassen werden. Diese Regelung führt zu großen Abgrenzungsproblemen.[217]

Das Kerngebiet nach § 7 BauNVO ist oft der innerstädtische Teil einer Stadt, in dem eine Vielzahl von Nutzungen möglich sind. Die Wohnnutzung hat nur eine untergeordnete Rolle. In dem Kerngebiet sind alle Arten von Vergnügungsstätten, egal welcher Größe, allgemeine zulässig. Die Vergnügungsstätten machen

217 Vgl. Kress, K.: *Baurechtliche Instrumente zur Kontrolle der weiteren Ausbreitung von Glücksspiel in Kommunen*. Bachelorarbeit an der Hochschule für öffentliche Verwaltung und Finanzen Ludwigsburg, 2013, S. 16.

den Gebietscharakter des Kerngebiets aus und sind, soweit im Bebauungsplan nicht anders festgesetzt wurde, im ganzen Gebiet zulässig.

Durch diese allgemeine Zulässigkeit der Vergnügungsstätten in Kerngebieten ist es in vielen Kommunen zu einer Häufung der Spielhallen im Innenstadtbereich gekommen. Deshalb greifen viele Kommunen auf die Feinsteuerungsinstrumente des § 1 Abs. 4 bis 9 BauNVO zurück, auf die später noch ausführlich eingegangen wird, um die weitere Ansiedlung einzuschränken.

Das Gewerbegebiet nach § 8 BauNVO dient vorwiegend der Unterbringung nicht erheblich belästigender Gewerbebetriebe. Wohnungen, allerdings nur für bestimmte Personen und begrenzter Anzahl und Größe, sind ebenso wie Vergnügungsstätten nur ausnahmsweise zulässig.

Im Gegensatz zu den früheren Fassungen der BauNVO (1962, 1968 und 1977)[218] stellen die Vergnügungsstätten in der BauNVO 1990 einen eigenständigen Nutzungsbegriff dar.[219] Bevor Vergnügungsstätten in den Baugebieten durch die BauNVO geregelt wurden, wurde davon ausgegangen, dass in Gewerbegebieten Vergnügungsstätten allgemein zulässig seien. Bei der Novellierung wurde aber beschlossen, dass die Vergnügungsstätten nicht mit der allgemeinen Zweckbestimmung eines Gewerbegebietes übereinstimmen.[220]

In einem Gewerbegebiet sind nicht nur die nicht kerngebietstypischen, sondern auch die kerngebietstypischen Vergnügungsstätten ausnahmsweise zugelassen. Durch die Feinsteuerungsinstrumente des § 1 Abs. 4 bis 9 der BauNVO haben die Kommunen, wenn gewünscht, trotzdem die Möglichkeit, die Vergnügungsstätten für allgemein zulässig zu erklären.

Industriegebiete nach § 9 BauNVO dienen ausschließlich der Unterbringung von Gewerbebetreiben und zwar vor allem derer, die sonst nirgends zulässig sind. Es ist das Gebiet mit dem höchsten Störungsgrad durch Lärm- und Luftverschmutzung. Dies lässt vermuten, dass die Ansiedlung von Vergnügungsstätten keine Probleme bereiten sollte. Auch ist die Entfernung der Spielstätte von der

---

218 Vgl. ausführlich Fickert, H.C. / Fieseler H.: *Baunutzungsverordnung. Kommentar unter besonderer Berücksichtigung des deutschen und gemeinschaftlichen Umweltschutzes,* 2014, S. 3 ff.

219 Vgl. Stühler, H.-U.: *Die Zulässigkeit von Vergnügungsstätten nach der BauNVO deren Steuerung nach § 9 BauGB.* Reutlingen, 08.10.2015. https://gluecksspiel.uni-hohenheim.de/fileadmin/einrichtungen/ gluecksspiel/Regulierung/Filderstaedter_Baurechtstage.pdf, S. 24.

220 Vgl. dazu Kress, K.: *Baurechtliche Instrumente zur Kontrolle der weiteren Ausbreitung von Glücksspiel in Kommunen.* Bachelorarbeit an der Hochschule für öffentliche Verwaltung und Finanzen Ludwigsburg, 2013, S. 16 und die dort angegebene Literatur.

Wohnung in der Regel bei der Ansiedlung von Spielhallen bei Industriegebieten groß.

Vor der Novellierung der Baunutzungsverordnung 1990 waren nicht kerngebietstypische Vergnügungsstätten im Industriegebiet zugelassen.[221] Seitdem sind Vergnügungsstätten komplett ausgeschlossen.

Bei einer genaueren Betrachtung der Zulässigkeit von Spielhallen in einzelnen Gebietstypen zeigt sich, dass die baurechtlichen Vorgaben die glücksspielrechtlichen Ziele konterkarieren. Das Baurecht sieht die Ansiedlung von Vergnügungsstätten und damit von Spielhallen gerade dort vor, wo eine hohe Publikumsfrequenz zu finden ist, d. h. in Kerngebieten. Wenn ein Einfluss der Verfügbarkeit auf die Prävalenz eines problematischen oder pathologischen Spielverhalten unterstellt wird, so sollte die Entfernung, die zu der nächsten Spielhalle zurück zu legen ist, möglichst hoch sein. Die Spielhalle sollte gerade nicht „auf dem Weg" liegen.

Entsprechend der Rechtsprechung des Bundesverwaltungsgerichts wird zwischen kerngebietstypisch und nicht kerngebietstypischen bzw. mischgebietsverträglichen Vergnügungsstätten unterschieden.[222]

Nach Rechtsprechung des Bundesverwaltungsgerichts sind nicht kerngebietstypische Vergnügungsstätten dadurch charakterisiert, dass sie nach Zweckbestimmung und Umfang nicht in einem Kerngebiet liegen müssen, da es sich nicht um zentrale Dienstleistungsbetriebe des Unterhaltungssektors handelt, die für ein größeres und allgemeines Publikum erreichbar sein sollen, mithin einen über das Baugebiet hinausreichenden Einzugsbereich aufweisen. In der Regel handelt es sich um kleinere Anlagen, die in einem begrenzten Stadtteil oder Stadtviertel liegen und der üblichen Freizeitbetätigung dienen.

Als kerngebietstypisch wird eine Vergnügungsstätte, d. h. damit auch eine Spielhalle, dann bezeichnet, wenn es sich um einen zentralen Dienstleistungsbetrieb handelt, der über ein Einzugsgebiet verfügt, das über das Stadtviertel hinausgeht. Die von den kerngebietstypischen Vergnügungsstätten ausgehenden

---

221 Vgl. Stühler, H.-U.: *Die Zulässigkeit von Vergnügungsstätten nach der BauNVO und deren Steuerung nach § 9 BauGB*. Reutlingen, 08.10.2015, https://gluecksspiel.uni-hohenheim.de/fileadmin/einrichtungen/ gluecksspiel/Regulierung/Filderstaedter_Baurechtstage.pdf, S. 33.

222 Vgl. zur Rechtsprechung des Bundesverwaltungsgerichts im Detail bei Stühler, H.-U.: *Die Zulässigkeit von Vergnügungsstätten nach der BauNVO und deren Steuerung nach § 9 BauGB*. Reutlingen, 08.10.2015, S. 33 f. https://gluecksspiel.uni-hohenheim.de/fileadmin/einrichtungen/gluecksspiel/Regulierung/Filderstaedter_ Baurechtstage.pdf, S. 33 f.

Störungen, wie zum Beispiel Lärmbelästigung, müssen im Kerngebiet hingenommen werden, da das Wohnen hinter anderen Nutzungen zurücktritt.

In Bezug auf Spielhallen wird in erster Linie die Raumgröße für die Abgrenzung kerngebietstypischer Objekte von nicht-kerngebietstypischen Objekten herangezogen; so hat sich in der Rechtsprechung ein Schwellenwert von ca. 100 m^2 Nutzfläche herausgebildet.

Eine Art „Geburtsstunde" des Schwellenwertes lässt sich in der Rechtsprechung des Bundes-verwaltungsgerichts und der Oberverwaltungsgerichte zwar nicht feststellen:[223]

> Vielmehr hat sich die Rechtsprechung durch Einzelfallentscheidungen an diesen Wert „herangetastet". Zur Herleitung des Schwellenwertes lässt sich jedoch zumindest Folgendes feststellen: Dem von der verwaltungsgerichtlichen Rechtsprechung entwickelten Schwellenwert von 100 m^2 für die Abgrenzung einer mischgebietsverträglichen zu einer kerngebietstypischen Spielhalle ist als Ausgangspunkt § 3 Abs. 2 SpielV zugrunde gelegt worden. Diese Vorschrift regelte in ihrer bis zum 31.12.2005 geltenden Fassung, dass je 15 m^2 Grundfläche höchstens ein Geld- oder Warenspielgerät aufgestellt werden durfte. Insgesamt war die Anzahl dieser Geräte auf zehn beschränkt. In Betrieben mit einer Nutzfläche von ca. 100 m^2 waren somit maximal sechs Geld- oder Warenspielgeräte zulässig. Solche Spielhallen wurden in aller Regel als mischgebietsverträglich eingestuft.

Der Verwaltungsgerichtshof Baden-Württemberg führt weiter aus:

> Aufgrund der Änderung der Spielverordnung zum 01.01.2006 darf nunmehr nicht mehr nur je 15 m^2 Grundfläche, sondern je 12 m^2 Grundfläche ein Geld- oder Warenspielgerät aufgestellt werden. Gleichzeitig wurde die maximal zulässige Anzahl solcher Spielgeräte je Betrieb von zehn auf 12 erhöht. Legt man der Abgrenzung von mischgebietsverträglichen zu kerngebietstypischen Spielhallen weiterhin den Schwellenwert von 100 m^2 zugrunde, so sind nunmehr auch Spielhallen mit acht Spielgeräten mischgebietsverträglich.

Die Ausführungen des Verwaltungsgerichthofs Baden-Württemberg zeigen, dass der Schwellenwert von 100 m^2 kein reiner Flächenwert ist. Die Anzahl der zulässigen Geräte ist zwischenzeitlich von zehn auf zwölf gestiegen und die Anforderungen an die Grundfläche je Gerät von 15 m^2 auf 12 m^2 gesunken.

Die Abgrenzung der kerngebietstypischen von der nicht-kerngebietstypischen Spielhalle anhand der Größe der Betriebsfläche hat der Verwaltungsgerichtshof Baden-Württemberg aufgegeben. Hier erscheint die Anzahl der Spielgeräte ein besserer Maßstab.[224]

---

223 Vgl. VGH Baden-Württemberg, Urteil vom 22.02.2011 (3 S 445/09), Absatz 24.
224 VGH Baden-Württemberg Urteil vom 22.02.2011 (3 S 445/09).

In Bezug auf die Definition der Größe von Spielhallen gibt es unterschiedliche Auffassungen in dem Baurecht und in der Spielverordnung. Nach dem Gewerberecht darf eine Spielhalle maximal 144 Quadratmeter umfassen. Nach dem Baurecht wird zwischen kerngebietstypischen und nicht-kerngebietstypische Spielhallen unterschieden, wobei der Schwellenwert bei 100 Quadratmeter liegt. Es fehlt hier eine Abstimmung zwischen diesen Bereichen bzw. die Berücksichtigung der gesetzlichen Änderungen in der Spielverordnung.

Das Baurecht bietet verschiedene Möglichkeiten, um auf die Ansiedlung von Vergnügungsstätten Einfluss zu nehmen.[225]

Durch die Feinsteuerungsmöglichkeiten nach § 1 Abs. 4 bis 9 Baunutzungsverordnung (BauNVO) kann schon bei der Planaufstellung die Ansiedlung von Vergnügungsstätten und insbesondere Spielhallen geregelt werden.

Falls ein Gebiet schon bebaut ist und eine neue Vergnügungsstätte beantragt wird, kann die Zeit bis zur Aufstellung eines neuen Bebauungsplans durch die Steuerungsinstrumente Veränderungssperre und Zurückstellung überbrückt werden. Eine ganzheitliche Lösung kann durch eine Vergnügungsstättenkonzeption erreicht werden.

Der § 1 Abs. 4 BauNVO ermöglicht eine räumliche Verteilung der verschiedenen in einem Baugebiet zulässigen Anlagen innerhalb des Baugebiets.

Der § 1 Abs. 5 BauNVO ermöglicht, verschiedene allgemein zulässige Arten von Nutzungen in einem Gebiet auszuschließen oder in eine Ausnahme umzuwandeln. Es darf jedoch nicht die Hauptnutzung ausgeschlossen werden, sonst entspricht das Gebiet nicht mehr seiner festgesetzten Eigenart. Vergnügungsstätten und damit Spielhallen können für das Kerngebiet und Teile von Mischgebieten ausgeschlossen oder in eine ausnahmsweise Zulässigkeit umgewandelt werden, soweit dies aus städtebaulichen Gründen erforderlich ist.

Ein kompletter Ausschluss von Vergnügungsstätten aus einem Gebiet, in dem sie nach der BaunVO generell zugelassen sind (z. B. dem Kerngebiet), ist unter Anwendung von § 1 Abs. 5 BauNVO nur dann möglich, wenn negative städtebauliche Auswirkungen vorliegen. Das ist zum Beispiel dann der Fall, wenn es in einem Gebiet bereits überdurchschnittlich viele Spielhallen gibt und sich eine weitere Zunahme andeutet.

---

225 Vgl. Literatur bei Stühler, H.-U.: *Die Zulässigkeit von Vergnügungsstätten nach der BauNVO und deren Steuerung nach § 9 BauGB. Reutlingen*, 08.10.2015, https://gluecksspiel.uni-hohenheim.de/fileadmin/ einrichtungen/gluecksspiel/Regulierung/Filderstaedter_Baurechtstage.pdf, S. 43.

Der § 1 Abs. 6 BauNVO ergänzt den § 1 Abs. 5 BauNVO und ermöglicht, ausnahmsweise zulässige Arten von Nutzungen in einem Gebiet auszuschließen oder für allgemein zulässig zu erklären.

Der § 1 Abs. 7 BauNVO ermöglicht eine schichtenweise Festsetzung von Gliederungs- und Ausschlussmöglichkeiten für Geschosse, Ebenen oder sonstige Teile baulicher Anlagen. So können Vergnügungsstätten und damit Spielhallen aus den Erdgeschossen ausgeschlossen werden.

Der § 1 Abs. 8 bietet die Möglichkeit, die jeweiligen Festsetzungen nur auf einen bestimmten Teil des Baugebiets zu beschränken.

Die Baunutzungsverordnung kennt nur den Begriff der Vergnügungsstätte und unterscheidet hier nicht zwischen einzelnen Formen von Vergnügungsstätten. Die Möglichkeit einer Differenzierung bietet der § 1 Abs. 9 BauNVO. Dies ist nur in Zusammenhang mit der Anwendung des § 1 Abs. 5 bis 8 möglich. So können im Kerngebiet beispielsweise Spielhallen für allgemein nicht zulässig erklärt werden, während alle anderen Formen von Vergnügungsstätten allgemein zulässig bleiben.[226]

Für eine Festsetzung nach § 1 Abs. 5 und 9 BauNVO bedarf es städtebaulicher Gründe. Bei § 1 Abs. 5 und Abs. 9 BauNVO ist jeweils die Annahme des sog. Trading-down-Effekts als städtebaulicher Belang von Bedeutung.[227]

Wenn ein Vorhaben laut Bebauungsplan in einem Gebiet zulässig ist und alle bauordnungsrechtlichen Vorgaben erfüllt, ist es kaum möglich, die Ansiedlung zu verhindern. Bis der Bebauungsplan entsprechend geändert wird, braucht es einige Zeit. Hier hilft die Veränderungssperre. Für die Zeit, in der die Veränderungssperre gilt, können in dem betreffenden Gebiet die Vorhaben verhindert werden. Die wichtigste Voraussetzung für den Erlass einer Veränderungssperre ist, dass ein Aufstellungsbeschluss für einen Bebauungsplan vorliegt. Die Veränderungssperre kann von dem Gemeinderat beschlossen werden. Die Geltungsdauer der Veränderungssperre ist in § 18 BauGB geregelt Sie gilt grundsätzlich zwei Jahre.

---

226 Vgl. Stühler, H.-U.: *Die Zulässigkeit von Vergnügungsstätten nach der BauNVO und deren Steuerung nach § 9 BauGB.* Reutlingen, 08.10.2015, https://gluecksspiel.uni-hohenheim.de/fileadmin/einrichtungen/ gluecksspiel/Regulierung/Filderstaedter_Baurechtstage.pdf, S. 39.

227 Vgl. Stühler, H.-U.: *Trading Down durch Spielhallen..* Vortrag auf dem Symposium Glücksspiel der Forschungsstelle Glücksspiel an der Universität Hohenheim am 12. und 13.03.2015.

Eine Alternative zur Veränderungssperre ist die Zurückstellung, die in § 15 BauGB geregelt ist. Diese betrifft ein einzelnes Vorhaben.[228]

Eine weitere Steuerungsmöglichkeit der Ansiedlung von Spielhallen bietet eine Vergnügungsstättenkonzeption. Viele Kommunen haben in den letzten Jahren eine solche Konzeption entwickelt. Für die Stadt Stuttgart gibt es seit dem 27. März 2012 eine Vergnügungsstättenkonzeption.[229] Zwar ist die räumliche Steuerung von Vergnügungsstätten, also auch der Ausschluss, grundsätzlich zulässig. Allerdings ist es planungsrechtlich notwendig, Gebiete/Stadtbereiche/Räume auszuweisen, in denen Vergnügungsstätten zulässig sind – ein Totalausschluss im gesamten Stadtgebiet ist rechtlich grundsätzlich nicht möglich.[230]

Bei der Aufstellung der Bauleitpläne sind insbesondere die Ergebnisse eines von der Gemeinde beschlossenen städtebaulichen Entwicklungskonzeptes oder einer von ihr beschlossenen sonstigen städtebaulichen Planung zu berücksichtigen (§ 1 (6) Nr. 11 BauGB). Ein Vergnügungsstättenkonzept ist solch ein städtebauliches Entwicklungskonzept.

Durch diese Konzeption werden transparente und einheitliche Entscheidungsregeln für die Einzelfallbewertung geschaffen sowie eine hohe baurechtliche Planungssicherheit erreicht.

Die Kommunen haben, wie geschildert, eine ganze Reihe von Möglichkeiten, die Ansiedlung von Spielhallen zu steuern. Wurde eine Spielhalle jedoch erst einmal baurechtlich genehmigt, ist es kaum noch möglich, diese Form der Nutzung zu untersagen. Es besteht Bestandsschutz, der sich aus Artikel 14 Absatz 3 des Grundgesetzes herleitet: „Eine Enteignung ist nur zum Wohle der Allgemeinheit zulässig. Sie darf nur durch Gesetz oder auf Grund eines Gesetzes erfolgen, das Art und Ausmaß der Entschädigung regelt. Die Entschädigung ist unter gerechter Abwägung der Interessen der Allgemeinheit und der Beteiligten zu bestimmen. Wegen der Höhe der Entschädigung steht im Streitfalle der Rechtsweg vor den

---

228 Vgl. ausführlich zur Veränderungssperre und Zurückstellung K Kress, K.: *Baurechtliche Instrumente zur Kontrolle der weiteren Ausbreitung von Glücksspiel in Kommunen*. Bachelorarbeit an der Hochschule für öffentliche Verwaltung und Finanzen Ludwigsburg, 2013, S. 38 und Heinze, F.: *Bauplanungsrechtliche Steuerungsinstrumente bei der Ansiedlung von Spielhallen und Gaststätten*.

229 Vgl. dazu Kress, K.: *Baurechtliche Instrumente zur Kontrolle der weiteren Ausbreitung von Glücksspiel in Kommunen*. Bachelorarbeit an der Hochschule für öffentliche Verwaltung und Finanzen Ludwigsburg, S. 38.

230 Acocella, D.: *Vergnügungsstättenkonzeption* für die Landeshauptstadt Stuttgart, Gutachten zur Steuerung von Vergnügungsstätten, Dortmund / Lörrach, 13.01.2012, S. 1 f.

ordentlichen Gerichten offen." Nur wenn es zu einer Nutzungsänderung kommt, kann ein inzwischen geänderter Bebauungsplan seine Wirkung entfalten.

Eine Festsetzung von Mindestabständen zwischen Spielhallen mit der Hilfe der Bauleitplanung ist bisher gescheitert. Für derartige Abstandsregelungen bieten weder das Baugesetzbuch noch die Baunutzungsverordnung eine geeignete Grundlage.[231] Eine solche Regelung wurde aber gewünscht. Hier bot es sich an, das Glückspielrecht zu nutzen.

Es sei hier daran erinnert, dass der Glückspieländerungsstaatsvertag davon ausgeht, dass mit der Mindestabstandregelung das Verbot der Mehrfachkonzessionen gemeint ist[232] (weil dies als eine Umgehung der Spielverordnung interpretiert wird) und dass eine Begrenzung der Spielhallen durch die Länder an Hand der Festlegung der Anzahl der in einer Gemeinde zu erteilenden Erlaubnisse umgesetzt wird. Erst im Zuge der Umsetzung des Glücksspieländerungsstaatsvertrags durch die Landesglückspielgesetze bzw. Spielhallengesetze durch die Landesregierungen fanden die baurechtlichen Belange ihren Ausdruck im Glücksspielrecht.

Es ist nachzuvollziehen, dass das Glücksspielrecht genutzt wurde, um baurechtliche Belange umzusetzen. Aber hier sollte gelten, dass baurechtliche Belange mit dem Baurecht und glücksspielrechtliche Belange mit dem Glücksspiel- oder Gewerberecht umgesetzt werden sollten.

Das Bundesverwaltungsgericht[233] stellt ausdrücklich fest, dass die Bekämpfung der Spielsucht und die Beachtung des Belangs des Jugendschutzes nicht dem Städtebaurecht, sondern dem Gewerberecht unterliegen. Die Kommune darf daher nicht mit Mitteln der Bauleitplanung ihre eigene, von der Wertung des Bundesgesetzgebers abweichende „Spielhallenpolitik" betreiben, indem sie diese Einrichtungen unabhängig von Erwägungen der Ordnung der Bodennutzung allgemein für ihr Gebiet ausschließt.[234]

---

231 Otto, C.-W.: „Die Zulassung von Spielhallen: Planungsrecht vs. Spielhallenrecht". In: *DVBl 21*, 2011, S. 1335 ff.

232 Vgl. die Erläuterungen zu § 25 (Beschränkung von Spielhallen) GlüStV vom 15.12.2011: „Die in Absatz 1 vorgesehene Abstandsregelung zwischen den Spielhallen und das in Absatz 2 geregelte Verbot mehrerer Spielhallen in einem baulichen Verbund dient der Vermeidung von Mehrfachkonzessionen." Bayerischer Landtag, 16. Wahlperiode, berichtigte Drucksache 16/11995 vom 26.03.2012.

233 Bundesverwaltungsgericht Urteil vom 22.05.1987 (4 N 4.86).

234 Stühler, H.-U.: *Die Zulässigkeit von Vergnügungsstätten nach der BauNVO und deren Steuerung nach § 9 BauGB*. Reutlingen, 08.10.2015, https://gluecksspiel.uni-

Schlotterbeck[235] weist darauf hin, dass verbindliche Vorgaben des BauGB zu den zulässigen Standorten von Spielhallen im Gemeindegebiet durch glücksspielrechtliche Regelungen des Landesrechts nicht relativiert werden dürfen.

Der Versuch, mit der Mindestabstandsregel des Glücksspielrechts baurechtliche Belange zu verwirklichen, ist jedoch nicht nur aus baurechtlicher Sicht problematisch, sondern auch aus glücksspielrechtlicher Sicht.

Die glückspielrechtliche Begründung der Mindestabstandregel läuft darauf hinaus, dass durch die Mindestabstandsregel der Spieler „ausreichend Zeit zum Nachdenken und Abbruch eines unkontrollierten Spielverhaltens" erhalten soll oder auch um eine „Spielhalle aus der Sichtweite einer anderen Spielhalle zu rücken".[236] Dem verständigen Leser mag nach einer Lektüre der Aufarbeitung der wissenschaftlichen Erkenntnisse zu dem Zusammenhang zwischen Verfügbarkeit und Sucht in den Kapiteln 4 bis 8 deutlich geworden sein, dass dieses Argument nur vorgeschoben ist. Dies ergibt sich auch aus der Entstehungsgeschichte dieser Regelung.

Baurechtliche Belange gehören nicht zu den Zielen des Glücksspielrechts. Aus diesem Grund sollten baurechtliche Aspekte dem Glücksspielrecht genauso fremd sein, wie glücksspielrechtliche Aspekte dem Baurecht fremd sind. Es bleibt abzuwarten, wann die Mindestabstandsregelung die ersten Gerichte beschäftigen wird und wann es hierzu die ersten Entscheidungen von Obergerichten geben wird. Es spricht einiges dafür, dass die Mindestabstandsregel aus glücksspielrechtlicher Sicht nicht zu halten ist. Hierauf wird in den Schlussfolgerungen in Kapitel 10 ausführlicher eingegangen.

hohenheim.de/fileadmin/einrichtungen/ gluecksspiel/Regulierung/Filderstaedter_Baurechtstage.pdf, S. 41 f.

235 Schlotterbeck, K.: Bodenrechtliche Regelungen im Landesglücksspielrecht und ihre Folgen im Hinblick auf die Gesetzgebungszuständigkeiten der Bundes und der Länder. In: Verwaltungsblätter für Baden-Württemberg 9/2013, 01.09.2013, S. 321 ff.

236 Vgl. ausführlich Kapitel 2.5.

ERGEBNISBOX: KOMMUNALE STEUERUNGSMÖGLICHKEITEN

Das Baurecht unterscheidet nicht zwischen den verschiedenen Unterarten der Vergnügungsstätten (Nachtlokale jeglicher Art einschließlich Peep-Shows und Sex-Shops mit Videokabinen, Diskotheken, Spiel- und Automatenhallen, Spielcasinos und Internetcafes, Wettbüros sowie Swinger-Clubs). Spielhallen werden unter Vergnügungsstätten subsummiert.

Maßgeblich für die Anhäufung von Spielhallen in Innenstädten ist das Baurecht. In Kerngebieten sind Vergnügungsstätten und damit Spielhallen generell zulässig. Dies hat dazu geführt, dass es in Innenstädten zu einer Häufung von Spielhallen gekommen ist. In Gewerbegebieten sind Vergnügungsstätten und damit Spielhallen ausnahmsweise zulässig. In Industriegebieten sind Vergnügungsstätten ausgeschlossen.

Nach dem Baurecht sind Vergnügungsstätten und damit Spielhallen vor allem dort zulässig, wo es einen regen Publikumsverkehr gibt. Aus Gründen der Spielsuchtprävention wäre es wünschenswert, dass Spielhallen nicht in Kerngebieten, in der Regel den Innenstandbereichen, sondern in Gewerbegebieten oder Industriegebieten angesiedelt werden, wo es keinen regen Publikumsverkehr gibt. Es besteht hier ein Konflikt zwischen den baurechtlichen Vorgaben und Aspekten des Spielerschutzes.

Die Bekämpfung der Spielsucht und die Beachtung des Belangs des Jugendschutzes unterliegen nicht dem Städtebaurecht, sondern dem Gewerbe- bzw. Glücksspielrecht. Mit dem Baurecht dürfen nach richterlicher Rechtsprechung nur baurechtliche Aspekte berücksichtigt werden und nicht Spieler- oder Jugendschutzaspekte.

Die Kommunen haben als langfristige Steuerungsmöglichkeiten der Ansiedlung von Spielhallen neben der Vergnügungssteuer vor allem den Flächennutzungsplan (vorbereitender Bauleitplan) und den Bebauungsplan (verbindlicher Bauleitplan) sowie die Erstellung einer Vergnügungsstättenkonzeption.

Kurzfristig können geplante Spielhallen durch eine Veränderungssperre oder eine Zurückstellung verhindert werden; langfristig nur durch den Bebauungsplan.

Wurde eine Spielhalle bereits baurechtlich zugelassen, besteht Bestandsschutz.

Da die Kommunen in der Regel eine ganze Anzahl von Spielhallen genehmigt haben, ohne die ihnen möglichen baurechtlichen Instrumente der Steuerung zu nutzen, ist es zu einer Spielhallenflut gekommen.

Generell wäre die Bauleitplanung das passende Instrument gewesen, um die Ansiedlung von Spielhallen zu steuern. Dies wurde aber von den Kommunen versäumt.

Mit der glücksspielrechtlichen Mindestabstandsregel und dem Verbot der Mehrfachkonzessionen soll die „Flut von Spielhallen“ insbesondere in Innenstädten, die erst durch das Baurecht ermöglicht wurde, entgegengesteuert werden.

Aus baurechtlicher Sicht dürfen verbindliche Vorgaben des Baugesetzbuchs zu den zulässigen Standorten von Spielhallen im Gemeindegebiet durch glücksspielrechtliche Regelungen des Landesrechts nicht relativiert werden.

Die glücksspielrechtliche Begründung der Mindestabstandregel ist vorgeschoben. Dies wird durch die Entstehungsgeschichte dieser Regelung, aber insbesondere auch vor dem Hintergrund der wissenschaftlichen Erkenntnisse zum Zusammenhang zwischen Verfügbarkeit und Sucht deutlich.

Es wäre wünschenswert, dass städtebauliche Aspekte mit baurechtlichen und nicht mit glücksspielrechtlichen Vorgaben umgesetzt werden.

9.3 Auswirkungen des Verbots der Mehrfachkonzessionen und der Mindestabstandsregeln

In dem Folgenden werden die Auswirkungen der Mindestabstandsregel und des Verbots der Mehrfachkonzessionen beispielhaft für die rechtlichen Vorgaben nach dem Landesglücksspielgesetz (LGlüG) das Bundeslandes Baden-Württemberg[237] und für ausgewählte Städte in Baden-Württemberg empirisch untersucht.

Die Erlaubnis für Spielhallen wird in § 41 (1) LGlüG gefordert:

> Der Betrieb einer Spielhalle bedarf der Erlaubnis nach diesem Gesetz, die die Erlaubnis nach § 33 i der Gewerbeordnung ersetzt und die Erlaubnis nach Artikel 1 § 24 Absatz 1 Erster GlüÄndStV mit umfasst. Sonstige Genehmigungserfordernisse nach anderen Rechtsvorschriften bleiben unberührt. Die Erlaubnis ist auf maximal 15 Jahre zu befristen.

In Baden-Württemberg beträgt der geforderte Mindestabstand zwischen Spielhallen 500 Meter. In anderen Bundesländern liegt der Mindestabstand zwischen 100 und 500 Metern (vgl. Tabelle 1). Ursprünglich war zwar eine 250 Meter

237 Landesglücksspielgesetz (LGlüG) vom 20. November 2012, zum 12.05.2015 aktuellste verfügbare Fassung der Gesamtausgabe. Stand: letzte berücksichtigte Änderung: § 51 geändert durch Gesetz vom 17. März 2015 (*GBl.* S. 163).

Abstandsregelung im Gespräch, die grün-rote Landesregierung entschied sich jedoch überraschenderweise für den doppelt so großen Abstand.[238]

Der § 42 (1) LGlüG sieht vor: „Spielhallen müssen einen Abstand von mindestens 500 m Luftlinie, gemessen von Eingangstür zu Eingangstür, untereinander haben." In den Erläuterungen wird dazu ausgeführt:

> Die Abstandsbestimmung in Absatz 1 ist verbindlich, eine Abweichungsmöglichkeit durch Entscheidung der örtlichen Behörden ist bewusst nicht vorgesehen. Insgesamt dient diese Lösung einer – bezogen auf das Land – konsistenten Durchsetzung der ordnungsrechtlichen Vorstellungen des Landesgesetzgebers und vermeidet eine disperse Entwicklung aufgrund von unterschiedlichen Entscheidungen auf örtlicher Ebene.

Damit wurde, abgesehen von der Härtefallregelung, bewusst keine Möglichkeit festgesetzt, von dieser Regelung entweder im Einzelfall oder generell durch Verordnung, wie in Niedersachsen möglich, abzuweichen. Solch vergleichbar scharfen Regelungen finden sich nur in den Landesspielhallengesetzen im Saarland sowie in Mecklenburg-Vorpommern.[239]

Nach § 42 Abs. 3 LGlüG[240] beträgt die Entfernung, die – gemessen von Tür zu Tür – zu einer bestehenden Einrichtung zum Aufenthalt von Kindern und Jugendlichen eingehalten werden muss, mindestens 500 m Luftlinie.[241] Dazu zählen insbesondere Schulen oder Jugendheime sowie Einrichtungen für den Schulsport.[242]

---

238 Vgl. Link, P.: Bekämpfung der Spielsucht in Spielhallen durch das Landesglücksspielgesetz. Bachelorarbeit zur Erlangung des Grades Bachelor of Arts im Studiengang „Gehobener Verwaltungsdienst – Public Management", Hochschule für öffentliche Verwaltung, Kehl, Wintersemester 2014/2015, S. 32, https://gluecksspiel.uni-hohenheim.de/fileadmin/einrichtungen/gluecksspiel/Forschung/ Bachelorarbeit_PLink.pdf.

239 Vgl. Link, P.: Bekämpfung der Spielsucht in Spielhallen durch das Landesglücksspielgesetz. Bachelorarbeit zur Erlangung des Grades Bachelor of Arts im Studiengang „Gehobener Verwaltungsdienst – Public Management", Hochschule für öffentliche Verwaltung, Kehl, Wintersemester 2014/2015, S. 33, https://gluecksspiel.uni-hohenheim.de/fileadmin/einrichtungen/gluecksspiel/Forschung/ Bachelorarbeit_PLink.pdf.

240 Landesglücksspielgesetz (LGlüG) vom 20. November 2012, zum 12.05.2015 aktuellste verfügbare Fassung der Gesamtausgabe Stand: letzte berücksichtigte Änderung: § 51 geändert durch Gesetz vom 17. März 2015 (*GBl.* S. 163).

241 Vgl. § 42 Abs. 3 LGlüG.

242 Vgl. Gesetzentwurf der Landesregierung Landesglücksspielgesetz (LGlüG). Landtag von Baden-Württemberg 15. Wahlperiode, Drucksache 15 / 2431, S. 105.

Hinsichtlich des Mindestabstandes zu Kinder- und Jugendeinrichtungen gilt ein Bestandsschutz für solche Spielhallen, die zum Zeitpunkt des Inkrafttretens des LGlüG bereits über eine Erlaubnis gemäß § 33i GewO verfügen.[243] Wird im Zuge eines Inhaberwechsels bei einem solchen Betrieb die Erteilung einer Erlaubnis geprüft, kommt § 42 Abs. 3 LGlüG jedoch uneingeschränkt zur Anwendung.[244]

Weiterhin bestehen bezüglich des Abstandsgebots von anderen Spielhallen und des Verbots der Mehrfachkonzessionen Übergangsregelungen.[245] Bei älteren, vor dem 28. Oktober 2011 erteilten Erlaubnissen nach § 33i GewO sieht eine Härtefallklausel zudem die Möglichkeit einer zeitlich befristeten Befreiung von den Vorgaben des Verbots der Mehrfachkonzessionen und des Abstandsgebots zu anderen Spielhallen vor. Der Mindestabstand zu einer anderen Spielhalle darf dabei jedoch 250 m Luftlinie, gemessen von Eingangstür zur Eingangstür, auch bei der Härtefallklausel nicht unterschreiten.[246]

Im vorliegenden Beitrag wird auf die zum Zeitpunkt der Veröffentlichung geltende Fassung des LGlüG vom 20. November 2012, geändert durch Gesetz vom 17. März 2015 Bezug genommen. Hinzuweisen ist auf ein Urteil des Staatsgerichtshofes Baden-Württemberg vom 17. Juni 2014,[247] in dem Teile des LGlüG bzw. des GlüÄndStV für verfassungswidrig erklärt wurden. So ist bspw. aufgrund der Verletzung der Berufsfreiheit und des allgemeinen Gleichheitssatzes die Regelung des § 51 Abs. 5 S. 2 LGlüG nichtig, nach der ein Abstand von 250 m zwischen bestehenden Spielhallen selbst in den Fällen nicht unterschritten werden darf, in denen eine Abweichung vom generellen Abstandsgebot von 500 m zur Vermeidung unbilliger Härten zeitweise möglich ist. Eine sachlich nicht gerechtfertigte Ungleichbehandlung liegt hier deshalb vor, weil aus Härtegründen eine Befreiung von dem Verbot der Mehrfachkonzessionen hingegen möglich ist.[248]

---

243 Vgl. § 51 Abs. 5 S. 5 LGlüG.

244 Vgl. Gesetzentwurf der Landesregierung Landesglücksspielgesetz (LGlüG). Landtag von Baden-Württemberg 15. Wahlperiode, Drucksache 15 / 2431, S. 113.

245 Vgl. § 51 Abs. 4 S. 1 und 2.

246 Vgl. § 51 Abs. 5 S. 1–4.

247 Vgl. StGH Baden-Württemberg, Urteil vom 17.06.2014 - 1 VB 15/13.

248 Einen Überblick über die wesentlichen Aspekte des Urteils gibt die Pressemitteilung des Staatsgerichtshofs, vgl. Staatsgerichtshof Baden Württemberg 2014, sowie umfassend das Urteil unter http://stgh.baden-wuerttemberg.de/fileadmin/redaktion/m-stgh/dateien/1VB15-13_Urteil__2_.pdf.

Die Auswirkungen des Verbots der Mehrfachkonzessionen und der Mindestabstandsregel werden in dem Folgenden beispielhaft für die Städte Heidelberg, Karlsruhe, Mannheim, Pforzheim, Reutlingen, Stuttgart und Ulm untersucht.[249]

Die empirischen Untersuchungen wurden mit der Hilfe eines geographischen Informationssystems (GIS) vorgenommen. Ein GIS ist ein vielfach verwendetes Tool in der Raum- und Landschaftsplanung und ist daher als die Methode der Wahl zu betrachten. Auch die Kommunen werden ihre Überlegungen auf ein GIS stützen, da dieses in der kommunalen Raumplanung bereits angewendet wird.

Prinzipiell gibt es mehrere Möglichkeiten, die Auswirkungen des Verbots der Mehrfachkonzessionen und der Mindestabstandregel zu untersuchen. Diese reichen von sehr groben Abschätzungen über die Nutzung von Google Maps bis hin zu der Nutzung eines GIS. Nur die Nutzung eines GIS erfüllt dabei die wissenschaftlichen Kriterien von möglichst hoher Genauigkeit und Nachvollziehbarkeit.

Folgende Arbeitsschritte waren dafür notwendig:

1. Erstellung der Grundkarte mit Straßen und Hausnummern
2. Erfassung der Adressen der Spielhallen mit Informationen, ob Einfach- oder Mehrfachkonzession (Anzahl der Konzessionen) vorliegen über die jeweiligen Gewerbeämter
3. Geokodierung der Adressen (Bestimmung des Länden- und Breitengrads)
4. Eingabe in ein geographisches Informationssystem (GIS)
5. Berechnungen mit Hilfe des geographischen Informationssystems.

Bei einer Geokodierung werden die jeweiligen Längen- und Breitengraden auf fünf Stellen hinter dem Komma erfasst und diese ist bis auf wenige Meter genau. In Einzelfällen reicht eine Geokodierung an Hand der Adressen nicht aus, da der Mindestabstand von Haustür zu Haustür gilt. In diesen Fällen wären die Längen- und Breitengrade direkt an der jeweiligen Haustür mit einem Vermessungsstab (z. B. WM topu) zu messen. Dieser misst bis auf wenige Zentimeter genau. Hierauf wurde in der hier vorliegenden Untersuchung verzichtet.

249 Vgl. Becker, T. und K. Heinze: Auswirkungen geplanter Abstandsregelungen und Regelungen zu Konzessionsgrößen auf Spielhallen am Beispiel Stuttgarts. Hohenheimer Diskussionsbeitrag zur Glücksspielforschung Nr. 2, 2014 und Becker, T. und K. Heinze: Auswirkungen geplanter Abstandsregelungen und Regelungen zu Konzessionsgrößen auf Spielhallen am Beispiel ausgewählter Kommunen in Baden-Württemberg. Hohenheimer Diskussionsbeitrag zur Glücksspielforschung Nr. 3, 2015.

Als Grundkarte kommt das Liegenschaftskataster in Frage. Diese Katasterdaten liegen in dem Amtlichen Liegenschaftskataster-Informationssystem ALKIS vor. Im Liegenschaftskataster sind alle rund 10 Millionen Flurstücke Baden-Württembergs mit ihrer Form, Größe, örtlichen Lage und Nutzung verzeichnet und beschrieben. Auch die über 4 Millionen Gebäude sind dargestellt. Das Liegenschaftskataster wird von den unteren Vermessungsbehörden geführt. Untere Vermessungsbehörden sind die 35 Landkreise und die neun Stadtkreise Baden-Württembergs sowie weitere 16 Städte, denen die Aufgabe übertragen wurde, das Liegenschaftskataster in eigener Verantwortung zu führen. Alle Städte, die untersucht werden, führen das Liegenschaftskataster in eigener Regie. Die Grundkarten müssen von den jeweiligen unteren Vermessungsbehörden erworben werden. Dies kann durch die Verwendung des WebAtlasDe vereinfacht werden. Datengrundlagen für den WebAtlasDE sind das Basis-Landschaftsmodell und Hauskoordinaten sowie Hausumringe aus dem Liegenschaftskataster der Bundesländer bzw. die am Bundesamt für Kartographie und Geodäsie (BKG) gepflegten Digitalen Landschaftsmodelle.

Die Gewerbeämter wurden angeschrieben und gebeten, die notwendigen Angaben zu den Standorten zu machen. Wenn die Standorte der Spielhallen in die Grundkarte eingetragen sind, lässt sich berechnen, wie viel Spielhallen wegfallen werden, wenn die Mindestabstandregel und das Verbot der Mehrfachkonzessionen in Kraft treten. Um zu wissen, welche Spielhallen konkret schließen müssen, wären zusätzliche Informationen, bspw. über den Zeitpunkt der Erteilung der gewerberechtlichen Erlaubnis, notwendig.

Da der Mindestabstand zu Schulen oder Jugendheime sowie Einrichtungen für den Schulsport für bereits bestehende Spielhallen nicht gilt, brauchte dies bei den folgenden Rechnungen auch nicht berücksichtigt werden.

Abbildung 7: Mindestabstandsregel ist nicht kommutativ.

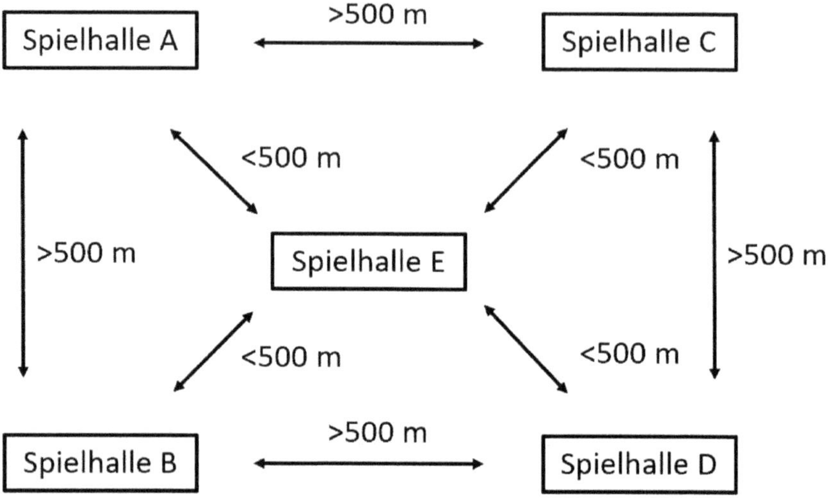

Es ist nicht geklärt, bei welcher Spielhalle die Berechnung der Mindestabstandsregel beginnt. Wenn in Abbildung 7 die Berechnung bei der in der Mitte gelegenen Spielhalle E beginnt, so müssen die vier Spielhallen in der Umgebung geschlossen werden, da diese den Mindestabstand von 500 Metern zu dieser Spielhalle unterschreiten. Wenn hingegen die Berechnung des Mindestabstands bei der Spielhalle A beginnt und dann über Spielhalle B, die mehr als 500 Meter von Spielhalle A entfernt ist, zu Spielhalle C und Spielhalle D (ebenfalls mehr als 500 Meter von Spielhalle B entfernt) weitergeht, so muss nur Spielhalle E geschlossen werden, weil der Mindestabstand zu der Spielhalle D weniger als 500 Meter beträgt. In dem Beispiel werden also, je nach Beginn der Berechnungen, entweder vier Spielhallen auf Grund der Mindestabstandsregel geschlossen oder nur eine einzige. Die Anwendung der Mindestabstandsregel ist abhängig von der Reihenfolge, in der die Einhaltung der Mindestabstandsregel betrachtet wird.

Nun könnte eingewendet werden, dass bei der Spielhalle, deren gewerberechtliche Genehmigung am ältesten ist, zu beginnen ist. Dann wäre zu berücksichtigen, wann jeweils die gewerberechtliche Genehmigung erteilt wurde. Wenn die Spielhalle E die älteste gewerberechtliche Genehmigung hat, so könnten die Spielhallen A bis E durch Kompensationszahlungen an die Spielhalle E diese veranlassen, vor Gültigkeit der Mindestabstandregel zu schließen.

Da die dargestellte Situation nicht nur theoretisch, sondern auch praktisch von Bedeutung ist, wären die Spielhallenbetreiber gut beraten, bereits vor der

Beantragung der glücksspielrechtlichen Genehmigung deren Auswirkungen genau zu untersuchen, um dementsprechend zu handeln.

In den nachfolgenden Berechnungen wurde die Anzahl der zu schließenden Spielhallen auf Grund der Mindestabstandsregel minimiert. Dies würde in dem eben genannten Beispiel bedeuten, dass nur die Spielhalle E weichen muss und die anderen Spielhallen dann die Mindestabstandsregel einhalten. Mathematisch handelt es sich hier um eine Maximierungsaufgabe (Max. die Anzahl der verbleibenden Spielhallen) unter der Nebenbedingung, dass der Abstand nicht unter 500 Metern liegen darf (s.t. räumliche Distanz > 500 Meter). Es lagen keine Informationen darüber vor, wann jeweils die gewerberechtliche Erlaubnis erlangt wurde.

In der Stadt Heidelberg gibt es elf Konzessionen für Spielhallen,[250] die sich auf acht Standorte verteilen (vgl. Tabelle 3). Somit bestehen drei Mehrfachkonzessionen, die spätestens zum Ende der Übergangsfristen des GlüÄndStV zum 30. Juni 2017 nicht mehr zulässig sind.[251] Von den acht Spielhallenstandorten unterschreiten fünf Objekte den zulässigen Mindestabstand der Spielhallen untereinander, welcher in Baden-Württemberg grundsätzlich 500 m beträgt. Unter Berücksichtigung dieser Regelungen verbleiben lediglich drei Spielhallen im Heidelberger Stadtgebiet (vgl. Abbildung 8).

Abbildung 8: Standorte der Spielhallen in Heidelberg – Status Quo und Prognose Mindestabstand 500 m.

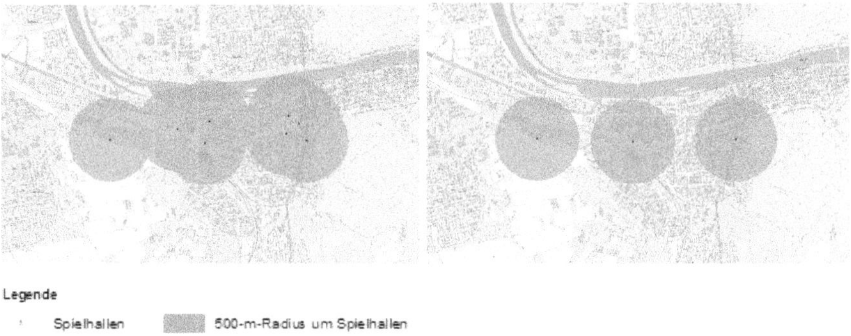

Quelle: Eigene Darstellung. Bereitstellung der Standortdaten der Spielhallen durch das Bürgeramt der Stadt Heidelberg (Stand 2014). Kartenmaterial WebAtlasDE © GeoBasis-DE / BKG 2015 (verändert).

250 Hier und im Folgenden: Standorte der Spielhallen zum Zeitpunkt Dezember 2014.

251 Vgl. § 29 Abs. 4 GlüÄndStV.

In Karlsruhe gibt es 68 Spielhallenkonzessionen an 52 Standorten. Der künftig zulässige Mindestabstand wird durch 31 Spielhallen unterschritten, so dass nur 21 Spielhallen verbleiben (vgl. Tabelle 3).

Abbildung 9: Standorte der Spielhallen in Karlsruhe – Status Quo und Prognose Mindestabstand 500 m.

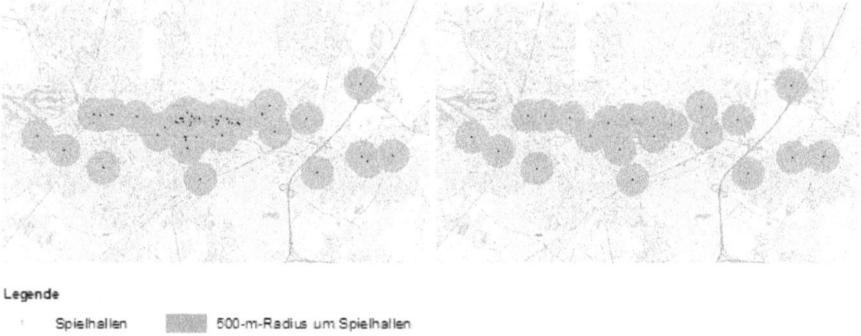

Quelle: Eigene Darstellung. Bereitstellung der Standortdaten der Spielhallen durch Ordnungs- und Bürgeramt der Stadt Karlsruhe (Stand 2014). Kartenmaterial WebAtlasDE © GeoBasis-DE / BKG 2015 (verändert).

In Mannheim gibt es 55 Konzessionen für Spielhallen, bei mehr als der Hälfte handelt es sich um Mehrfachkonzessionen. Von den 27 Spielhallenstandorten bleiben nach Berücksichtigung der Mindestabstandsregelung elf erhalten (vgl. Tabelle 3)

Abbildung 10: Standorte der Spielhallen in Mannheim – Status Quo und Prognose Mindestabstand 500 m.

Quelle: Eigene Darstellung. Bereitstellung der Standortdaten der Spielhallen durch den Fachbereich Sicherheit und Ordnung der Stadt Mannheim (Stand 2014). Kartenmaterial WebAtlasDE © GeoBasis-DE / BKG 2015 (verändert).

In der Stadt Pforzheim gibt es 52 Konzessionen für Spielhallen, die sich auf 42 Standorte verteilen, es bestehen somit zehn Mehrfachkonzessionen. Von den 42 Spielhallenstandorten unterschreiten 29 Objekte den zulässigen Mindestabstand der Spielhallen untereinander, woraus folgt, dass 13 Spielhallen verbleiben (vgl. Tabelle 3).

Abbildung 11: Standorte der Spielhallen in Pforzheim – Status Quo und Prognose Mindestabstand 500 m.

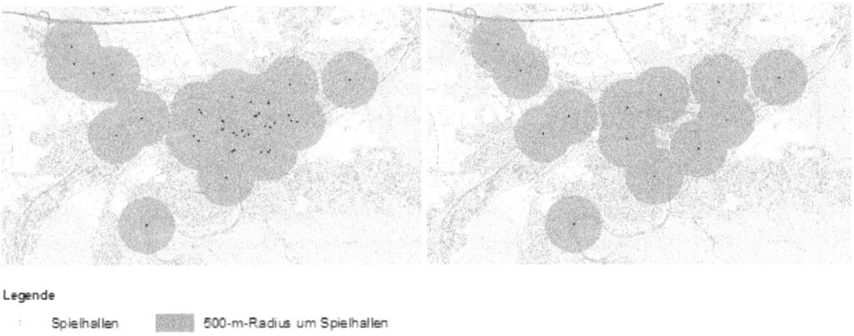

Quelle: Eigene Darstellung. Bereitstellung der Standortdaten der Spielhallen durch das Amt für öffentliche Ordnung der Stadt Pforzheim (Stand 2014). Kartenmaterial WebAtlasDE © GeoBasis-DE / BKG 2015 (verändert).

Die in Reutlingen vergebenen 25 Spielhallenkonzessionen verteilen sich auf 23 Standorte; es gibt lediglich zwei Mehrfahrkonzessionen. Innerhalb der 500-Meter-Distanz zu einer weiteren Spielhalle befinden sich zwölf Objekte; es bleiben elf Spielhallenstandorte erhalten (vgl. Tabelle 3).

Abbildung 12: Standorte der Spielhallen in Reutlingen – Status Quo und Prognose Mindestabstand 500 m.

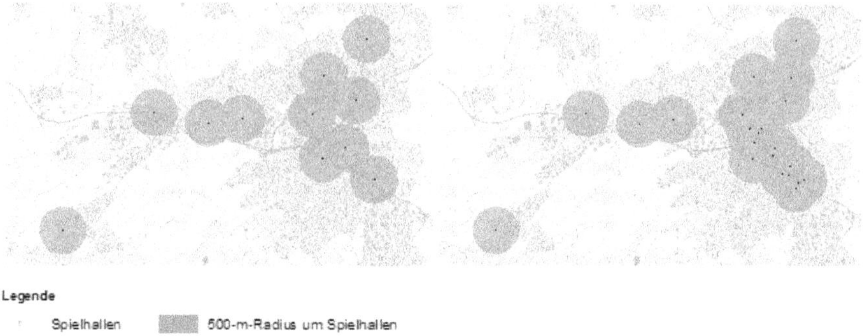

Quelle: Eigene Darstellung. Bereitstellung der Standortdaten der Spielhallen durch das Amt für öffentliche Ordnung der Stadt Reutlingen (Stand 2014). Kartenmaterial WebAtlasDE © GeoBasis-DE / BKG 2015 (verändert).

In der Stadt Stuttgart gibt es 132 Konzessionen für Spielhallen,[252] die sich auf 83 Standorte verteilen (vgl. Tabelle 3). Somit bestehen 49 Mehrfachkonzessionen, die spätestens zum Ende der Übergangsfristen des GlüÄndStV zum 30. Juni 2017 nicht mehr zulässig sind.

252 Die Standorte der Spielhallen in Stuttgart zum Zeitpunkt August 2013.

Abbildung 13: Standorte der Spielhallen in Stuttgart – Status Quo.

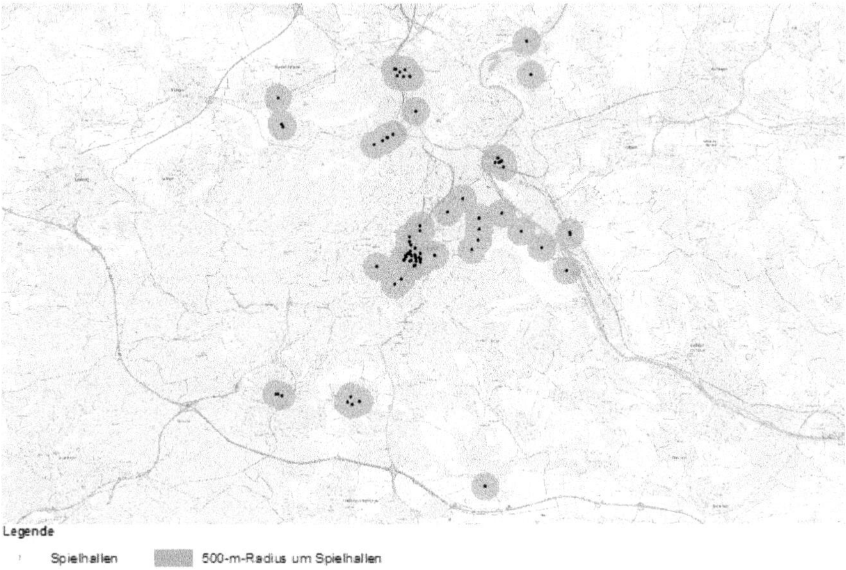

Quelle: Eigene Darstellung. Bereitstellung der Standortdaten der Spielhallen durch das Amt für öffentliche Ordnung, Gewerbe- und Gaststättenrecht der Stadt Stuttgart. Kartenmaterial WebAtlasDE © GeoBasis-DE / BKG 2014.

Von den 83 Spielhallenstandorten unterschreiten 54 Objekte den zulässigen Mindestabstand der Spielhallen untereinander, welcher in Baden-Württemberg grundsätzlich 500 m beträgt. Unter Berücksichtigung dieser Regelungen verbleiben lediglich 29 Spielhallen im Stuttgarter Stadtgebiet (vgl. Tabelle 3).

Gerade auch in Stuttgart hat die Anzahl der Spielhallen stark zugenommen. Bis zur Änderung der Spielverordnung im Jahr 2006 nahm die Anzahl der Spielhallenstandorte und der Spielhallenkonzessionen zu; danach stieg die Anzahl der Spielhallenstandorte und insbesondere die Anzahl der Spielhallenkonzessionen noch stärker an. Es begann die „Spielhallenflut".

Tabelle 4: Spielhallenstandorte in Stuttgart

Stuttgart Stand 1.1.2014	1998	2000	2002	2004	2006	2008	2010	2012	2014
Spielhallenstandorte	24	30	32	39	34	48	67	79	70
Spielhallenkonzessionen	30	38	41	44	47	56	79	125	127
GSG in Spielhallen	218	318	354	377	407	574	807	1.263	1.348
GSG in Gastronomie	1.358	1.185	1.098	993	846	895	1.294	1.445	1.466

Quelle: Link, P.: Bekämpfung der Spielsucht in Spielhallen durch das Landesglücksspielgesetz. Bachelorarbeit zur Erlangung des Grades Bachelor of Arts im Studiengang „Gehobener Verwaltungsdienst – Public Management", Hochschule für öffentliche Verwaltung, Kehl, Wintersemester 2014/2015, S. 32, https://gluecksspiel.uni-hohenheim.de/fileadmin/einrichtungen/gluecksspiel/Forschung/ Bachelorarbeit_PLink.pdf.

Abbildung 14: Standorte der Spielhallen in Stuttgart – Prognose Mindestabstand 500 m.

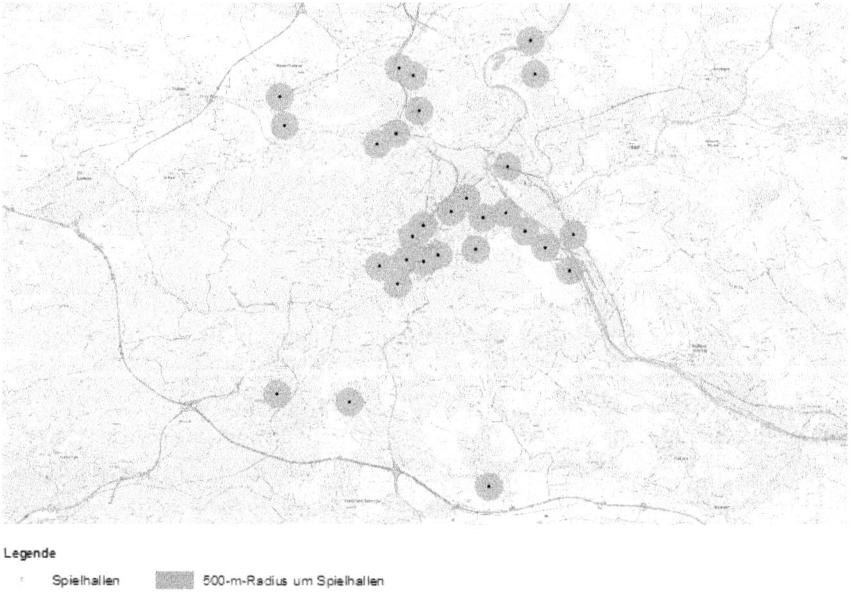

Quelle: Eigene Darstellung. Bereitstellung der Standortdaten der Spielhallen durch das Amt für öffentliche Ordnung, Gewerbe- und Gaststättenrecht der Stadt Stuttgart. Kartenmaterial WebAtlas-DE © GeoBasis-DE / BKG 2014.

In Ulm sind 44 Spielhallen konzessioniert, verteilt auf 25 Standorte. Damit ergibt sich ein vergleichsweise hoher Anteil an Mehrfachkonzessionen von 43 Prozent.

Nach Anwendung der Mindestabstandsregelung bleiben 13 Spielhallen in Ulm bestehen (vgl. Tabelle 3).

Abbildung 15: Standorte der Spielhallen in Ulm – Status Quo und Prognose Mindestabstand 500 m.

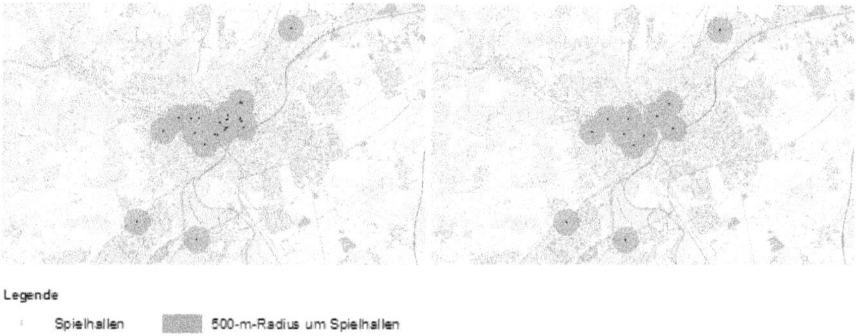

Quelle: Eigene Darstellung. Bereitstellung der Standortdaten der Spielhallen durch den Bereich Bürgerdienste der Stadt Ulm (Stand 2014). Kartenmaterial WebAtlasDE © GeoBasis-DE / BKG 2015 (verändert).

Tabelle 5 gibt einen Überblick über die mögliche Zahl der Spielhallen in den sieben vorgestellten Städten bei Variation der Abstandsregelung der Spielhallen untereinander.

Tabelle 5: Anzahl Spielhallen in Szenarien mit variiertem Mindestabstand für Heidelberg (HD), Karlsruhe (KA), Mannheim (MA), Pforzheim (PF), Reutlingen (RT), Stuttgart (S) und Ulm (U)

	HD	%	KA	%	MA	%	PF	%	RT	%	S	%	UL	%
Konzessionen gesamt	**11**	**100**	**68**	**100**	**55**	**100**	**52**	**100**	**25**	**100**	**132**	**100**	**44**	**100**
davon Mehrfachkonzessionen	3	27	16	24	28	51	10	19	2	8	49	37	19	43
Zwischensumme/ Standorte	**8**	**73**	**52**	**76**	**27**	**49**	**42**	**81**	**23**	**92**	**83**	**63**	**25**	**57**
Verbleibende Spielhallenstandorte bei Abstand untereinander …														
… von 100 m	8	73	38	56	19	35	30	58	22	88	61	46	20	45
… von 200 m	7	64	31	46	14	25	23	44	18	72	48	36	17	39
… von 250 m	6	55	28	41	14	25	22	42	15	60	40	30	17	39
… von 300 m	5	45	28	41	13	24	21	40	15	60	36	27	16	36
… von 400 m	3	27	22	32	12	22	17	33	14	56	31	23	14	32
… von 500 m	**3**	**27**	**21**	**31**	**11**	**20**	**13**	**25**	**11**	**44**	**29**	**22**	**13**	**30**

Quelle: Eigene Darstellung. Bereitstellung der Standortdaten der Spielhallen durch die jeweiligen Stadtverwaltungen.

Aufgrund der Vielfalt an Regelungen überrascht es nicht, dass Prognosen über die Auswirkungen der Mindestabstandsregelungen in den einzelnen Städten sehr heterogen ausfallen.

Das Landesglücksspielgesetz Baden-Württemberg sieht vor, dass eine glücksspielrechtliche Erlaubnis für eine Spielhalle, die die Erlaubnis nach § 33 i Gewerbeordnung zum 30. Juni 2017 ersetzt, nur dann (durch die hierfür zuständigen unteren Verwaltungsbehörden sowie die Gemeinden und Verwaltungsgemeinschaften mit eigener Baurechtszuständigkeit) erteilt werden darf, wenn ein Mindestabstand von 500 Metern zu der nächsten Spielhalle besteht. Diese Vorgabe wird bei Betrachtung der Städte Heidelberg, Karlsruhe, Mannheim, Pforzheim, Reutlingen, Stuttgart, Ulm, je nach Standort, nur von 20 % (Mannheim) bis 44 % (Reutlingen) der Spielhallen erfüllt. Dies bedeutet, dass zwischen 56 % und 80 % der Spielhallen schließen müssen.

Wenn auch in Baden-Württemberg ein Mindestabstand von 100 Meter gelten würde, wie in Niedersachsen,[253] so würden zwischen 35 Prozent (Mannheim) und 88 Prozent (Reutlingen) der Spielhallen verbleiben (Vgl. Tabelle 5).

Für Niedersachsen ist ein deutlich geringerer Rückgang des Spielhallenbestands zu erwarten, da im Vergleich in diesem Bundesland weniger strikte Mindestabstandsregelungen vorgesehen sind. So wird in einer auf dem Kongress der deutschen Automatenwirtschaft 2014 vorgestellten Studie ganz grob abgeschätzt,[254] dass 80 % der niedersächsischen Spielhallen bestehen bleiben, während für Baden-Württemberg von lediglich etwa 15 % des heutigen Bestandes ausgegangen wird. Dies mag in manchen Kommunen Baden-Württembergs der Fall sein; bei den hier dargestellten Beispielen verbleiben 20 bis 44 % des derzeitigen Spielhallenbestandes, so dass generelle Aussagen, auch über Durchschnittswerte eines Bundeslandes, schwierig zu treffen sind, ohne im Detail die Auswirkungen der Mindestabstandsregel und des Verbots der Mehrfachkonzessionen mit der Hilfe eines geographischen Informationssystems zu berechnen, wobei bestimmte Annahmen getroffen werden müssen, auf die in dem folgenden Abschnitt eingegangen wird.

253 Vgl. Tabelle 1.

254 Vgl. Smartcon: „Gesamtwirtschaftliche Auswirkungen von GlüÄndStV/Landespielhallengesetzen auf die Spielhallen-Standorte in Deutschland". Ergebnisse für Wirkung von Abstandsgeboten und Regelungen Konzessionsgrößen. Summit 2014 – Kongress der Deutschen Automatenwirtschaft.

ERGEBNISBOX: AUSWIRKUNGEN DES VERBOTS DER MEHRFACHKONZESSIONEN UND DER MINDESTABSTANDSREGEL

Prinzipiell gibt es mehrere Möglichkeiten, die Auswirkungen des Verbots der Mehrfachkonzessionen und der Mindestabstandregel zu untersuchen. Diese reichen von sehr groben Abschätzungen über die Nutzung von Google Maps bis hin zu der Nutzung eines geographischen Informationssystems (GIS). Nur die Nutzung eines GIS erfüllt dabei die wissenschaftlichen Kriterien von möglichst hoher Genauigkeit und Nachvollziehbarkeit.

Weiterhin ist bei den Berechnungen offen zu legen, nach welchen Kriterien vorgegangen wurde, um bei Unterschreitung des Mindestabstands zwischen mehreren Spielhallen zu entscheiden, welche Spielhallen weichen müssen. Wenn keine Informationen über die Kriterien vorliegen, nach denen diese Entscheidung von den Kommunen gefällt wird bzw. keine Informationen über den Zeitpunkt der Erteilung der gewerberechtlichen Erlaubnis, wenn diese Kriterium angewendet wird, ist offen zu legen, welcher Algorithmus angewendet wurde, um bei Abstandkonflikten zu entscheiden, welche Spielhalle weichen muss.

Die Ergebnisse der Berechnungen werden ganz unterschiedlich ausfallen, ob die Anzahl der verbleibenden Spielhallen, gegeben die Mindestabstandregel, maximiert oder minimiert wird.

Maßgeblich für die Anhäufung von Spielhallen in Innenstädten ist das Baurecht. In Kerngebieten sind Vergnügungsstätten und damit Spielhallen generell zulässig. Dies hat dazu geführt, dass es in Innenstädten zu einer Häufung von Spielhallen gekommen ist. In Gewerbegebieten sind Vergnügungsstätten und damit Spielhallen ausnahmsweise zulässig. In Industriegebieten sind Vergnügungsstätten ausgeschlossen.

Gerade wegen dieser Anhäufung werden sich die Ergebnisse der Berechnungen sehr unterscheiden in Abhängigkeit von dem verwendeten Algorithmus.

Die Ergebnisse der hier präsentierten konservativen Schätzungen zeigen, dass sich das Verbot der Mehrfachkonzessionen und die Mindestabstandsregel in einzelnen Kommunen sehr unterschiedlich auswirken werden.

Bei einer Betrachtung der Städte Heidelberg, Karlsruhe, Mannheim, Pforzheim, Reutlingen, Stuttgart, Ulm, werden, je nach Standort, auf Grund des Verbots der Mehrfachkonzessionen und der Mindestabstandsregel zwischen 56 und 80 % der Spielhallen schließen müssen.

9.4 Probleme mit der Umsetzung der Mindestabstandsregel

Es wird erhebliche Probleme bei der Umsetzung der Mindestabstandregel und dem Verbot der Mehrfachkonzessionen geben.

Es ist bisher nicht definiert, nach welchen Kriterien bei einer Auswahlentscheidung bei einer Unterschreitung des Mindestabstands vorzugehen ist. Wie oben gezeigt, hat die Reihenfolge einen ganz erheblichen Einfluss. Ein mögliches Kriterium wäre, nach der Reihenfolge der Anträge auf Erteilung der glücksspielrechtlichen Genehmigung vorzugehen, Dies würde zu einem Wettrennen zwischen Spielhallenbetreibern führen. Zum zweiten könnte nach dem Zeitpunkt der Erteilung der gewerberechtlichen Erlaubnis vorgegangen werden. Dies wäre sicherlich sachgerechter.

Die Kommunen sind für die Erteilung der glückspielrechtlichen Genehmigung zuständig. Die Probleme bei der Erteilung der Sportwettlizenzen lassen vermuten, dass es eine Unzahl von Verfahren geben wird, in denen gegen die Entscheidungen der Kommunen wegen Verfahrensfehlern etc. vor Gericht vorgegangen wird. Bereits die Erteilung von 20 Sportwettlizenzen hat das hessische Innenministerium überfordert. Dies ist erst recht bei der Erteilung der glückspielrechtlichen Lizenzen für Spielhallen durch die Kommunen zu erwarten.

Einen Ausweg bietet hier die mehr oder weniger generelle Anwendung der Härtefallregelung. Der § 29 (4) GlüÄndStV sieht vor, dass die für die Erteilung einer glücksspielrechtlichen Erlaubnis an die Spielhallen zuständigen Behörden über den 30. Juni 2017 hinaus eine Befreiung von der Erfüllung des Verbots der Mehrfachkonzessionen und der Mindestabstandsregelung für einen angemessenen Zeitraum zulassen können, wenn dies zur Vermeidung unbilliger Härten erforderlich ist; hierbei sind der Zeitpunkt der Erteilung der Erlaubnis gemäß § 33i Gewerbeordnung sowie die Ziele des § 1 GlüÄndStV zu berücksichtigen.

Bei Investitionen im Spielhallenbereich wird für branchentypische Anlagevermögen in der Regel eine Abschreibungsdauer von zehn bis 33 Jahren angenommen. Die durchschnittliche Laufzeit der Mietverträge liegt bei etwa 15 Jahren, die Abschreibungsdauer für Unterhaltungsautomaten und Geldgewinnspielgeräte liegt bei fünf bzw. vier Jahren. Die wirft die Frage auf, warum der Gesetzgeber nicht eine Übergangsfrist von 15, sondern von fünf Jahren gewählt hat.[255]

Es könnte sein, dass in Baden-Württemberg und anderen Bundesländer versucht wird, die Probleme durch die Härtefallregelung zu umgehen, in dem diese

---

255 Vgl. Schneider, H.-P.: „Bestandsschutz im Rechtsstaat: Zur Verfassungsmäßigkeit der Übergangsregelungen im neuen Spielhallenrecht der Länder“. In: *Gewerbe Archiv* 2011, S. 460 f.

nicht nur in im Einzelfall angewendet wird, sondern generell für alle Spielhallen gilt, für die bis 28. Oktober 2011 eine gewerberechtliche Erlaubnis erteilt wurde, oder nur für alle Spielhallen, mit der Ausnahme von Mehrfachspielhallen ab einer bestimmten Größe. Rheinland-Pfalz legt hier die Grenze bei Mehrfachspielhallen mit 48 Geldspielgeräten.[256]

Wenn das Verbot der Mehrfachkonzessionen und die Mindestabstandsregel wie in dem Landesglücksspielgesetz vorgesehen umgesetzt werden, so wird dies nicht nur eine große Anzahl von rechtlichen Auseinandersetzungen nach sich ziehen, sondern auch zu Ausweichbewegungen führen. Es ist damit zu rechnen, dass sich sowohl Angebot als auch Nachfrage in Richtung Gaststätten und Imbisse verlagern wird. Hieran dürfte auch die 6. Verordnung zur Änderung der Spielverordnung nichts ändern.

Neu in die Spielverordnung aufgenommen wurde der Hinweis, dass ein Geldspielgerät nicht in Betrieben aufgestellt werden darf, in denen die Verabreichung von Speisen oder Getränken nur eine untergeordnete Rolle spielt (§ 1 Abs. 2 Nr. 2 SpielV). Dies spiegelt nur die rechtlich bereits herrschende Meinung wieder, dass Räume von Schank- und Speisewirtschaften jedenfalls dann kein geeigneter Aufstellungsort sind, wenn dort nur ein untergeordnetes gastronomisches Angebot vorgehalten wird und im Ergebnis die Aufstellung von Geldspielgeräten im Vordergrund steht. Nur Vollgaststätten waren und sind für die Aufstellung von Geldspielgeräten geeignet.[257]

Weiterhin sieht die neue Spielverordnung vor, dass die erlaubnisfreie Gastronomie auf Grundlage des Gaststättengesetzes (GastG) des Bundes ebenfalls kein geeigneter Aufstellungsort ist (§ 1 Abs. 2 Nr. 4 SpielV). In einigen Bundesländern, die von der ihnen mit der Föderalismusreform 2006 übertragenen Zuständigkeit für das Gaststättenrecht Gebrauch gemacht haben und eigene Gaststättengesetze geschaffen haben, ist eine Gaststättenerlaubnis, wie sie der § 2 Abs. 1 GastG fordert, nicht mehr notwendig, stattdessen ist der Betrieb einer Gaststätte in den meisten Ländern grundsätzlich erlaubnisfrei und bedarf nur einer Gewerbeanzeige. Damit gibt es in diesen Ländern nur erlaubnisfreie Gastronomie.

Die Differenzierung zwischen erlaubnisfreier und erlaubnispflichtiger Gastronomie nach den GastG des Bundes macht sich in erste Linie daran fest, ob der Gastwirt Alkohol ausschenkt. Verzichtet der Gastwirt auf den Ausschank von

256 Vgl. Landesglücksspielgesetz Rheinland-Pfalz vom 22. Juni 2012, zuletzt geändert durch Gesetz vom 18.08.2015 § 11a (3).

257 Vgl. hierzu und zu dem Folgenden Heinze, F.: „Jahresrückblick – Das Recht des gewerblichen Geldgewinnspiels im Jahr 2014". In: *Zeitschrift für Wett- und Glücksspielrecht (ZfWG)* 5/2015, S. 313.

Alkohol, so liegt im Regelfall erlaubnisfreie Gastronomie vor. Dies würde bedeuten, dass damit generell eine Gaststätte nur dann zur Aufstellung von Geldspielgeräten geeignet ist, wenn dort Alkohol ausgeschenkt wird. Diese würde jedoch nicht den sonstigen im Bereich der Aufstellung von Geldspielgeräten verfolgten suchtpräventiven Vorstellungen des Gesetzgebers entsprechen. Es wird auf dem Rechtsweg zu klären sein, was hier von dem Gesetzgeber tatsächlich intendiert war.

Auf jeden Fall wird sich die Nachfrage in Richtung der Geldspielgeräte in Gaststätten (zumindest mit Alkoholausschank) verlagern. Dies wäre aus Gründen der Suchtprävention kontraproduktiv.

Weiterhin werden eine Reihe von Anbietern nach der Schließung einer Spielhalle auf Grund der Mindestabstandsregel die Räumlichkeiten für ein Sportwettgeschäft nutzen. Dieser Bereich ist *de facto* derzeit vollkommen unreguliert.[258] Auch diese Ausweichbewegung wäre aus Gründen der Suchtprävention sicherlich nicht zu begrüßen.

Es bleibt abzuwarten, wie dann der Gesetzgeber wiederum auf die sich derzeit bereits abzeichnende „Flut der Sportwettgeschäfte" reagieren wird. Wird es dann auch eine Mindestabstandregel zwischen Sportwettgeschäften auf der einen Seite und zwischen gastronomischen Betrieben auf der anderen Seite geben oder gar eine Mindestabstandsregel zwischen Spielhallen, Sportwettgeschäften und gastronomischen Betrieben generell?

ERGEBNISBOX: PROBLEME DER MINDESTABSTANDSREGEL

Das Verbot der Mehrfachkonzessionen und die Mindestabstandsregel bringen eine ganze Anzahl von Problemen mit sich. Diese Probleme werden vermutlich in einer sehr hohen Anzahl von rechtlichen Auseinandersetzungen zu klären sein; so fehlen klar definierte Regeln zu Umsetzung der Mindestabstandsregel und die Kommunen dürften mit der Erteilung glücksspielrechtlicher Genehmigungen überfordert sein. Diese hohe Anzahl von insbesondere rechtlichen Problemen könnte dazu führen, dass sich auch im Bereich der Geldspielgeräte, wie bereits bei den Sportwettgeschäften, ein *de facto* vollkommen nichtregulierter Markt entwickelt.

258 Vgl. Becker, T.: *Die Regulierung des Glücksspielmarktes ist neu zu überdenken*. Forschungsstelle Glücksspiel, 19.10.2015. https://gluecksspiel.uni-hohenheim.de/uploads/media/Gluecksspielkommmission-3_01.pdf.

Die Umsetzung des Verbots der Mehrfachspielhallen und der Mindestabstandsregel werden sowohl auf der Angebotsseite als auch auf der Nachfrageseite zu Ausweichbewegungen führen, die in der Regel in Bezug auf die Suchtprävention kontraproduktiv sind.

Aus baurechtlicher Sicht wirken die Mindestabstandsregel und das Verbot der Mehrfachkonzessionen seit 2012 praktisch wie eine „Veränderungssperre". Die Kommunen sollten die verbleibende Zeit bis Mitte 2017 dazu nutzen, um im Rahmen einer Vergnügungsstättenkonzeption die Standorte von Spielhallen, die Ansiedlung von Sportwettgeschäften und von gastronomischen Betrieben zu planen, wenn dies nicht bereits erfolgt ist.

Mit der Mindestabstandsregel wird versucht, baurechtliche Ziele mit der Hilfe des Glücksspielrechts umzusetzen. Dies muss zwangsläufig scheitern. Baurechtliche Ziele sollten mit dem Mitteln des Baurechts umgesetzt werden; nur so kann eine sinnvolle Planung der Ansiedlung von Vergnügungsstätten, insbesondere Spielhallen, Gaststätten und Sportwettgeschäfte erfolgen. Wenn der Weg weiter beschritten wird, mit dem Glückspielrecht baurechtliche Ziele umzusetzen, so wird dies zu chaotischen Verhältnissen führen, die auch aus baurechtlicher Sicht sicherlich nicht zu begrüßen sein werden.

10. Schlussfolgerungen

Die hier vorliegende Aufarbeitung der wissenschaftlichen Literatur zu dem Zusammenhang zwischen Verfügbarkeit und Sucht beim Automatenspiel macht auf der einen Seite deutlich, dass neben den Spieleigenschaften selbst und der Person die Umweltbedingungen, zu denen auch die räumliche Verfügbarkeit zu rechnen ist, nur einen vergleichsweise geringen Einfluss auf die Entwicklung eines problematischen oder pathologischen Spielverhaltens haben. Die genetischen Bedingungen für sich genommen tragen bereits zu 50 Prozent dazu bei, ob es zu einem problematischen oder pathologischen Spielverhaltens kommt.

Auf der anderen Seite gehört das Automatenspiel von den Spieleigenschaften her betrachtet jedoch zu den Glücksspielen mit einem sehr hohen Suchtgefährdungspotential. Von daher ist das Automatenspiel besonders gut für eine Untersuchung des Zusammenhangs zwischen der Verfügbarkeit und der Glücksspielsucht geeignet.

Es können drei Dimensionen der Verfügbarkeit unterschieden werden:

- räumliche Verfügbarkeit (Anzahl der Spielstätten, Anzahl der Spielmöglichkeiten (Spielgeräte), Entfernung zur nächsten Spielstätte, geografische Lage und Verteilung der Spielstätten),
- zeitliche Verfügbarkeit (Öffnungszeiten, Feiertage)
- Soziale Verfügbarkeit (Einlassbedingungen, Alterskontrollen, Ausweiskontrollen, Kleidervorschriften.

Bei der räumlichen Verfügbarkeit sind die Anzahl der Spielstätten und die Anzahl der Spielgeräte in einer Spielstätte für sich allein betrachtet von keiner wesentlichen Bedeutung für die Prävalenz eines problematischen oder pathologischen Spielverhaltens in der Bevölkerung. Die vorliegenden Untersuchungen zeigen, dass vor allem die räumliche Entfernung zu dem nächsten Spielgerät, d. h. die Zugriffsnähe, eine gewisse Bedeutung für die Entwicklung eines problematischen oder pathologischen Spielverhaltens haben könnte.

Als Konsequenz ergibt sich, dass das Verbot der Mehrfachkonzessionen kaum einen Einfluss auf die Prävalenz eines problematischen oder pathologischen Spielverhaltens haben dürfte.

Für die Mindestabstandsregel ergibt sich, dass diese in der geplanten Form keinen Einfluss auf die Prävalenz eines problematischen oder pathologischen Spielverhaltens haben dürfte.

Spielhallen sind vor allem in Innenstädten zu finden, die sich durch eine hohe Frequenz des Publikumsverkehrs auszeichnen. Die gründet sich auf den baurechtlichen Vorgaben. Damit wird die Zugriffsnähe erhöht. Dies wirkt dem suchtpräventiven Ansatz gerade entgegen. Aus Sicht der Suchtprävention sollten Spielhallen vor allem in Gewerbegebieten und in Industriegebieten angesiedelt sein. Hier sehen die baurechtlichen Vorgaben nur die eingeschränkte Zulassung bzw. keine Zulassung vor. Die baurechtlichen Vorgaben konterkarieren die glücksspielrechtlichen Ziele.

Es wurde weiterhin deutlich, dass eine Einschränkung der räumlichen Verfügbarkeit im Vergleich zu einer Einschränkung der zeitlichen Verfügbarkeit weniger gut als Präventionsmaßnahme geeignet ist.

Eine Einschränkung der sozialen Verfügbarkeit ist von ganz herausgehobener Bedeutung für den Jugendschutz, kann aber auch zu einer Verringerung des Erstkontakts mit Glücksspiel führen.

Neben den Maßnahmen der Einschränkung der Verfügbarkeit im Sinne einer universellen Präventionsmaßnahme gibt es bei Glücksspiel noch die Möglichkeit einer sehr gezielten Prävention, die die Verfügbarkeit nicht für die gesamte Bevölkerung, auch nicht für alle Spieler, die ja nur zu einem kleinen Teil gefährdet sind, einschränkt, sondern sich ganz gezielt an die tatsächlich gefährdeten Spieler richtet.

Im Gegensatz zu Alkohol und Tabak gibt es bei Glücksspielen die Möglichkeit, die Verfügbarkeit freiwillig (und auch zwangsweise) durch die Möglichkeit der Selbstsperre einzuschränken. Diese Maßnahme zur Schadensminderung ist sehr gezielt und betrifft nur die Spieler, die gefährdet sind.

Von allen denkbaren Maßnahmen zur Einschränkung der Verfügbarkeit unter dem Gesichtspunkt der Suchtprävention dürfte die Spielersperre (zusammen mit einer personengebundenen Spielerkarte) am besten geeignet sein, um problematische oder pathologische Spieler zu schützen.

Die Spielersperre ist zielgerichtet in Bezug auf die gefährdeten Spieler und sie ist zielgerichtet in Bezug auf die Wirksamkeit, insbesondere wenn es sich um eine anbieter- und spielformenübergreifende Selbstsperrmöglichkeit handelt. Es entstehen keine Streuverluste.

Die glückspielrechtliche Begründung der Mindestabstandregel läuft darauf hinaus, dass der Spieler „ausreichend Zeit zum Nachdenken und Abbruch eines unkontrollierten Spielverhaltens“ erhalten soll oder auch, um eine „Spielhalle aus der Sichtweite einer anderen Spielhalle zu rücken“.

Die Mindestabstandregel stellt den Versuch dar, Probleme, die ihre Ursachen in den baurechtlichen Vorgaben haben (Ansiedlung von Spielhallen vor allem in Kerngebieten) mit dem Glücksspielrecht zu heilen.

Die Kommunen haben eine ganze Reihe von Möglichkeiten, die Ansiedlung von Spielhallen zu lenken. Die Kommunen haben jedoch in der Vergangenheit lange Zeit versäumt, die Ansiedlung von Spielhallen mit den Maßnahmen, die das Baurecht bietet, zu steuern. Erst in den letzten Jahren werden zunehmend Konzepte für die Ansiedlung von Vergnügungsstätten insbesondere Spielhallen entwickelt.

Es ist kaum möglich, eine Spielhallen, die bereits genehmigt wurde, später zu untersagen, es sein denn, es wird Schadensersatz gezahlt. Nun versucht der Gesetzgeber, die baurechtlichen Versäumnisse der Kommunen in der Vergangenheit durch die glücksspielrechtliche Vorgabe der Mindestabstandsregel zu heilen. Aus baurechtlicher Sicht bietet sich die Veränderungssperre als Möglichkeit, geplante Vorhaben zu untersagen, bis der Bebauungsplan geändert werden kann. Die glücksspielrechtlichen Vorgaben kommen bis Mitte 2017 praktisch einer Veränderungssperre gleich. Dieser Zeitraum sollte von den Kommunen genutzt werden, um die zukünftige Ansiedlung von Spielhallen, aber insbesondere auch von Sportwettgeschäften und gastronomischen Betrieben im Rahmen einer Vergnügungsstättenkonzeption zu planen.

Wenn das politische Ziel darin gesehen wird, die Anzahl von Spielhallen, die sich bereits angesiedelt haben, zu reduzieren, so ist dies durch eine ganze Reihe von glücksspielrechtlichen Maßnahmen zu erreichen, die sehr viel besser geeignet sind als die Mindestabstandsregel, die eigentlich nur Mehrfachkonzessionen verhindern sollte. Im Gesetzgebungsprozess zu den Landesglücksspielgesetzen bzw. Spielhallengesetzen wurde diese Vorgabe des Glücksspieländerungsstaatsvertrags von kommunalen Vertretern umfunktioniert, um baurechtliche Ziele zu erreichen.

Genauso wie dem Baurecht suchtpräventive Ziele fremd sind und nach oberster Rechtsprechung sein sollen, so sollten auch dem Glücksspielrecht baurechtliche Ziele fremd sein.

Im Rahmen der rechtlichen Verhältnismäßigkeitsprüfung ist zu untersuchen, ob eine Maßnahme geeignet, erforderlich und angemessen ist.

Eine Maßnahme ist geeignet, ein Ziel zu erreichen, wenn es kausal möglich ist, mit der Maßnahme das Ziel zu erreichen. Wenn davon ausgegangen wird, dass der Gesetzgeber eine sehr weite Einschätzungsprärogative hat, so widersprechen die Mindestabstandsregel bei Spielhallen und das Verbot der Mehrfachkonzessionen auf den ersten Blick nicht dem Ziel der Suchtprävention. Wenn die

Umsetzung dieser Maßnahme in der derzeitig geplanten Form erfolgt, könnten die Auswirkungen jedoch sehr wohl das Ziel der Suchtprävention konterkarieren, wenn es zu Ausweichbewegungen der gefährdeten Spieler in Richtung Gaststätten kommt, in denen auch Alkohol angeboten wird.

Eine Maßnahme ist erforderlich, wenn es kein milderes gleich geeignetes Mittel gibt, um das Ziel zu erreichen. Wie dargelegt, gibt es solche Mittel, die auch milder sind, d. h. die Anbieter weniger belasten, um dem Ziel der Suchtprävention zu dienen.

Die wirtschaftlichen Konsequenzen sind für die Anbieter ganz erheblich. Eine Reihe von Spielhallen werden auf Grund der Mindestabstandregel schließen müssen, nur um zu erreichen, dass der spielenden Person nach Verlassen einer Spielhalle die Möglichkeit eröffnet wird, einen inneren Abstand vom gerade beendeten Spiel an einem Geldspielgerät oder der Teilnahme an einem anderen Spiel zu finden. Hier wird deutlich, dass dies Argument nur vorgeschoben ist.

Eine Maßnahme ist angemessen, wenn die Nachteile, die mit ihr verbunden sind, nicht völlig außer Verhältnis zu den Vorteilen stehen, die sie bewirkt. Aus suchtpräventiver Sicht ist klar festzustellen, dass die Mindestabstandregel nicht angemessen ist. Es gäbe eine große Anzahl von Maßnahmen, die für die Anbieter mit geringeren Kosten verbunden wären, jedoch deutlich zu der Prävention der Glücksspielsucht beitragen würden. Hier wären vor allem die Einführung einer personengebundenen Spielerkarte und eine anbieter- und spielformen-übergreifende Sperrdatei zu nennen.

Im Rahmen einer ökonomischen Prüfung einer politischen Maßnahme, die der gesellschaftlichen Wohlfahrt dienen soll, wären die Ziele, die mit der Maßnahme erreicht werden sollen, als gegeben zu betrachten. Die Ziele werden politisch festgelegt.

Wenn es das politische Ziel ist, die Anzahl der bereits genehmigten Spielhallen zu reduzieren, so könnte dies auch unter Berücksichtigung der glücksspielrechtlichen Ziele umgesetzt werden. Das Glücksspielrecht könnte genutzt werden, um die Erteilung der glücksspielrechtlichen Erlaubnis ab Mitte 2017 nicht an die Einhaltung eines Mindestabstands, sondern an die Erfüllung qualitativer Ziele im Sinne der Suchtprävention auszurichten. Eine Zertifizierung, die bestimmte wohl definierte Anforderungen erfüllt, wäre hier die Lösung.

Der Gesetzgeber wäre aufgefordert, hier einen Standard zu definieren, dem eine Spielhalle genügen muss, um eine glücksspielrechtliche Erlaubnis zu erhalten. Der Mindestabstand zu einer anderen Spielhalle ist ein denkbar schlechter Standard.

Schriftenreihe zur Glücksspielforschung

Herausgegeben von Tilman Becker

- Band 1 Tilman Becker / Christine Baumann (Hrsg.): Gesellschaft und Glücksspiel: Staatliche Regulierung und Suchtprävention. Beiträge zum Symposium 2005 der Forschungsstelle Glücksspiel. 2006.
- Band 2 Tilman Becker / Christine Baumann (Hrsg.): Glücksspiel im Umbruch. Beiträge zum Symposium 2006 der Forschungsstelle Glücksspiel. 2007.
- Band 3 Tilman Becker (Hrsg.): Der Staatsvertrag zum Glücksspielwesen und dessen Umsetzung. Beiträge zum Symposium 2007 und 2008 der Forschungsstelle Glücksspiel. 2009.
- Band 4 Tilman Becker: Glücksspielsucht in Deutschland. Prävalenz bei verschiedenen Glücksspielformen. 2009.
- Band 5 Tilman Becker: Werbung für Produkte mit einem Suchtgefährdungspotential. Tabak-, Alkohol- und Glücksspielwerbung aus rechtlicher, ökonomischer und psychologischer Sicht. 2010.
- Band 6 Tilman Becker (Hrsg.): Glücksspiel im Internet. Beiträge zum Symposium 2009 der Forschungsstelle Glücksspiel. 2011.
- Band 7 Tilman Becker: Soziale Kosten des Glücksspiels in Deutschland. 2011.
- Band 8 Tilman Becker (Hrsg.): Zwischenbilanz zum Glücksspielstaatsvertrag für Lotterien und Sportwetten. Beiträge zum Symposium 2010 der Forschungsstelle Glücksspiel. 2011.
- Band 9 Tobias Hayer: Jugendliche und glücksspielbezogene Probleme. Risikobedingungen, Entwicklungsmodelle und Implikationen für präventive Handlungsstrategien. 2012.
- Band 10 Tilman Becker (Hrsg.): Neueste Entwicklungen zum Glücksspielstaatsvertrag. Beiträge zum Symposium 2011 der Forschungsstelle Glücksspiel. 2012.
- Band 11 Christina Brugger: Abbruch der Zahlungsströme als Mittel zur Bekämpfung unerlaubter Internetglücksspiele. 2013.
- Band 12 Tilman Becker (Hrsg.): Der neue Glücksspielstaatsvertrag. Beiträge zum Symposium 2012 der Forschungsstelle Glücksspiel. 2014.
- Band 13 Tilman Becker (Hrsg.): Sucht-, Betrugs- und Kriminalitätsgefährdungspotential von Glücksspielen. Beiträge zum Symposium 2013 der Forschungsstelle Glücksspiel. 2015.
- Band 14 Christian Weinbuch: Verhinderung von Sportwettmanipulationen und Autonomie des Sports. 2015.
- Band 15 Tilman Becker: Verfügbarkeit und Sucht beim Automatenspiel. 2016.

www.peterlang.com

www.ingramcontent.com/pod-product-compliance
Ingram Content Group UK Ltd.
Pitfield, Milton Keynes, MK11 3LW, UK
UKHW021852290926
8980IPUK00005B/799

9 783631 673348